他们从上海大学
（1922—1927）
走进新中国

胡申生　编著

上海大学出版社
·上海·

图书在版编目(CIP)数据

他们从上海大学（1922—1927）走进新中国 / 胡申生编著. —上海：上海大学出版社，2021.5（2021.10重印）
（"红色学府　百年传承"丛书）
ISBN 978-7-5671-4210-7

Ⅰ.①他… Ⅱ.①胡… Ⅲ.①上海大学—校友—列传 Ⅳ.①K820.6

中国版本图书馆CIP数据核字（2021）第080590号

责任编辑　傅玉芳　刘　强
封面设计　柯国富
技术编辑　金　鑫　钱宇坤

他们从上海大学（1922—1927）走进新中国
胡申生　编著
上海大学出版社出版发行
（上海市上大路99号　邮政编码200444）
（http://www.shupress.cn　发行热线021-66135112）
出版人　戴骏豪

*

南京展望文化发展有限公司排版
上海颛辉印刷厂有限公司印刷　各地新华书店经销
开本710 mm×1000 mm　1/16　印张19.75　字数294千
2021年5月第1版　2021年10月第2次印刷
ISBN 978-7-5671-4210-7/K・233　定价　46.00元

版权所有　侵权必究
如发现本书有印装质量问题请与印刷厂质量科联系
联系电话：021-57602918

"红色学府 百年传承"丛书编委会

主　　　任	成旦红　刘昌胜
常务副主任	段　勇
副　主　任	龚思怡　欧阳华　吴明红　聂　清
	汪小帆　苟燕楠　罗宏杰　忻　平
委　　　员	（按姓氏笔画为序）

王远弟　刘长林　刘绍学　许华虎
孙伟平　李　坚　李明斌　吴仲钢
何小青　沈　艺　张元隆　张文宏
张　洁　张勇安　陈志宏　竺　剑
金　波　胡大伟　胡申生　秦凯丰
徐有威　徐国明　陶飞亚　曹为民
曾文彪　褚贵忠　潘守永　戴骏豪

总序：传承红色基因，办好一流大学

成旦红　刘昌胜

1922年10月23日，在风雨如晦的年代，一所由中国共产党与国民党合作创办的高等学府"上海大学"横空出世。而就在前一年，中国共产党宣告成立，揭开了中国历史的新篇章。如今我们回顾历史，上海大学留下的史迹与中国共产党的发展紧密相连。

《诗经·小雅》有云："鹤鸣于九皋，声闻于野。"20世纪20年代的上海大学，发轫于闸北弄堂，迁播于租界僻巷，校舍简陋湫隘，办学经费拮据，又屡遭反动势力迫害，但在中国共产党和国民党左派以及进步人士的共同努力下，屡仆屡起，不屈不挠，上海大学声誉日隆，红色学府名声不胫而走，吸引四方热血青年奔赴求学。在艰难办学的五年时间里，为中国革命和建设培养出一大批杰出人才，在当时就赢得"文有上大、武有黄埔"之美誉。在波澜壮阔的五年时间里，老上海大学取得的成就值得我们永远记取，老上海大学的办学传统和办学精神值得我们永远继承和发扬光大。

1994年11月，学校党委常委会决定"上海大学成立日期确定为1922年5月27日"。1997年5月，钱伟长老校长在为上大学生作关于"自强不息"校训的报告时指出，"我们学校的历史上，1922年到1927年期间里有过一个上海大学，这是我们党最早建立的一个大学。"他又以李硕勋、何挺颖两位烈士为例讲道："没有他们的牺牲，没有那么多革命志士的奉献，我们上海大学提不出那么响亮的名字，这是我们上海大学的光荣。"

1983年合并组建原上海大学和1994年合并组建新上海大学之时，得到了老上海大学校友及其后代的热烈支持和响应，他们纷纷题词、致信，

祝贺母校"复建""重光";党中央、国务院及上海市委、市政府也殷切希望新上海大学继承和发扬老上海大学的光荣革命传统,时任中共中央总书记的江泽民同志为新上海大学题写了校名,老上海大学校友、后任国家主席的杨尚昆同志题词"继承和发扬上海大学的光荣传统,为祖国的建设培养人才"。

新上海大学自合并组建以来,一直将这所红色学府的"红色基因"视作我们的办学优势之一,将收集、研究老上海大学的历史资料,学习、传承老上海大学的光荣传统作为自己的使命和责任。2014年,学校组织专家编撰出版了《20世纪20年代的上海大学》,这是迄今为止搜集老上海大学资料最为丰富、翔实的一部文献;同年在校园里建立的纪念老上海大学历史的"溯园",如今已成为上海市爱国主义教育基地。

为了更全面地收集老上海大学的档案资料,更深入地研究老上海大学的历史,更有效地继承和发扬老上海大学的光荣传统,我们推出了这套"红色学府 百年传承"丛书,既是为2021年中国共产党100周年光辉诞辰献上一份贺礼,也是对2022年老上海大学诞生100周年的最好纪念,并希望以此揭开新上海大学"双一流"建设的新篇章。

是为简序。

前　言

胡申生

本书和《从上海大学(1922—1927)走出来的英雄烈士》可以说是姊妹篇。《从上海大学(1922—1927)走出来的英雄烈士》，记录了曾在上海大学任教任职和学习过的65位烈士，他们为实现共产主义理想、为新中国的建立进行了不屈不挠的奋斗，最后英勇献身。他们虽然没有看到在天安门广场升起的五星红旗，但是我们谁也不会忘记他们为新中国的建立而流尽的每一滴血。而现在大家看到的这本《他们从上海大学(1922—1927)走进新中国》，则记录了曾和烈士们同在上海大学工作、学习、战斗过的68位同事、同学、战友的可歌可泣的事迹和不凡经历。他们走出上海大学校门以后，在中国共产党的领导下，怀揣共同的梦想，同样经过不屈不挠的斗争，从不同的战线、不同的道路，以不同的方式，最终千流归大海，走进了他们为之憧憬、为之奋斗的新中国。无论是《从上海大学(1922—1927)走出来的英雄烈士》所记载的65位烈士，还是本书所记载的68位走进新中国并继续为人民建立新功业的老党员、老革命、老前辈，都体现了上海大学这所红色学府在人才培养方面所取得的惊人的成就。

本书所记载的人物，他们在中华人民共和国成立以后，有的是党和国家的领导人，如王稼祥是党的第八届中央书记处书记。担任全国人大常委会副委员长的有杨明轩、周建人、张治中，担任全国政协副主席的有沈雁冰等。有的成为国家部委和人民团体的领导，如施存统为劳动部副部长、张琴秋为纺织工业部副部长、郑振铎为文化部副部长兼首任国家文物

局局长、张庆孚为林业部副部长、杨之华为全国妇联副主席等,何成湘则是国家第一任宗教局局长;有的成为新中国文化战线的领导人,如田汉、阳翰笙等;有的成为新中国的开国将领,如李逸民、张崇文、周文在都在1955年被授予少将军衔;有的成为大学校长,如复旦大学校长陈望道、南京大学校长匡亚明、同济大学校长薛尚实、云南大学校长刘披云等;有的成为马克思列宁主义理论的专家,如张仲实、沈志远;有的成为学术研究专家,如俞平伯、罗尔纲、谭其骧、董每戡;有的成为作家、诗人、戏剧家,如丁玲、戴望舒、孔另境、孟超;有的成为画家、音乐教育家,如丰子恺、万古蟾、吴梦非;有的成为编辑家,如傅东华、林淡秋、孔另境、何味辛等;有的成为外交家,如柯柏年;有的成为大学教授,如赵景深、李平心、张作人、施蛰存、周越然、胡允恭、关中哲等。在本书中还记载着一批在党的统一战线方针政策指引下,在新中国为党的统一战线事业做出新贡献的人,如邵力子、梅电龙、严信民、谢雪红等。其中,谢雪红还是台湾民主自治同盟的创立者与第一任主席。

本书中所介绍的李季,在这里要多说几句。李季是中国共产党早期组织成员,在上海大学曾担任社会学系第三任系主任,为马克思列宁主义著作的翻译做出了很大贡献。大革命失败以后于1929年参加了托派组织,被中国共产党开除党籍。新中国成立以后,曾在《人民日报》刊登声明检讨了自己参加托派的错误。李季在担任国家出版总署特约翻译期间,译有《马克思恩格斯通讯集》等大量著作,详尽介绍了马克思的生平和马克思主义的理论。他在新中国对马克思主义理论的传播和宣传做出的贡献还是值得我们记取的。

在本书中,还有一批老党员、老革命,在新中国虽然长期在地方、基层工作,但他们依旧坚守当年入党初心,在平凡的岗位上展现出老共产党员的品质和情操,如王一知、钟复光、雷晓晖、王超北、黄玠然等。

在上海大学任教、工作过的老师和在上海大学学习过的学生数量很多,其中许多人走进新中国后在不同的岗位上为社会作贡献,本书所载人物只是其中的一部分。由于资料收集得不完整,很有可能还有一些重要的人物、史迹、事迹没能及时充分地记录和体现在本书中,热切盼望读者能提供更多的史料来使这本书更加完整和充实。另外,还有一些人物,会在以后的关于上海大学史事研究的文字中和大家见面,这是要特别说明的。

2021年3月

目 录

安剑平：上海大学"中国孤星社"的发起人和领导者 / 1
曹天风：抗战时期收到周恩来书赠诗联的国民党左派 / 6
陈望道：在上海大学实际任职任教时间最长的重要领导人 / 10
戴邦定：浙江黄岩籍的第一位共产党员 / 18
戴望舒：中国现代诗派的代表人物 / 22
党伯弧：武装"押解"中共密使汪锋抵西安 / 26
丁　玲：上海大学的"傲气"女学生 / 29
董每戡：南国革命的戏剧家和戏曲研究家 / 34
丰子恺：为革命刊物《中国青年》两次创作封面的画家 / 37
傅东华：美国名著《飘》的中文翻译者 / 40
高尔柏：中共上海大学独立支部第一任书记 / 43
顾均正：中国现代科普界的前驱 / 48
关中哲：民国时期的"关中四大才子"之一 / 52
何成湘：新中国首任国家宗教事务局局长 / 56
何味辛：中国共产党第一张日报《热血日报》的编辑 / 60
胡允恭：中国共产党淮上中学补习社支部创始人 / 63

黄玠然：百岁革命老人 / 68

金仲椿：民革浙江省委的筹备委员之一 / 71

柯柏年：新中国外交部首任美澳司司长 / 73

孔另境：上海大学"仿佛是一座洪炉" / 77

匡亚明：两度担任南京大学党委书记、校长的教育家 / 81

雷晓晖：最后一位逝世的中共"五大"代表 / 85

李秉乾：陕西省林业战线上的领导人 / 89

李　季：《社会主义史》的翻译者 / 92

李敬泰：奉党的指示在西北军中从事兵运工作的大学生 / 97

李平心：中国第一部研究鲁迅的权威著作的作者 / 100

李逸民：新中国公安部队的开国少将 / 103

李宇超：1952年毛泽东主席视察济南时的"导游" / 107

林淡秋：新中国《人民日报》副总编辑兼文艺部主任 / 110

刘峻山：中国共产党第一届中央监察委员会成员 / 116

刘披云：云南大学第九任校长 / 119

罗尔纲：中国太平天国史研究的一代宗师 / 122

马文彦：于右任苏联之行的俄文翻译 / 126

梅电龙：中国共产党的一位秘密党员 / 129

孟　超：昆剧《李慧娘》的编剧 / 133

邵力子：上海大学校长于右任办学的得力助手 / 136

沈雁冰（茅盾）：新中国第一任文化部部长 / 145

沈志远：从上海大学附中副主任到中国科学院学部委员 / 152

施存统：中国社会主义青年团中央第一任书记 / 156

施蛰存：“我感觉到上海大学是有特殊的精神” / 164

谭其骧：上海大学大学部年龄最小的一名学生 / 170

田　汉：中华人民共和国国歌歌词的作者 / 174

万古蟾：中国动画片事业的开拓者之一 / 179

王超北：中国共产党秘密情报战线上的杰出战士 / 182

王稼祥：中国共产党内首次提出"毛泽东思想"科学概念者 / 186

王一知：上海大学最早加入中国共产党的学生之一 / 192

王友直：国民党政权在西安市的最后一任市长 / 196

吴梦非：中国美学界奠基人之一 / 199

谢雪红：台湾民主自治同盟的创立者与第一任主席 / 202

薛尚实：上海大学"是我一生接受革命锻炼的起点" / 207

严信民：中国农工民主党的一位重要领导人 / 211

阳翰笙：新中国文艺界的卓越领导人 / 214

杨明轩：从上海大学中学部主任到新中国全国人大常委会
　　　　副委员长 / 218

杨之华：中国妇女运动的杰出领导人 / 223

俞平伯：一位在家里与来访学生秉烛夜谈的大学教授 / 230

张崇文：中国共产党临海县特别支部的创建人 / 235

张琴秋：文武双全的红军高级将领 / 240

张庆孚：新中国开国上将宋时轮的入党介绍人 / 246

张治中：对瞿秋白夫人杨之华口称"师母"的国民党上将 / 249

张仲实：杰出的马列主义经典著作的翻译家 / 254

张作人：上海大学附属中学的最后一位负责人 / 258

赵景深：中国著名的戏曲研究家 / 261

赵君陶："如果干革命的都死了,哪里有今天革命的胜利。" / 264

郑振铎：新中国第一任国家文物局局长 / 268

钟复光：一位沿长江到各地说明五卅惨案真相的上海大学女学生 / 272

周建人：上海大学社会学系的生物哲学教授 / 277

周文在：中国共产党常熟特别支部的创建者之一 / 282

周越然：风行一时的《英语模范读本》编撰者 / 286

参考文献 / 291

后　记 / 297

跋：奋进中的新上海大学 / 298

安剑平：
上海大学"中国孤星社"的发起人和领导者

《孤星》旬刊是上海大学学生社团"中国孤星社"主办的一个进步刊物。上海大学学生、社团负责人、《孤星》旬刊主编安剑平，曾写信给孙中山先生，请求孙中山为《孤星》题写刊名。1924年3月3日，孙中山致电安剑平，称《孤星》刊物"深切时弊"，勉励《孤星》应本此旨广为宣传，为"吾党之主张，而尽言论之职责"，并亲题"孤星"二字寄到安剑平处。孙中山先生的函电和亲笔题字，给了中国孤星社全体社员和上海大学师生以极大鼓舞。3月25日，《孤星》旬刊从第五期开始，刊头就改换为孙中山先生的题字①。

安剑平，名若定，字剑平，号天侠，江苏无锡人，生于1900年。他自幼嗜学，仰慕古豪侠之风，对孙中山等国民党人崇拜有加。1919年的五四运动，使他心潮澎湃，萌生"大侠魂"的观念。1923年9月考入上海大学社会学系。《民国日报》1923年9月3日刊载的上海大学新生录取名单中就有安剑平。1924年4月编印的《上海大学一览》，在"学生一览表"的"社会学系"栏中记有"姓名：安剑平；籍贯：江苏无锡；通讯处：无锡安镇"。1924年1月1日，安剑平和同为无锡籍的同学糜文浩一起发起成立进步学生团体中国孤星社。安剑平任社长，并邀请了上海大学校长于右任和国民党元老吴稚晖为名誉社长。社宗旨为："研究学术，讨论问题，彻底了解人生，根本改进社会。"并规定校内外人士均可参加。该社倡导"大侠魂"精神，口号是："救急地宣传三民主义，须热情地走入民间，彻底

---

① 陈旭麓、郝盛潮主编：《孙中山集外集》，上海人民出版社1990年版，第493—494页。

地鼓吹世界革命，必勇敢地身先向导。"并创办了《孤星》旬刊，由安剑平任总编辑。1924年3月20日的《申报》刊登出版界消息称由安剑平负责编辑出版的《孤星》旬刊，"现已出至第三期，销数颇广，第四期出'追悼列宁号'，第五期出'恋爱号'"。《中国青年》1924年第31期刊文介绍上海大学《孤星》旬刊，称第八期之"'五五纪念特号'，对于'五一'运动的历史，'五四'当日的事实，'五五'与马克思学说体系纲要，'五九'外交上经过均叙述得简明扼要。青年读之，不啻读了许多书——可算编得极好"。1924年11月18日，中国孤星社召开社员大会，由安剑平作该社成立以来的工作报告，会后进行改选，安剑平继续当选为委员长。1925年5月27日，安剑平还以"上海大学孤星社"的名义致函国民党领导人汪精卫，称《孤星》旬刊每月的印刷费和邮递费约为60元，"仰恳先生转饬国民党本部，每月津贴三十元，借资周济而便维持"①。

中国孤星社还在无锡发展社员，开展活动。1924年的夏天，无锡进步青年秦邦宪（即博古）正式加入了孤星社。7月15日，秦邦宪又被批准加入了无锡的学生社团"锡社"。8月17日，中国孤星社在无锡的社员举

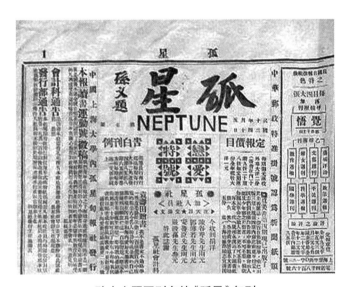

孙中山题写刊名的《孤星》旬刊

---

① 《20世纪20年代的上海大学（上卷）》，上海大学出版社2014年版，第198—199页。

行会议,安剑平、秦邦宪等20余人参加了会议。会议决定"中国孤星社无锡社员全体加入锡社"以加强两社合作,并推定秦邦宪为中国孤星社苏州委员会委员。1925年3月29日,中国孤星社无锡支部在无锡县教育会

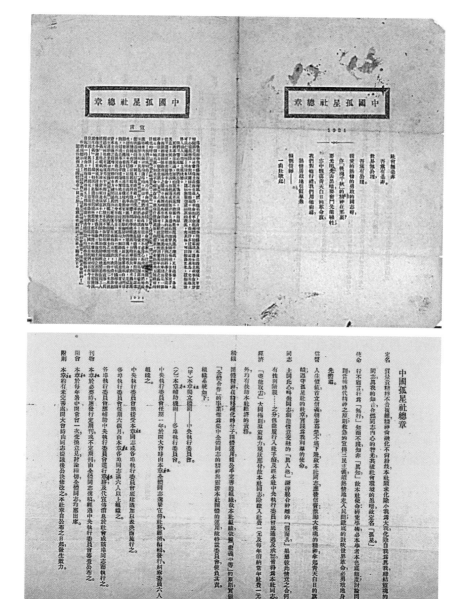

《中国孤星社总章》(图片来源:无锡博物馆)

召开追悼孙中山先生大会,秦邦宪在会上发表了演说。五卅惨案发生以后,秦邦宪抱病积极投入声援上海人民反帝爱国斗争。6月7日晚,大雨滂沱,上海大学学生、中国孤星社社长安剑平在苏州中国孤星社社员安友石住处,就五卅惨案问题与秦邦宪促膝谈心。秦邦宪回顾此事说:"青年热血的大侠魂精神,不图于此残风苦雨之夜,湫隘昏暗之室中见之。"秦邦宪在《血泪潮》上发表了一系列文章声援五卅运动,这张小报也是由中国孤星社和锡社联合出版的,由安剑平担任主编。这张小报不断报道无锡地区声援五卅运动的情况,刊载大量反帝爱国的文章,一时成为无锡的舆论中心。因此,秦邦宪于7月在江苏省立苏州工业专门学校预科毕业以后,选择进上海大学不是偶然的。

1925年12月20日的《申报》,刊登题为《无锡·警察所查封锡社之反响》的报道,称:"无锡公署日前奉省令内开,据锡人彭鼎动呈称,本邑'锡社'为共产党机关,始为青年学生组合,旋有共产党徒安剑平等加入,宣传过激主义,推翻家庭,灭绝理教,其刊布之《无锡评论》立论尤为背谬,请求饬县查封,拘提该社首领安剑平,从严究办,并其出版物一律销毁。"又称:"至安剑平系上海大学学生,刻在上海,亦无法拘捕。而该社自奉到县署训令后,以彭鼎动所控各节,完全出于捏词污蔑";"而原告彭鼎动,历查全邑选民册中,并无其人,或系出于反对者之中伤"。结果此事不了了之。

根据黄美真、石源华、张云编的《上海大学史料》所载和所计,目前收集到的《孤星》旬刊有第九期的目录和第十、第十一两期。在1924年6月5日出版的第九期上,安剑平分别以"剑平"和"天侠"署名发表了《亚细亚革命与世界改造》《中华民族与大侠魂精神》两篇文章;在6月15日出版的第十期"读书运动号"上,发表了安剑平以"剑平"署名的《读书运动号开篇——读书运动与经济革命》《读书运动下的教会学校》两篇文章,还有署名为"天侠"的《读书运动的前因后果》;在6月25日出版的第十一期上,刊登了署名"安剑平"的《三民主义与中华国魂》和署名"剑平"的《亚细亚革命与世界改造》《节录救国之神底呼歌》。另外该期还刊登了朱谦之给安剑平的信和他的回复。这些文章基本上体现了安剑平的思想及其一直在呼吁倡导的"大侠魂"精神。

1927年以后,安剑平埋头著述,曾出版《大侠魂论》,鼓吹超阶级的带有神秘色彩的"大侠魂"精神。1931年"九一八事变"以后，安剑平于1932年在南京创办了铸魂学社。这是一个"主张修身立命，匡人救世及文武合一、知行合一"的文化社团，曾吸收一些爱国青年，参加过一些抗日救亡活动。1945年，他和其他人一起以铸魂学社为基础发起组织中国少年劳动党并任党主席。1948年，少年劳动党响应中国共产党"五一"口号。无锡解放后安剑平来到北平，代表少年劳动党要求参加新政协。中共中央统战部部长李维汉两次会见安剑平，提出鉴于少年劳动党成分复杂，组织也不健全，建议安剑平等考虑解散组织。1949年9月1日，少年劳动党宣布解散，表示服从中国共产党领导，从事"民主主义的建设事业"。新中国成立以后，安剑平被任命为政务院参事，1954年任第二届全国政协委员。1956年，根据"百花齐放，百家争鸣"的方针，安剑平等18位国务院参事联名向周恩来总理汇报工作，指出了党在统战工作中存在的偏差。这就是当时著名的"十八参事上书"。根据国务院参事们的意见，党中央和国务院在全国范围内全面检查党的内外关系，国务院也开始着手提高参事的政治、生活待遇。这一年的国庆节，安剑平和全体参事一起，应邀登上了天安门城楼，与毛泽东、周恩来等党和国家领导人一起参加了国庆观礼。1957年3月21日，安剑平在《人民日报》上发表了题为《我以投身于正义事业而自豪——安若定谈参加政协的感想》的长篇文章。在这篇文章中，安剑平谈了他自己思想发展的过程，在政治上走过的弯路，参加政协以来受到的教育、取得的进步。在文章中，安剑平由衷地表示："今天，中国共产党领导我们的事业是正义事业，学习的马克思主义是科学的真理。我为自己和朋友们、同志们投身于真理生活中、投身于正义事业中感到骄傲，引以自豪。'交尽天下良友，读尽人间奇书'，这是我平生对于自己的要求。今天的奇书，就是马克思主义、辩证法。良友，就是工农群众和劳动的知识分子。"最后，安剑平说："我要为中华人民共和国而欢呼，要为中国百多年来反帝反封建的斗争胜利全盘翻身而庆祝，要为领导我们走向真理生活、走向正义事业、一个胜利接着一个胜利的中国共产党表示感谢。我个人更该在人民大海的事业中联系群众，靠拢人民政府，尽我点滴的力量，弥补我多年来孤军奋斗和走尽弯路的损失。"

1978年，安剑平病逝，终年78岁。

曹天风：
抗战时期收到周恩来书赠诗联的国民党左派

曹天风

在浙江省博物馆，收藏着一幅周恩来于1939年3月30日为曹天风书录的一首诗："山中岁月纪春王，颁诏何须辨鲁唐？此日甲兵栖越纽，相期铙吹渡钱塘。檄传英霍军威远，势压杭嘉士气扬。成败区区君莫问，中华终竟属炎黄。"这幅字由浙江省天台县移交于省博物馆，为一级文物。

曹天风，原名祖建、国材，浙江天台人，生于1902年。他出身于一个信奉"忠厚传家久，诗书继世长"的封建家庭，父亲曾做过知县。他自幼接受了中国传统文化的良好教育，打下扎实的中国传统文化的功底。1918年考入天台中学。五四运动中接受了新思想、新文化的熏陶和影响，和同学王槐、齐德夫等一起上街宣传，检查、烧毁日货。1922年考入上海大学学习。在上海市档案馆保存的档案《上海大学毕业生名册》"上海大学社会学系（十三—十五年度第二学系毕业生）"①上记载有：姓名：曹天风；籍贯天台②。在上海大学学习期间，曹天风受到瞿秋白、恽代英等中国共产党早期领导人和马克思主义者的教育，思想认识有了很大

---

① "十三—十五年度"指"民国十三年至民国十五年年度"，即1924—1926年度。
② 这些名单系上海大学被封闭后重新抄录，故登录的是后来通行的姓名。中共"一大"会址纪念馆保留的《上海大学学生职员名单》，也是上海大学被封闭后由学生手抄，其中也有"曹天风，浙江天台"字样。

提高。"猛虎未除况苛政,贻书屡劝返山村。无端韬剑又远去,不学武周学马孙。"(《和上大同学》)①这是他这一时期学习和思想认识的写照。在这首诗中,他有个自注,称"武周""武——武松;周——周处",武松为小说《水浒》中的人物,周处则是东晋时期人。诗中的"马孙",则是指马克思主义和孙中山的三民主义。1924年暑期,为响应宋庆龄关于组织"共济会"的号召,在家乡组织"与众同乐部",以联络感情、读书广见、宣传革命真理为宗旨,开办平民夜校,推动社会改革。在五卅运动中,与上海大学的老师和学生一起,冒着水龙、枪弹,到巡捕房抗议,冲在斗争的前列。后来他有长篇五言诗《忆五卅》纪念五卅斗争,诗曰:"镰斧枪同盟,准与暴敌拼。岂敢落后哉,背城排笔阵";"水龙射不止,幸免非壮士。问罪捕房前,翻将血债添"。在诗下自注曰"殉难者有上大同学何秉彝"②。

在家乡,曹天风经过共产党员、国民党浙江省党部宣中华的介绍,加入了国民党,投身到天台地区的国民运动。1926年夏,国民党天台县党部成立,曹天风当选为执行委员兼工农部长。1927年蒋介石在上海发动"四一二"反革命政变后,曹天风被迫逃离天台,辗转于上海、江苏、武汉、湖南、广东等地。他感慨"革命成亡命,信徒作叛徒"③,愤而改名为"天疯",寓意"天也为之气疯"。后经国民党元老、他在上海大学读书时的校长于右任所劝"男儿可希圣,何以疯为?",遂改名为"天风",并以"天风"之名行世。他冒着生命危险,到处宣传反对"清党",其文章《在下层工作同志的伤心惨绝的呼声》在《中央日报》刊出。他又参加了由共产党人罗青领导的反对国共分裂、维护孙中山"三大政策"的镇江起义。起义失败后,与罗青共遭通缉,各自逃亡。1928年1月,他和王槐等被国民党右派西山会议派告发有"共党嫌疑"而被当局逮捕,转囚于南京卫戍司令部军人监狱。后经同乡张羽生、徐坛等多方营救而被保释出狱。1938年,曹天风奔赴浙东抗日前线,出任第三专区政工指导室主任,《战旗》杂志社社长兼主编,用"鞭狮手"的笔名撰写社论,宣传抗日救亡,号召收复失地,提出"冲过钱塘江,收复杭嘉湖"。《战旗》被周恩来誉为"万绿

---

① 曹天风著:《水平集》,团结出版社1989年版,第4页。
② 曹天风著:《水平集》,团结出版社1989年版,第125页。
③ 曹天风著:《水平集》,团结出版社1989年版,第180页。

丛中一点红"。后王槐牺牲在东北抗日战场,曹天风闻讯后作《不归·为王槐向荣诸难友作》诗篇,悼念王槐这位曾长期与他并肩作战的烈士。1939年3月17日至4月6日,周恩来以国民政府军事委员会政治部副主任的身份视察浙东。28日到绍兴,当晚出席在龙山越王台举行的各界欢迎晚会。曹天风被推举为绍兴各界总代表,在欢迎晚会上发表了"地球向东转,世界向左倾,这是不可抗拒的两大伟力"的演说,语惊四座。周恩来与他进行了深入谈话。29日,周恩来祭扫祖墓,30日临别前夕,周恩来应邀书写了绍兴籍的同盟会会员沈复生的近作赠给曹天风,并特加跋语:"因抗战机缘得来故乡扫墓,承曹先生远迎,复得聆谠论,极感奋,爰录吾绍沈复生①先生近作,应天风先生雅属并留纪念。周恩来(印)民国二十八年三月卅日于绍兴城。"这首诗最后一联曰"成败区区君莫问,中华终竟属炎黄",鼓励家乡人民坚持抗战,坚信胜利终究属于不屈不挠的中华民族。周恩来亲笔书写的这幅诗联,极大地鼓舞了曹天风和浙江人民的抗日斗志。1978年,曹天风以《真理是最高权力》为题,深情地回忆了周恩来1939年的绍兴之行。

为了抗敌需要,曹天风转入天目山区,任民族日报社社长、民族文化馆馆长、浙西干部训练团教育长。他还主办了《民族通讯》《敌伪研究》等

周恩来1939年3月30日书沈复生诗赠曹天风

---

① 沈复生(1884—1951),绍兴人,清末秀才,南社诗人。

刊物，宣传抗日。在国民党掀起的反共高潮中，他竭力保护共产党人和革命青年。浙江籍的两名共产党员王维和沈之瑜被反动当局关押，在他的全力营救下而获释。1939年2月，中共浙西特委成立，顾玉良任书记。8月的一天，顾玉良在天目山的藻溪周冕村秘密召开特委扩大会议。不料会议的召开时间和地点被国民党浙西行署特务机关掌握的特务连侦知。曹天风获得情报后，冒着危险派出可靠之人传达口信，使顾玉良等及时转移，避免了浙西特委的一次重大损失。1943年夏，曹天风回到家乡，被推为天台中学校长，成为当地一位著名的教育家。

新中国成立以后，曹天风再次担任天台中学校长。后被聘为浙江省文史馆馆员。1992年病逝，终年90岁。

曹天风是当地一位著名诗人，擅长古体诗，一生作诗四千余首，内容博大，构思精巧，"奇语妙语趣语愤语痛语隽语豪语"满纸。1931年郁达夫与他邂逅杭州，一见如故，赞其诗为"楚骚绝唱"。而当读到《南归引》中"十年破袖凌风舞，肯为苍生拭泪痕，浪迹天涯何计是，不成大寇不成僧"等句时，击节称绝，手批"如此俊品，愿天下有心人共赏之"。1989年8月，曹天风选出解放前600多首诗编为《水平集》，由团结出版社出版。

曹天风作为上海大学的学生，对这所曾经培养过他的母校感情很深，在他的诗作中，写到上海大学的，除了前引录的几首之外，另外还有如《忆上大诸师友》，诗中称："学案新翻得几篇，传神最远自苏联。"这是说他的老师、同学有的从上海大学出发到苏联留学；"十载启蒙仰至诚，一头才砍万头伸。九州殉道几师友，论是无神笔有神。"这里追忆了他在上海大学仰受思想启蒙，他的老师、同学有的已为革命事业"殉道"而死。又有《上大三十周年纪念》[①]，称："东南可但主文盟，绛帐春江旧偃兵""党作烘炉义作煤，干将不铸铸奇才"[②]，这里曹天风对上海大学当年主"东南文盟"作了充分肯定，并认为上海大学是一座革命的大烘炉。这一点，联系到他在1949年出版《水平集》的"自序"中谈到的"作者出身'上大'，往年受启示至深"，其看法和感受都是一致的。

---

① 《水平集》选诗作止于1948年，此"三十周年"时间有误。
② 分别见曹天风著：《水平集》，团结出版社1989年版，第28、105页。

陈望道：
在上海大学实际任职任教时间最长的重要领导人

陈望道

在中国马克思主义的传播史上有一段佳话，那就是陈望道在家乡废寝忘食地翻译《共产党宣言》，误将墨汁当红糖蘸白米粽充饥，结果搞得满嘴都是墨汁。那是在1920年3月，上海的一个进步刊物《星期评论》约请陈望道翻译《共产党宣言》，预备在刊物上连载。于是陈望道就携带《共产党宣言》英译本和日译本秘密回到了家乡义乌分水塘村，在宅旁一个经年失修的柴屋中开始了艰苦的翻译工作。为了专心致志地译书，一日三餐都由他的老母亲做好送来。一天，他母亲送来糯米粽和红糖，让儿子用粽子蘸红糖吃，既好吃又耐饥。等到他母亲进来收碗筷时，看到陈望道满嘴的墨汁，不禁哈哈大笑。原来儿子译书过于专心，将粽子蘸墨汁吃在嘴里竟不自知。

陈望道完成《共产党宣言》翻译已是4月下旬。由于《星期评论》遭当局禁止而停办，《共产党宣言》在《星期评论》发表连载的计划就搁浅了。直到8月，陈望道所译《共产党宣言》才由社会主义研究社正式出版。这是马克思主义在中国传播史上的一件大事，因为这是《共产党宣言》中文全译本首次在中国问世。这本书一出版即受到广泛欢迎，反响强烈，初版千余本很快销售一空。同年9月即重版。1921年9月，中国共产党在上海成立人民出版社，《共产党宣言》又获重印。陈望道全本翻译《共产党宣言》，为宣传马克思主义、推动社会主义运动在中国发展立下

陈望道：在上海大学实际任职任教时间最长的重要领导人

了不朽功勋,全译本《共产党宣言》的出版发行,为中国共产党的创建奠定了思想基础。

陈望道,原名参一,又名融,字任重。浙江义乌人,生于1891年。教育家、语言学家。6岁起进私塾,16岁时离开家乡考入义乌绣湖书院学习。后又考入浙江省立第七中学,在这所中学学习了四年。1913年以后,他先到上海一家补习学校补习英语,后考进浙江之江大学专攻英语和数学。1915年初,陈望道又怀揣"实业救国"理想东渡日本留学。四年半以后毕业于中央大学法科。在日本留学这一段

陈望道翻译的《共产党宣言》封面

时间,使陈望道思想发生了极大的变化。1917年的十月革命的胜利以及中国辛亥革命的失败,深刻地教育了他、刺激了他。他终于明白所憧憬的"实业救国""科学救国"在中国当时的条件下都是不切实际的幻想,自己所读的法科,也不是自己所理想的学术和人生追求。1919年的五四运动浪潮很快波及日本,陈望道再也无法在日本待下去了,这一年6月,陈望道回到了祖国,并应浙江第一师范校长经亨颐之聘,来到这所著名的学校任国文教员。

然而,随之而来的"一师风潮"使陈望道无法在讲坛上继续讲他的国文课。1919年春,"一师"学生施存统根据家里的实际情况,在《浙江新潮》上发表《非孝》一文,对中国封建社会历来提倡的"孝道"提出质疑,随即在浙江教育界引起轩然大波,浙江教育当局将此视为洪水猛兽,两次派员查办"一师",责令校长经亨颐开除《非孝》作者施存统,还给施存统的老师陈望道等进步教师扣上"非孝""废孔""共产""共妻"等耸人听闻的罪名,要求将陈望道等予以撤职查办。校长经亨颐对教育当局的"查办令"给予坚决抵制,省教育厅恼羞成怒,进而作出撤换"一师"校

 他们从 上海大學 (1922—1927) 走进新中国

长、改组学校的决定。结果学生发起"留经运动",在寒假中纷纷赶回学校不让经亨颐离校,也拒绝新校长到任。惊恐万状的反动当局竟出动军警包围学校,强行让学生离校,从而酿成了轰动全国的"一师风潮"流血事件。后来在全国各地学校以及媒体的声援下,浙江当局才被迫收回成命。然而,经过这次风潮,陈望道以及校长经亨颐等再也无心在"一师"待下去了。经亨颐后来到上虞白马湖另创建一所名校春晖中学,陈望道也就在这时应约回到家乡翻译出版了《共产党宣言》。可以说,陈望道翻译《共产党宣言》的成功,是和他在浙江教育界亲身经历过的这场新旧思想激烈冲突斗争的磨炼而受到的深刻教育是分不开的。以《共产党宣言》的翻译与出版为标志,陈望道完成了一个经过五四新文化运动洗礼、具有新思想的知识分子向一个具有共产主义者理想和信念的革命者的过渡。

1920年4月,陈望道来到上海,应陈独秀的邀请参加《新青年》的编辑工作。同年8月,陈望道又和陈独秀、李汉俊、沈玄庐等一起发起成立上海的中国共产党早期组织上海共产主义小组。12月,陈独秀应邀赴广东任职,陈望道受命担任《新青年》的主编。在陈望道的主持下,《新青年》虽然还是会继续刊登不同思想倾向的文章,但是其马克思主义的倾向越来越明显,成为上海共产主义小组宣传马克思主义的一个重要阵地。在主编《新青年》的同时,陈望道还担任《民国日报》副刊《觉悟》的编辑,在《觉悟》上增加了介绍苏联和宣传马克思主义的内容,使《觉悟》成为继《新青年》之后又一个宣传马克思主义的舆论阵地。陈望道除了是上海中国共产党早期组织的发起者之外,还参加了社会主义青年团的筹建工作,也是中国青年团的早期负责人之一。1921年7月中国共产党成立以后,陈望道出任中共上海地方委员会第一任书记。

1922年10月23日,在中国国民党与中国共产党酝酿合作的大背景下,上海大学成立了。1923年4月,李大钊在和上海大学校长于右任的会晤中,向于右任推荐了邓中夏、瞿秋白等中国共产党早期党员、党的领导人到上海大学任教,接着,一批中国共产党早期党员也先后进入上海大学任教。就在这时,陈望道也受到上海大学的聘请。正当他在踌躇不决是否接受上海大学之聘时,接到陈独秀写给他的一张署名"知名"的条子,

上写:"上大请你组织,你要什么同志请开出来,请你负责。"①陈望道作为中国共产党最早的一批党员,当时虽已与陈独秀意见不合并已要求脱离组织,但对于身为中国共产党中央执行委员会委员长陈独秀代表组织的委派,陈望道还是以严肃认真的态度接受了,并于这年6月正式来到上海大学任教。

关于陈望道来到上海大学任教,舆论很关注。1923年6月14日,《民国日报》刊登题为《上海大学革新之猛进》的报道,称上海大学下半年已预订的教员除总务长为邓安石(即邓中夏)、教务长为瞿秋白等外,中国文学系主任为陈望道。如果说这则报道还只是上海大学提出的一个教员聘任设想的话,8月12日,《民国日报》《申报》同日刊登关于上海大学的报道,称:"闸北青岛路上海大学,鉴于整理旧文学、研究新文学及养成中学以上国文教师,均亟须培养专才,特创设中国文学系以应时代需要。本学期共办一、二年级两级,已聘定陈望道先生为主任,兼修修辞学、美学、语法文法等。"上海大学于1924年4月出版的《上海大学一览》中,在职员之部、教员之部、大学部选科教授三个栏目中,均介绍了陈望道,这在上海大学的教授中是不多见的。

陈望道在上海大学担任教授是很称职的。他是学界著名的语言学家,在上海大学教授语法文法学、修辞学和美学,他不仅为大学部学生开课,还给中学部学生开设中国语法及文法、修辞学等课程。平时他很关心学生。1923年7月8日,上海大学美术科图工、图音学生毕业,召开辞别会,陈望道、邵力子等应邀出席并热情发表演说。陈望道含义深刻地告诉学生:"绘画当求适于人生,与其闭门临一裸体美人,不如在田间写一裸体农民。"②1926年4月10日,上海大学中国文学系、英国文学系丙寅级(丙寅即1926年)因毕业在即,邀请教师聚餐,陈望道、田汉、李季、朱复、韩觉民等教授应邀参加并发表演说,对即将毕业离校的学生进行勉励。上海大学学生发起组织寒假读书会,邀请陈望道到会讲演。陈望道欣然接受邀请,不仅参加读书会成立大会,还在会上发表演讲,勉励同学抓紧时间

---

① 陈望道:《关于上海大学》,1961年7月22日;转引自邓明以著:《陈望道传》,复旦大学出版社2005年版,第100—101页。
② 《民国日报》1923年7月10日。

他们从 上海大學 走进新中国
(1922—1927)

认真读书,说:"吾人今日读书,固不应变成老顽固,然亦当谨防流为新顽固。盖读书乃作事之参考也。"① 1923年和1924年,以上海大学为主,联合其他学校曾连续两年先后举办"上海暑期讲习会"和"上海夏令讲学会",陈望道都积极参加,冒着酷暑主讲了"美学常识""修辞大意""妇女问题""美学概论"等专题,受到听众和学生的欢迎。1924年7月15日、16日,《民国日报》的副刊《觉悟》分两期发表了陈望道演讲的"美学纲要"。在上海大学,陈望道不仅在课堂上是个称职的教授,在课外也是深受学生爱戴的好老师。新中国成立以后,1950年,陈望道到北京开会,许多当年上海大学的学生闻讯以后相约来看望老师,陈望道和学生们聚在一起共同回忆起在上海大学的往事。

陈望道到上海大学以后,除担任教授以外,从中国文学系一建立就担任系主任,直到1927年5月26日,在系主任这个职位上干了将近四年,是上海大学任职时间最长、工作最稳定的系主任。他工作认真,经验丰富,视野开阔,深孚众望。1924年1月24日,也就是陈望道担任系主任半年多的时间,《民国日报》就刊登题为《上大中国文学系近闻》的报道,称:"上海大学中文系,自十二年(即1923年)暑假后由陈望道担任系主任后,颇有改进气象。所聘教员如沈雁冰、田汉、俞平伯、邵力子、叶楚伧等对于所教功课有专门研究者,学生多能努力求学,人数已达90人。"中国文学系后来涌现出像丁玲、施蛰存、戴望舒、孔另境、孟超这样的作家、学者、诗人、出版家、剧作家,是与陈望道的治系思想和治系实践分不开的。

陈望道在上海大学还有一个突出的贡献就是长期参与学校的行政工作,为学校的日常管理呕心沥血。1923年8月8日,上海大学召开全体教职员会议,根据上海大学章程,要推定上海大学最高会议"评议会"组成人员。除校长于右任为主席评议员外,陈望道与邓中夏、瞿秋白等9人当选为评议员,12日,评议会召开第一次会议。这次会议也标志着陈望道进入上海大学管理的决策层。到了同年12月,上海大学根据新修订的章程,改评议会为"行政委员会"而作为学校最高议事机关,陈望道仍被推选为委员。1924年2月,陈望道与邵力子、瞿秋白、邓中夏、何世桢被推

---

①《民国日报》1927年1月8日。

选为"上海大学丛书"审查委员会委员,推进上海大学的教材建设工作。1925年2月13日,学校行政委员会召开第十八次会议,议决整理图书馆,组织图书委员会,陈望道和周越然、施存统又被推为委员。也正是在该次会议上,陈望道又担负起学校学务处学务主任的重任。2月15日,上海大学召开行政委员会会议,决定添设新的学科,陈望道被推为教育系筹建的筹备员。同时又被推为拟议中的校刊编辑主任。1926年3月21日,陈望道以学务主任的名义召开会议,讨论学校有关事务。会上又改选行政委员会,陈望道继续当选。到了1927年,陈望道还担任了学校行政委员会主席职务,成为上海大学的实际领导人。1927年3月24日,陈望道就以上海大学行政委员会主席的身份和中学部主任侯绍裘一起,发布《上海大学暨附属中学开课招生通告》,宣布上海大学江湾新校舍全部告成,定于4月1日正式上课。一直到1927年4月18日上午,也就是在蒋介石发动反革命政变以后,于4月16日发布通缉令,通缉共产党人及"跨党分子"共197人,上海大学有多名教师和学生名列其中的严重时刻,上海大学在江湾新校区召开新校区启用以后的第一次行政委员会会议,改选临时主席,结果陈望道以最高票当选为临时主席。他临危受命,亲赴南京为上海大学的前途请愿。在"四一二"反革命政变中,上海大学的多名学生被抓,陈望道不顾危险,动员一些中间派的学生去探监通消息,并想方设法去营救这些被捕学生。陈望道在上海大学行政委员会主要负责人这个岗位上一直坚持到1927年的5月26日,才"因有要事急须返里,辞去临时主席一职"①,可以说为上海大学尽到了最后的努力。

陈望道从1923年6月受聘一直到1927年5月26日正式辞去教职返回家乡,在上海大学长达近四年的执教生涯,也成为在上海大学实际任职任教时间最长的一位重要领导人。

陈望道作为上海中国共产党早期组织的发起人、中国共产党早期党员,虽因与陈独秀意见不合而于1923年脱离了党的组织,但他依然坚持革命立场。在上海大学担任教授和系主任期间,他对于党组织在上海大学开展的革命工作和革命运动,一直给予关心和支持。1925年3月12

---

① 《申报》1927年5月28日。

他们从 上海大學 走进新中国
(1922—1927)

日,孙中山在北京逝世,3月28日,上海大学召开追悼孙中山先生大会,到会者千余人,陈望道主持了追悼会,表达了他对孙中山先生的热爱和对中国共产党革命统一战线政策的支持。五卅运动是中国共产党领导的一次大规模的反帝爱国运动,上海大学的教师和学生充当了这次运动的前驱和主力。正因为如此,上海大学被租界当局视为眼中钉,遭到租界当局的武力封闭。上海大学随即召集教职员在西门勤业女子师范举行紧急会议,陈望道主持了这次重要会议。会议作出决定,立即发表宣言,向社会公布上海大学被租界当局武力封闭的真相,陈望道和施存统承担了宣言起草的重任。五卅运动以后,全国大批教会学校的学生因参加五卅运动而遭到学校当局退学,1925年8月18日,上海大学根据校行政委员会的决定,在《申报》上刊登招生广告,公开提出:"本校行政委员会已通过上海学生联合会请求宽予收容因此次'五卅'风潮而退学之教会学校学生之议案,凡属该类学生一经证实,即予免考收录。"这份广告是由上海大学校长于右任和陈望道等系主任共同署名的。以上这两件事足以证明陈望道对五卅运动支持的态度。新中国成立以后,陈望道在回忆上海大学这段历史的时候,明确指出上海大学是"'五卅'运动的策源地"。1927年3月23日,北伐军攻驻龙华,陈望道和刘大白代表上海大学到北伐军驻地慰问。24日,上海大学与景贤女校联合在闸北青云路广场召开欢迎北伐军大会,陈望道又在会上发表了热情洋溢的欢迎词。这些,都体现出陈望道绝不是两耳不闻窗外事的学究,而是仍然具有革命精神的一位战士。

上海大学被反动当局封闭以后,陈望道一直坚持在复旦大学等高校任教,支持进步学生的爱国活动。1931年"九一八事变"后,全国各阶层人民掀起了抗日民主运动的浪潮。陈望道在抗日救亡运动中始终走在前列。抗日战争胜利后,在上海任华东地区高校教授联合会主任。新中国成立后,任华东军政委员会文教委员会副主任兼文化部长、复旦大学校长、华东行政委员会高教局局长、中国科学院哲学社会科学学部委员、《辞海》编委会主编、全国人大常委会委员、全国政协常委、民盟中央副主席兼上海市主任委员、上海市政协副主席、上海市哲学社会科学联合会主席。1957年重新加入中国共产党。著作有《修辞学发凡》《陈望道文集》等。

陈望道：在上海大学实际任职任教时间最长的重要领导人

对于上海大学，陈望道一直充满感情。1961年7月22日，他写下了《关于上海大学》的回忆文字，提供了陈独秀给他一张条子、请他到上海大学工作的极其珍贵的史料。1950年到北京开会见到前来看望他的学生时，还关心地询问"从上大培养出来的学生现在还有多少人参加革命工作？"①1973年5月11日，陈望道在给中共金华市委党校郑振乾的回信中曾说："我做过上海大学教务长，上海大学就是培养革命干部的大学。"②

《修辞学发凡》书影

1977年10月29日，陈望道因肺部感染不幸逝世，终年86岁。1980年1月23日，中共上海市委组织部根据中央组织部通知精神，在龙华革命公墓为陈望道举行了骨灰盒覆盖党旗仪式。

---

① 乐嗣炳：《回忆上海大学》，载《20世纪20年代的上海大学（下卷）》，上海大学出版社2014年版，第1061页。
② 《金华晚报》2018年6月29日。

戴邦定：
浙江黄岩籍的第一位共产党员

戴邦定

1926年12月，上海大学学生、共产党员张崇文根据党的决定来到家乡，与张伯炘、陈赓平等一起创建了中共临海县特别支部并任第一任支部书记。到了1927年的2月，根据斗争形势的变化和需要，中共浙江省委指派共产党员戴邦定来到临海，接替张崇文担任中共临海县特别支部书记。这样，戴邦定成为中共临海县特别支部的第二任书记。

戴邦定，又名戴介民，曾用名巴克，浙江黄岩人，生于1902年。1911年，在家乡私塾求学。1917年上半年在南渠小学学习，下半年就升入位于临海的浙江省立第六师范就读。1919年五四运动爆发以后，戴邦定积极参加反帝爱国斗争，进行"提倡国货，抵制日货"的宣传活动。1922年夏毕业以后，先后在六师附小和回浦小学任教员。1924年春来到上海，考进上海大学中国文学系。1924年4月编印的《上海大学一览》，在"学生一览表"的"中国文学系一年级"一栏中，记有："姓名：戴邦定；年龄：23；籍贯：浙江黄岩；通讯处：黄岩宁溪转半龄堂"。

戴邦定进上海大学中文系，原本想一心一意攻读学问，并不热心参加学校的社会活动。即使参加，也只是一名群众。后来，他参加了学校同乡会的组织活动。据戴邦定回忆，上海大学同乡会"这种组织是在党领导下进行的，同学会主席的确定，是党组织预先经过研究指定的，并且派有我们的地下党参加,如浙江台州同学会,主席是张崇文"①。他自己也担任了台州同学会委员。1925年5月30日爆发了五卅惨案,戴邦定参加了上海大学组织的游行队伍,目睹了敌人的疯狂屠杀。"惨案发生后,开会更多了,那时连我们这些不太参加活动的人也常参加会议了,可见运动发展得很深入。"②可以说,五卅运动改变了戴邦定对政治活动的态度,也是他人生的一个转折点。在上海大学这样充满革命的氛围中,在上海大学党组织的教育和老师的启发下,戴邦定由爱好文学渐渐转向认真研读社会科学和马克思列宁主义的理论书籍,开始接触共产主义思想。就在这一年的11月,经过斗争考验的戴邦定,由孔另境介绍加入了中国共产党,从而成为浙江黄岩籍最早的一名共产党员。1926年下半年,还曾担任过上海大学党支部宣传委员。

作为浙江人,戴邦定参加了上海大学浙江同乡会的许多活动。《台州评论》是上海大学台州同乡会主办的刊物。1926年5月1日,戴邦定在第四期的《台州评论》上,发表了题为《台州的民众应怎样去纪念革命的五月》文章,在文章中,戴邦定提出:"五卅——是帝国主义联合起来屠杀求民族解放的中国民众之日,也就是中国的被压迫阶级起来向压迫阶级的帝国主义发难之日。台州的民众呵,这次的运动,在中国自有历史以来为空前极大之运动,较之从前的五四、五九,更是不能同日而语了。"③

戴邦定原是一位文学爱好者,到上海大学读书以后,也没有完全放弃他钟爱的文学创作。《文学》是由上海大学中国文学系编辑、作为《民国日报》的文艺副刊之一随报发行的刊物,开始为半月刊,自第三期开始改为周刊。1925年6月1日的《文学》第五期,发表了戴邦定的短篇小说《媳妇》,作品通过女主人公渴望为儿子娶媳妇,儿子"琴儿"后来死了,就一直念叨着"琴儿不死,我也有媳妇了"这句苦语,到她的生命终结,反映了那个时代江南农村底层人民的生活状况。

1926年的12月,根据党组织的决定,戴邦定离开上海大学,被派往杭州从事革命工作。与杨贤江一起创办杭州《民国日报》,担任编辑。1927

---

① 《访戴介民》,1962年4月3日,吕继贵记录,原件存上海市档案馆,档号:D10-1-58。
② 《访戴介民》,1962年4月3日,吕继贵记录,原件存上海市档案馆,档号:D10-1-58。
③ 《20世纪20年代的上海大学(下卷)》,上海大学出版社2014年版,第769页。

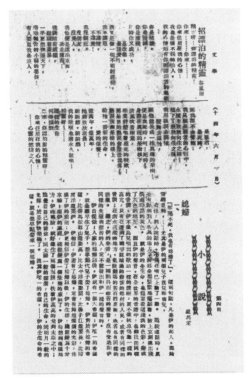

1925年6月1日发表于《文学》
第五期上的《媳妇》

年2月,中共临海特别支部划归杭州地委领导,国民党浙江省党部常委、中共党团书记宣中华指派戴邦定任中共临海特别支部书记,并以浙江省第六中学校长的身份公开开展工作。戴邦定聘请了一批共产党员和进步教师到学校任教,并且有计划地培养进步教师和高年级学生参加学习和其他各种活动,在进步教师和高年级学生中发展党员。他在第六中学分别建立了教师和学生支部,他自己则兼任教师支部书记。

大革命失败以后,1927年5月11日,在浙江省务委员会第七次会议上,戴邦定被国民党浙江当局撤销了第六中学校长职务,并在5月30日遭到当局通缉。于是戴邦定转入临海南乡和黄岩的富山老家,坚持地下斗争,继续领导中共临海特支的工作。1927年9月,根据中共浙江省委的决定,戴邦定不再担任临海党的工作,通过中共黄岩地方组织,在家乡以办村识字班为名,开展对群众的宣传工作。他先后培养发展了村校青年教师和知识青年加入共青团,发展当地农民加入党团组织。经过上级党组织的批准,建立了黄岩西乡第一个党支部中共半岭堂支部。1928年秋,戴邦定奉命转移到上海,与许杰一起创办明日书店,传播进步文化,并与上海党组织接上关系。他还利用在国民党市党部工作的同乡为党组织搜集情报,资助避居上海的原中共黄岩县委委员林泗斋,为林泗斋接上党的关系。1930年,上海中共组织遭破坏,戴邦定与党组织失去联系。此后,他患病休养了两年多。1933年至1936年,他先后在上海大公职校、中国公学任教。此后,又辗转杭州、金华等地学校任教。1938年,应邀到天台大公中学任教导主任,在校开展抗日救亡教育,后被迫离校。1939年7月,在上海筹款创办建承中学并担任校长。建校不久,中共地下组织在校内建立支部,并设党的交通联络点。戴邦定为党组织和学生在校开展革命活动提供方便。1945年5月,日军宪兵到校将戴邦定等师生8人抓到宪兵队严刑逼供,但戴邦定等坚强不屈。敌人因得不到证据,只能将戴邦定等一行交保释放。党组织根据戴邦定在狱中的表现,批准他重新入党。

新中国成立后,戴邦定先后任虹口中学、晏摩氏中学校长。后调华东师范大学历史系任教材教法教研室主任。"文化大革命"中,受到残酷迫害,于1972年去世,终年70岁。1984年6月被平反昭雪,中共上海市委组织部决定恢复戴邦定的中国共产党党籍。

戴望舒：
中国现代诗派的代表人物

戴望舒

戴望舒的同学也是好友施蛰存，在《丁玲的"傲气"》一文中，曾经记述了戴望舒在上海大学中文系读书时的一件"糗事"：有一次，戴望舒因事要通知女同学，"他就冒冒失失地闯进女生宿舍，坐在一位女同学的床上。他也看不出那位女同学的脸色。他走后，那位女同学把床上的被褥全部换掉"。施蛰存写戴望舒这件轶事，原本要说明的是20世纪20年代大学中女生对男生的"傲气"，但也让我们看到了戴望舒这个活生生的"书呆子"形象。

戴望舒，原名朝寀，小名海山，浙江杭县（今杭州）人，生于1905年。8岁时入杭州鹾武小学读书。1919年考入宗文中学，在这所学校学习了四年。1922年那一年，17岁的戴望舒开始了他的文学创作和文学活动。他与张天翼、施蛰存、杜衡等在杭州成立了文学团体"兰社"，并开始了新诗的创作。1923年1月，创办《兰友》旬刊，担任编辑。一直到7月1日，《兰友》旬刊共发行17期。1923年9月，考进上海大学中国文学系。《民国日报》1923年9月3日刊登上海大学录取新生广告，其中有"中国文学系一年级：戴朝寀（杭州）"。1924年4月编印的《上海大学一览》，在"学生一览表"的"中国文学系一年级"一栏中，记有"姓名：戴朝寀；年龄：20岁；籍贯：浙江；通讯处：杭州大塔儿巷十号"。

戴望舒在上海大学与施蛰存、丁玲是同学，我们可以从施蛰存、丁玲留下的文字追述中了解他在上海大学学习的大致情况。在中国文学系，给他上课的老师都是五四以来第一代进步的思想家或学者，有沈雁冰（即茅盾）（讲西洋文学史）、田汉（讲西方浪漫主义文学）、俞平伯（讲宋词）、陈望道（讲修辞学）、刘大白（讲古诗文）、胡朴安（讲文字学）、邵力子（讲古代散文）等，他们的讲课给戴望舒留下深刻印象并影响了他日后在诗歌创作领域中的发展。其中尤其是田汉介绍的法国象征主义诗人魏尔伦，后来成为影响戴望舒的最重要的诗人之一[1]。除了中文系的老师以外，戴望舒还听了社会学系如瞿秋白等的课，学习了社会科学的一些基本知识，也初窥了马克思列宁主义的门径，这无疑对他日后的思想产生了重要影响。在这些老师中，戴望舒接触比较密切的是沈雁冰和田汉。由于孔另境是戴望舒的同学，他又是沈雁冰的内弟，因此，通过孔另境的介绍，戴望舒和施蛰存就经常到沈雁冰家中去求教。沈雁冰当时虽然还没有专事进行小说创作，但作为文学大家，沈雁冰在上海大学对年轻的戴望舒所产生的影响则是巨大的。田汉作为浪漫主义诗人在诗坛上本身就名声显赫，作为田汉的学生，戴望舒不光是在课堂上听他的课，还经常和施蛰存到田汉寓所拜访，受到田汉的热情接待。据施蛰存记载，当时田汉居住在民厚北里，"我常与望舒夜访之。田平时寡言笑，一谈文学，则少年维特、让·华尔让、迷娘、莎乐美，历历如数家珍，娓娓不休"[2]。戴望舒在上海大学，与文学诗歌爱好者施蛰存、丁玲、孔另境、张健尔、王耘庄、王秋心、王环心等都是好朋友。1923年11月9日，他与施蛰存、李灏、戴克崇（即杜衡）、叶黄叶、张豪一起，在上海大学成立了文学团体"青凤文学会"，在启事中称："我们很愉快很自由地集合了，互助着研究我们所爱的文学，现在我们觉得我们正如凤鸟一样地在春木中燃烧。我们希望将来的美丽和永生，所以我们便以青凤作为我们的集合名字。"[3]

作为一个极有天赋的文学青年，戴望舒很可贵的一点就是他并没有一味地钻在文学的象牙塔中自我陶醉。在上海大学这座革命的熔炉中，他也积极投身到火热的革命斗争中去。五卅运动爆发以后，位于西摩路

---

[1] 王文彬著：《雨巷中走出的诗人——戴望舒传论》，商务印书馆2006年版，第28页。
[2] 施蛰存著：《沙上的脚迹》，辽宁教育出版社1995年版，第204页。
[3] 《上海大学底两个文艺团体》，《民国日报》1923年12月7日。

他们从 上海大学 走进新中国
(1922—1927)

(今陕西北路)的上海大学成为这场反帝爱国运动的策源地,戴望舒也满怀激情和热血参加了这场斗争运动。

1925年6月4日,上海大学被租界当局动用英国海军陆战队武力封闭。戴望舒正式结束了在上海大学将近两年的学习生活。这年秋天,他进入震旦大学法文班学习,准备到法国留学。1926年的3月17日,与施蛰存、杜衡一起创办《璎珞》旬刊,到4月7日停刊,共出版四期。戴望舒在刊物上发表诗作《凝泪出门》。1926年底,戴望舒参加了共青团。1927年1月,与施蛰存、杜衡"跨党"加入国民党,被震旦大学开除。大革命失败以后,回到杭州。1928年发表诗歌代表作《雨巷》,并与冯雪峰、施蛰存、杜衡创办《文学工厂》。1929年4月,出版第一本诗集《我的记忆》。1932年任《现代》编辑。11月初,赴法国留学,先后入读巴黎大学、里昂中法大学。1935年被里昂大学开除回国。1936年10月,与卞之琳、孙大雨、梁宗岱、冯至等创办了《新诗》月刊,这是中国近代诗坛最重要的文学期刊之一。1937年1月,诗集《望舒诗稿》问世。1937年抗战全面爆发以后,戴望舒转至香港主编《大公报》文艺副刊,创办《耕耘》杂志。1938年3月,参加发起成立中华全国文艺界抗敌协会,1939年3月,"文协"香港分会成立,为适应环境,改称为"中华全国文艺界协会留港通讯处",戴望舒当选为首届干事,同时兼任研究部和西洋文学组负责人、《文协》周刊编辑委员。1941年底,因宣传革命,被日本人逮捕入狱。1946年8月,任暨南大学教授。1947年7月,因参加教授联谊会、支持进步学生爱国民主运动,被暨南大学解聘。8月,任上海市立师范专科学校教授、中文系主任,教唐诗研究和中国古代小说史,同时兼任上海音乐专科学校教授,教音韵学。1948年5月,因参加教授罢课,被上海市立师专校长串通地方法院,诬陷控告,说是香港汉奸文人,出票传讯,被迫离沪,再度赴

《戴望舒诗文名篇》书影

香港。1949年3月19日回到北平,同年4月,被分配到华北联合大学第三部从事翻译工作并担任研究员,7月2日,应邀参加在北平召开的全国第一次文代会。

新中国成立以后,担任国家新闻出版总署国际新闻局法文科主任,从事编译工作。毛泽东《论人民民主专政》的法文版和西班牙文版就是由戴望舒翻译的,当时毛泽东主席、周恩来总理报告的法文版也是由他翻译的。1950年2月28日在北京病逝,终年45岁。在病榻上,他还惦记着毛泽东主席《论人民民主专政》法文版的审定工作,并正式提出加入中国共产党的要求。他逝世以后,《人民日报》发表了《戴望舒逝世》的消息,胡乔木、卞之琳分别在《人民日报》上发表了

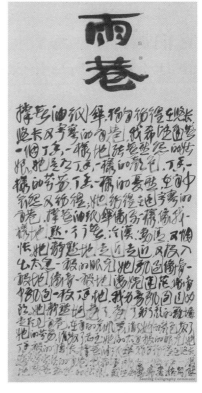

戴望舒《雨巷》手稿

《悼望舒》的文章。戴望舒被安葬于北京西山脚下的北京香山万安公墓,他在上海大学的老师、时任文化部部长的茅盾在他的墓碑上亲题"诗人戴望舒之墓"。而在戴望舒留学过的法国里昂大学的校园的一块丁香花丛旁,矗立着一块戴望舒纪念碑牌,上面用中文写下了这样一段文字:"纪念中国诗人戴望舒,里昂中法大学学生。1932年—1934年,戴望舒在此学习和生活。"《辞海》在"戴望舒"条目中称:戴望舒早期作品大都吟咏个人的悒郁情怀和生活遭遇。《雨巷》《我的记忆》等作品讲究音乐性和象征性,追求意象的朦胧,是现代诗派代表人物;后期诗作,《狱中题壁》《我用残存的手掌》等表现出反抗情绪,情调趋向明朗。生前结集出版的诗集有《望舒草》《望舒诗稿》《灾难的岁月》等。译作有梵·第根《比较文学论》等。

党伯弧：
武装"押解"中共密使汪锋抵西安

党伯弧

2019年5月30日,中国共产党新闻网刊登了一篇题为《汪锋受命前往十七路军》的文章。原稿刊登于《人民政协报》,作者黄铸。文章说1936年春,汪锋作为中国共产党密使,携带毛主席给杨虎城、杜斌丞和邓宝珊三人的亲笔信,乔装改扮前往西安。途经陕西省长武县杨公镇时,被当地便衣扣留搜查。长武县县长党伯弧得知以后,不顾个人安危,派专人以"押解"为名,全副武装,将汪锋护送到西安,使汪锋顺利完成了毛主席、党中央交给他的这项重要秘密任务。

党伯弧,陕西合阳人,生于1906年。1925年进入上海大学学习,同年在上海大学加入中国共产党。五卅惨案发生后,在党组织的领导下,与上海大学的教师和学生一起积极投身于这场反帝爱国运动。曾被捕,后经党组织营救而获释。后因参加工人运动和反帝宣传活动被捕,经营救获释。1926年4月,曾和蒲克敏一起介绍上海大学学生、和他同为陕西合阳籍的学生孙玉如加入中国共产党。大革命失败以后,曾在上海高等学校从事党的宣传工作。1930年,与党组织失去联系。1935年,任国民党政府长武县县长。武装"押送"汪锋到西安就发生在他长武县县长的任上。

新中国成立以后,汪锋曾先后担任中共宁夏回族自治区党委第一书记、中共甘肃省委第一书记、中共新疆维吾尔自治区委第一书记、中央顾

党伯弧：武装"押解"中共密使汪锋抵西安

问委员会委员、第六届全国政协副主席，是党和国家领导人之一。他对于这一段充满传奇和惊险的经历记忆犹新，曾写下题为《争取十七路军联合抗日的谈判经过》回忆文章细述了这个过程。

1935年12月，为了在抗日民族统一战线旗帜下争取张学良、杨虎城，壮大抗日力量，汪锋受中共中央派遣，以红军代表名义，持毛泽东致杨虎城、杜斌丞、邓宝珊的亲笔信只身前往西安。关于党伯弧武装"押

年轻时的党伯弧（照片由党培栋提供）

送"汪锋抵西安的详细经过，不妨在这里转述汪锋自己的回忆："在距长武县25华里的地方，碰到了两个便衣特务，对我进行了仔细的盘问和搜查，缝在我的皮衣里边的毛主席写给杨虎城等先生的信，也被搜了出来。幸好这俩是'土特务'，当看到信是写给绥靖公署主任的，便有些瞠目结舌，不知如何发落。我就装出一副国民党大官的神气，大声问他们是谁派出来的，并吓唬他们说：你们这样乱搞，杨主任知道了，对你们和你们的上司都是不利的。这两个家伙更加发慌，说他们是长武县政府派出来的。我知道长武县县长是党伯弧，乃十七路军中的老人，是忠于杨虎城的。这时，我比较放心，对两个便衣说：我是十七路军的高级特情人员，是杨先生派到苏区边界做工作的，现在回西安去报告工作，同你们的党县长也是老朋友。他们相信了，请我到附近村子休息、吃饭，并把他们搜出的信件还给我。当时我考虑，把这些信秘密地从长武县带到西安很不容易，同时，这两个便衣也难免不走漏消息，但估计党伯弧还不至于破坏我们的事，因为这件事暴露出去，对于十七路军是很不利的。于是，我决定设法和党伯弧见面，争取他的同情，以免泄露秘密，顺利到达西安。长武县的城门是由'中央军'守卫的，这一关如何通过，就是一个问题。为了避开进城的检查，我给党伯弧写了个信，诈说奉杨先生之命，有要事商量，要他到城外相会。此信由一个便衣先送去。大约下午6时，我们到达长武县

发表于《西安文史资料（第四辑）》上的《大革命时期陕籍青年在上海大学》

北门外，党伯弧果然在路边等我。党（伯弧）命令便衣离开以后，我对党（伯弧）从实说明了来意，简略地讲了红军主力到达西北后的形势，蒋介石不信任并削弱十七路军的事实和杨（虎城）先生同我们已有多次来往，此事关系国家大局，也关系到十七路军的前途，要他加以协助。我谈完以后，党伯弧县长表示帮助，并说他同十七路军是利害相连的，一定想办法平安地送我到达西安。党（伯弧）所顾虑的是两个便衣知道了，不好保密，长武到西安三百多里，万一出了岔，不好办。我告诉党（伯弧）可以按我告诉便衣的说法，对付便衣。至于护送方法，可以选择可靠人员用押解的办法，可以保证安全，万一出了事，也可以避免连累他。他同意了，同我一块进城。第二天清早，党伯弧选派他的亲信——保安队队长带了四个兵，用大卡车'押送'我往西安，汽车一直开到西安新城绥靖公署。"①汪锋作为党的密使，顺利完成毛主席、党中央交给他的这项重要任务，对争取和促成杨虎城联合抗日起到了重要作用，而党伯弧在其中给予汪锋的帮助，也在党史上留下了应有的一笔。党伯弧后来又先后任旬邑、礼泉县的县长。一直到1949年，重新参加了革命。

新中国成立后，党伯弧先后任西安市政协秘书，秘书处副处长、处长、秘书长及市政协委员、常委等职。1951年，曾出席由西安市政府举办的"西安市各界慰劳志愿军伤员座谈会"并在会上作了发言。他还参加过西安市1951年拥军筹备会。1985年病逝，终年79岁。曾在《西安文史资料》第四辑上发表《大革命时期陕籍青年在上海大学》一文，为党史和上海大学的研究留下了一份有价值的史料。

---

① 欧阳淞、曲青山主编：《红色往事：党史人物忆党史》第一册，济南出版社2012年版，第233页。

丁玲：
上海大学的"傲气"女学生

施蛰存在回忆他在上海大学读书时的文章中，曾写到一件有趣的事，即他和戴望舒作为丁玲的同学，难得正面见到丁玲一面，经常看到的是她的背影。原来当时在男女同校学习的上海大学，每次上课，总是男生先进教室，从第三排或第四排课桌坐起，留出最前的两三排让女生坐。待男生坐定后，女生才鱼贯进入教室。女学生一般都是向男同学扫描一眼，然后垂下眼皮，各自就座，再也不回过头来。当时在施蛰存、戴望舒的班上，只

丁玲

有五六名女生。在上课时，施蛰存、戴望舒正好坐在丁玲背后，"因此同学半年，见到她背影的时候为多。只有在教师发讲义的时候，把一叠讲义发给第一排的女同学，她们各自取一张，然后交给背后的男同学。这时，我们才又一次见到丁玲的面相，有时也打个无言的招呼"。后来，施蛰存把他在上海大学读书时的这一段经历，写成《丁玲的"傲气"》发表。

丁玲，原名江伟，字冰之，又名蒋冰之、丁冰之、蒋炜、蒋玮，笔名彬芷、从喧等，湖南临澧人，生于1904年。作家。幼年丧父。7岁时由母亲教古文，接受启蒙。14岁时小学毕业，即以第一名资格考入桃源女子师范学校。一年以后，五四运动爆发，学校卷入了这一运动。丁玲也投身到这场斗争中，她"随着高班的大同学，一同冲出校门，上街游行，大声疾

他们从上海大学(1922—1927)走进新中国

丁玲(左)与王剑虹在上海大学时的合影

呼,要唤醒民众,反对封建主义、帝国主义"[1]。暑假以后,转入位于长沙的周南女子中学。在周南女子中学,丁玲阅读了《新青年》《新潮》等进步刊物,接受了新思想、新文化的影响,并喜欢看一些带政治性的、讲问题的文艺作品。1922年2月,丁玲进入上海平民女校学习。当年下半年,离开平民女校,与同学王剑虹结伴到南京。后在瞿秋白、施存统的鼓励下,于1923年同王剑虹一起进入上海大学中国文学系学习。

1924年4月编印的《上海大学一览》,在"学生一览表"的"中国文学系一年级"一栏中,记有:"姓名:丁冰之;籍贯:湖南常德;通讯处:常德文艺女校"。丁冰之,即丁玲。在上海大学,丁玲受到了系统而又正规的教育,她自己回忆说:"我们文学系似乎比较正规,教员不大缺课,同学们也一本正经地上课。我喜欢沈雁冰先生(茅盾)讲的《奥德赛》《伊利阿特》这些远古的、异族的极为离奇又极为美丽的故事。我从这些故事里产生过许多幻想,我去翻欧洲的历史、欧洲的地理,把他们拿来和我们自己民族的远古的故事比较。我还读过沈先生在《小说月报》上翻译的欧洲小说。他那时给我的印象是一个会讲故事的人,但是不会接近学生。他从来不讲课外的闲话,也不询问学生的功课。所以我以为不打扰他最好。"邵力子是丁玲在平民女校的老师,在平民女校,邵力子经常给丁玲等学生讲一般的思想问题,如反帝、反封建、民族独立、人民自由、青年求学的态度、强调独立思考等等。而在上海大学,邵力子则是教古代散文,丁玲清楚地记得,邵力子教学生《书经》、

---

[1] 丁玲:《我景仰的邵力子先生》,载全国政协文史和学习委员会编《回忆邵力子》,中国文史出版社2016年版,第69页。

丁玲:上海大学的"傲气"女学生

"《书经》的确是一本难懂的书,邵先生讲课文又是江浙口音,我们一时听不十分清楚。但同学们为了追求知识,而邵先生细致耐心,又很博学,讲解分析,力求浅显,我们听来,虽说吃力,也还是感到有趣味"①。俞平伯主讲宋词,在丁玲的记忆中,"俞平伯先生每次上课,全神贯注于他的讲解,他摇头晃脑,手舞足蹈,口沫四溅,在深度的近视眼镜里,极有情致地左右环顾。他的确沉醉在那些'独倚望江楼,过尽千帆皆不是……'既深情又蕴蓄的词句之中,他的神情并不使人生厌,而是感染人的"②。给丁玲上过课的其他老师还有田汉、陈望道等。但在丁玲的眼中,"最好的教员却是瞿秋白。他几乎每天下课后都来我们这里。于是,我们的小亭子间热闹了。他谈话的面很宽,他讲希腊、罗马,讲文艺复兴,也讲唐宋元明。他不但讲死人,而且也讲活人。他不是对小孩讲故事,对学生讲书,而是把我们当做同游者,一同游历上下古今,东南西北。我常怀疑他为什么不在文学系教书而在社会科学系教书"③。瞿秋白为了帮助丁玲、王剑虹等懂得普希金的语言的美丽,还教她们读俄文的普希金诗。丁玲日后走上文学创作之路,瞿秋白起到了引导和指导的作用。丁玲曾有机会多次聆听瞿秋白关于文学创作和作家作品方面的谈话与评论,丁玲回忆说:"我那时对这些人、事、文章以及文学研究会和创造社的争论,是没有发言权的。我只是一个小学生,非常有趣地听着。这是我对于文学上的什么浪漫主义、自然主义、写实主义以及为人生、为艺术等等所上的第一课。那时秋白同志的议论广泛,我还不能掌握住他的意见的要点,只觉得他的不凡,他的高超,他似乎是站在各种意见之上的。"④有一次,丁玲向瞿秋白请教,将来自己学什么好、干什么好,现在应该怎么搞。瞿秋白希望她走文学的路,能在文学上有所成就。当时瞿秋白毫不思考地用诗一样的语言对丁玲说:"你么,按你喜欢的去学,去干,飞吧,飞得越高越好,越远越好,你是一个需要展翅高飞的鸟儿。"瞿秋白的这番话,给了丁玲无穷的信心

---

① 丁玲:《我景仰的邵力子先生》,载全国政协文史和学习委员会编《回忆邵力子》,中国文史出版社2016年版,第70—71页。
② 徐杨清、宗诚编:《丁玲自传》,江苏文艺出版社1996年版,第40页。
③ 徐杨清、宗诚编:《丁玲自传》,江苏文艺出版社1996年版,第40页。
④ 徐杨清、宗诚编:《丁玲自传》,江苏文艺出版社1996年版,第47页。

和很大的力量①。上海大学另一名教授施存统也是丁玲敬仰的老师。施存统早在浙江一师读书时就发表过惊世骇俗的《非孝》，曾给丁玲留下深刻的印象，加之丁玲在平民女校的同学王一知先于她到上海大学读书，并和施存统结为夫妇，因此，丁玲来到上海大学以后，与施存统夫妇有着比较密切的往来，她和王剑虹曾与瞿秋白、施存统、王一知等一起到宋教仁公园散步赏月。

关于丁玲的"傲气"，倒不是她的同学施蛰存给她硬加上去的，是丁玲自己讲的。她在回忆上海大学学生生活时曾说过："同学有戴望舒、施蛰存、孔另境、王秋心、王环心等，这些同学对我们很好，我们则有些傲气。"②这种"傲气"还表现在她对看不惯的同学的态度上。当时在她和王剑虹住的宿舍里，有其他系的女学生，"她们看不惯我们，我们也看不惯她们，碰面时偶尔点点头，根本没有来往"。当时她曾被一个极为漂亮的被称为校花的女生所吸引，找她谈过一次话，但觉得她们之间一点共同语言都没有。"她问我有没有爱人，抱不抱独身主义。我说我从来没有想过这个问题，现在也不打算去想。她以为我是傻子，就不同我再谈下去了。"③但丁玲有"傲气"，并不等于说不合群。1923年的岁末，上海大学的女生为迎接新年联欢活动排演一个戏，同学都争着扮演剧中的小姐，却没人愿意演其中丫鬟的角色，结果丁玲和王剑虹自告奋勇地扮演了配角丫鬟。当时瞿秋白、施存统都去观看了这场演出，结果皆大欢喜④。

1924年暑假以后，丁玲就离开了上海大学到北京继续求学。丁玲在上海大学读书的时间虽然不长，一共只有一年多的时间，但是这一段学习生活，对她今后的发展无疑起到了相当大的作用。从1927年起，她陆续发表了《梦珂》《莎菲女士的日记》等作品，表现了五四运动后觉醒的知识青年的痛苦和追求，引起强烈的社会反响。1930年参加左联，次年任左联机关刊物《北斗》主编。1932年加入中国共产党，并任左联党团书

---

① 徐杨清、宗诚编：《丁玲自传》，江苏文艺出版社1996年版，第47页。
② 丁玲：《丁玲谈早年生活二三事》，《新文学史料》1986年第2期。
③ 徐杨清、宗诚编：《丁玲自传》，江苏文艺出版社1996年版，第39页。
④ 张元隆：《上海大学与现代名人(1922—1927)》，上海大学出版社2011年版，第140页。

记。先后创作《水》《母亲》等重要作品。1936年11月到达陕北,是第一个到延安的文人。丁玲的到来,给陕甘宁抗日根据地的文艺运动增添了新鲜的血液。她在那里历任苏区中国文艺协会主任、中央警卫团政治部副主任、西北战地服务团团长、《解放日报》文艺副刊主编、陕甘宁边区文协副主任。曾深入前线,用文艺形式反映八路军和人民群众的斗争生活,创作了《在医院里》《我在霞村的时候》等作品。她在毛泽东延安文艺座谈会讲话精神的感召下,用文艺形式积极反映中国共产党领导的人民斗争生活。1946年到晋察冀边区参加土改运动。1948年创作长篇小说《太阳照在桑干河上》,描写中国农村的土地改革运动。

新中国成立后,丁玲历任《文艺报》主编、中央文学研究所所长、中共中央宣传部文艺处处长、中国作家协会副主席、《人民文学》主编、中国文联党组副书记等、全国政协委员等。1951年6月,丁玲响应抗美援朝总会的号召,捐款1 200余万元(旧币)。1952年6月,《太阳照在桑干河上》获苏联斯大林文艺奖金并被译成多种文字,在各国读者中广泛传播,她将所荣获的斯大林奖金二等奖共5万卢布全部捐给了中华全国民主妇女联合会儿童福利部。1958年后被下放至北大荒劳动。1975年春,丁玲获释后被安排到山西农村,她和丈夫陈明将补发的工资捐献出1万元,用于农村生产建设。1984年,中央组织部颁发《关于为丁玲同志恢复名誉的通知》,彻底推倒多年来强加给她的一切不实之词,肯定她是"一个对党对革命忠实的共产党员",后被选为中国作家协会副主席。在晚年,丁玲不顾体弱多病,勤奋写出了《魍魉世界》《风雪人间》等100万字的作品,创办并主编《中国》,热情培养青年作家。1986年3月4日,丁玲在北京家中逝世,终年82岁。《丁玲全集》2001年由河北人民出版社出版。

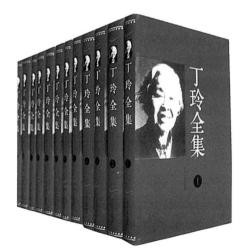

《丁玲全集》书影

董每戡：
南国革命的戏剧家和戏曲研究家

董每戡

1932年，有个叫董每戡的剧作家创作了三幕话剧《C夫人的肖像》，这个话剧讲述了一个革命诗人的遗孀C夫人与青年画家张小石、时髦富家小姐白莉蕾之间的爱情纠葛。"一·二八"抗战爆发后，抗日浪潮风起云涌，画家毅然丢下两个争风吃醋的美丽女人，加入抗日游行队伍中。此剧由上海美专剧团演出，导演郑君里，担任主演的是赵丹。《C夫人的肖像》的演出，一时轰动上海剧坛。此剧上演后不久，鲁迅应邀前来看戏并对董每戡创作的这个表现国难当头时中国人觉醒的多幕话剧表示了赞许。鲁迅先生的肯定，使25岁的董每戡备受鼓励。

董每戡，又名董国清、董华，笔名每戡，以笔名行，浙江永嘉（今属温州）人，生于1907年。幼入私塾，后考入温州艺文中学。1923年以"董华"之名注册进入上海大学中国文学系学习，1926年毕业。现保存在上海市档案馆的《上海大学毕业生名册》中的"上海大学中国文学系（十二—十五年度第二学期毕业生）"①的名单上，记载有："姓名：董华；籍贯，浙江永嘉。"董每戡在上海大学读书期间，也是中国共产党早期党员和领导人在学校最活跃的一段时间，当时著名的共产党员邓中夏、瞿秋

---

① "十二—十五年度"指"民国十二年至十五年度"，即1923—1926年度。

白、张太雷、蔡和森、恽代英等悉数在上海大学任教,在他们的教育、影响下,董每戡在上海大学参加了中国共产党。

1926年夏,董每戡从上海大学中国文学系毕业后,立即投入进步的电影、戏剧事业中去。1927年春,他来到上海,开始戏剧创作活动,作有独幕剧《频柳》等,初步显露出杰出的戏剧才华。蒋介石发动"四一二"反革命政变以后,他于当年8月,受党的指派,回温州重建党组织。后来由于叛徒告密,上级机关被破坏,来温州联系的同志被逮捕,董每戡亦遭通缉。1928年初,《申报》刊登通缉名单《温属共产党人通讯录》,其中第一人就是"董丏丏"。这个人其实就是董华。在温州话里,"丏丏"和"每勘"的发音相同,于是从那时起,这位在上海大学读书时以"董华"名字注册的革命者,就改名"董每戡",同时又化名杨大元、杨每戡。在遭到反动当局通缉的情况下,董每戡只得潜身农村,躲避一时。他在一个叫岷岗的深山古宅中蛰居了几个月。1928年春,他潜至上海,还以"杨每戡"的名字与朋友金溟若一起去拜访过鲁迅。《鲁迅日记》1928年5月2日有"午后金溟若、杨每戡来"的记载。当年,董每戡即东渡日本,进日本大学研究院专攻文学与戏剧。1929年底回国,在上海加入中国左翼文化大同盟。1931年加入中国左翼作家联盟和中国左翼戏剧家联盟,并在"剧联"的理论组工作,其间译介了一批外国电影戏剧的理论著作,曾编成"电影戏剧理论丛书"出版,并开始进行话剧的创作。

1932年,"左联"根据党的指示,主张关注社会现实,为人生而创作,号召艺术家要用实际的战斗作品来批判和反击当时充斥文艺界的"为艺术而艺术"的观念。董每戡担负起话剧剧本的创作任务。他根据革命斗争的实际,很快地就写出了三幕话剧《C夫人的肖像》。这个戏一经上演就大获成功。在这个话剧中,董每戡通过剧中角色的对白,表达了他自己对艺术的主张:"艺术决不是游戏,它是一种武器";"艺术决不能离开社会,它应该是普遍的社会生活的反映,它应该被一般民众理解"。董每戡的《C夫人的肖像》,在中国革命的话剧史上留下了重要的一笔。在这一段时间,董每戡还连续创作了《饥饿线》《夜》《黑暗中的人》《血液出卖者》《典妻》等剧本。抗日战争期间,他参加演剧队到各地巡回演出,宣传团结御侮,抗日救国,并创作不少抗日救国的剧本,其中有《神鹰第一曲》

《保卫领空》《孪生兄弟》《孤岛夜曲》《秦淮星火》等。《保卫领空》一剧曾在温州演出，轰动一时。

抗战胜利后，他先后在南京金陵女子文理学院、上海剧专、大厦大学等校任教，并有《中国戏剧简史》《西洋诗歌百史》《琵琶记简说》《三国演义试论》《西洋戏剧简史》等著作问世。他的《中国戏剧简史》上起远古、下讫民国，是继王国维《宋元戏曲考》以后，中国人自著的较早的一部戏剧通史。

新中国成立后，董每戡先后在湖南、广东领导并参加了戏曲改革工作，并在湖南大学中文系任教。1953年起任中山大学教授。1957年被错划为右派，即辞去教授携家迁至湖南长沙。在谪居长沙期间，虽然生活贫困，处境艰难，但他却以惊人的毅力，写成《中国戏剧史》《五大名剧论》（即王实甫的《西厢记》、高则诚的《琵琶记》、汤显祖的《还魂记》、洪升的《长生殿》、孔尚任的《桃花扇》）《李笠翁曲话论释》《明清传奇选论》等，增补《说剧》和《三国演义试论》等，为中国戏曲、传奇、小说留下了珍贵的史料和研究成果。1979年初，组织上为董每戡平反，并请回中山大学执教。他曾写诗记录了自己当时的心情："噩梦醒时天已明，荆丛斩尽见前程。自珍腕底留奇气，彩笔精描未了生。"1979年10月，董每戡作为特邀代表参加了在北京召开的第四届全国文代会，并被推任《中国大百科全书·戏曲卷》编委。1980年2月，因病在广州去世，终年73岁。

1999年，广东高等教育出版社出版了《董每戡文集》，收录了董每戡大部分遗著精品共计200万字。

《董每戡文集》（程千帆题签）书影

丰子恺：
为革命刊物《中国青年》两次创作封面的画家

1926年4月,《寰球中国学生会特刊》刊登了《上海著名大学调查录》。在介绍上海大学时刊登了"各科教授"的名单,在"中国文学系"一栏中,介绍了陈望道等20位教授,丰子恺也名列其中。

丰子恺,原名丰润,号子觊,后改为子恺,浙江崇德(今桐乡)人,生于1898年。画家、文学家、美术和音乐教育家。1904年进私塾开蒙,1910年,在县立第三高等小学读书,1914年,考入浙江第一师范学校,得到李叔同、夏丏尊等名师教诲,在国文、音乐、绘画等方面打下了良好的基础。1917年,与同学一起组织桐荫画会,并加入研究金石篆刻的东石社。1919年,从浙江一师毕业以后,来到上海,与同学吴梦非及刘质平等一起创办了上海艺术师范学校,任教务主任,教授西洋画等课,并在爱国女学等校兼课。11月,与欧阳予倩、吴梦非、刘质平等发起组织了中华美育会,编辑出版会刊《美育》杂志。1921年初春,赴日本东京留学,学习音乐和绘画,深受日本画家竹久梦二作品风格的影响和启发。十个月以后回国,到浙江上虞春晖中学任图画和音乐教师。后任教于上海艺术师范学校,同时兼课于上海吴淞中国公学,教授图画、音乐等课程。1924年,丰子恺的画作《人散后,一钩新月天如水》刊登在朱自清、俞平伯合办的刊物《我们的七月》上,引起办《文学周报》的郑振铎的注意。从1925年起,郑振铎以

丰子恺

他们从 上海大學(1922—1927) 走进新中国

从日本留学回国时的丰子恺

"子恺漫画"为标题,开始在《文学周报》连载丰子恺的画作。这是中国有"漫画"名称的开始。而丰子恺到上海大学任教,也是在这一时期。

1925年3月2日的《申报》,刊登了题为《上大附中之进行》的报道,称上海大学附属中学"已聘定刘熏宇为主任","其他教员亦均已请齐,如曹聚仁、季忠琢、汪馥泉、沈仲九、丰子恺、韩觉民、张作人、高尔柏、黄正厂、沈观澜、黄鸣祥等"。关于丰子恺在上海大学任教的具体情况现在能看到的资料不多,丰子恺自己留下的文字记载也无涉及,他的女儿丰一吟在《我的父亲丰子恺》中也没有谈及。但是,对于上海大学的学生而言,丰子恺还是给他们留下了深刻的印象。如曾在上海大学中学部学习过、后成为新中国开国少将的周文在,在1984年的回忆文章《上海大学的学习和活动》中写道:"我进入中学部学习,所能记得起的任教教师:教国文的是汪馥泉,教英语的是朱复,教生物学的是张作人,教艺术的是丰子恺,而主讲社会学课的则是高尔柏。"[①]上海大学的其他学生如宋桂煌在《上海大学琐忆》、姚天羽在《培养革命干部的摇篮》等回忆文章中,都有丰子恺在上海大学任教的记载。还有一个叫毛一波的学生,在文章中称丰子恺讲过"乐理"的课程[②]。1926年4月,《寰球中国学生会特刊》介绍上海大学各科教授,其中也有丰子恺,说明丰子恺至晚在1926年4月仍在上海大学任教。

丰子恺在上海大学任教期间,适逢五卅运动爆发。上海大学的师生成为这场反帝爱国运动的先锋和主力。1926年5月,中国共产主义青年团中央机关刊物《中国青年》为纪念五卅惨案一周年,计划出版一期专

---

① 《20世纪20年代的上海大学(下卷)》,上海大学出版社2014年版,第1103页。
② 《20世纪20年代的上海大学(下卷)》,上海大学出版社2014年版,第1050页。

号,请丰子恺设计封面插图。丰子恺借用唐代文学家韩愈《张中丞传后续》中唐朝名将南霁云射塔明志的故事,画了一幅"矢志"图。这期《中国青年》在"编辑以后"中介绍到丰子恺的这幅封面画时说:"我们希望每一个革命的青年,为了被压迫民族的解放,都射一支'矢志'的箭到'红色的五月'之塔上去!"对丰子恺的这幅寓意深刻的画作给予了高度评价。到了6月,丰子恺又为《中国青年》画了第二幅封面,内容为一个正在战马上弯弓搭箭的勇士。《中国青年》自1923年创刊以来,封面从来不用图画,唯独采用了丰子恺的这两幅画,而且第二幅封面画连续使用了半年之久,这也充分体现了丰子恺的爱国之心[①]。

1926年,丰子恺参与发起和创办开明书店,任教职于上海艺术大学。1927年任开明书店编辑。1937年七七卢沟桥事变爆发,11月,丰子恺率全家逃难,经江西,到达湖南长沙,后迁广西桂林。从1939年到1942年,丰子恺追随西迁中的浙江大学辗转迁移,先后执教于广西宜山和贵州遵义。1942年到达重庆,在国立艺术专科学校任教。一年后辞职,在家以著述为生。抗战胜利后,回杭州定居。

新中国成立后,丰子恺定居上海,专心从事译著。从1952年起,历任上海文史馆馆员、上海中国画院院长、中国美术家协会上海分会主席、上海市对外文化协会副会长、上海文学艺术界联合会副主席、全国政协委员等职。在"文化大革命"中,遭批斗、迫害,身心受到极大伤害,于1975年9月15日病逝,终年77岁。

1978年6月5日,丰子恺被平反,1979年6月28日,中共上海市委在上海龙华公墓大厅举行了丰子恺骨灰安放仪式。2020年,国家天文台提出将小行星1998VV35命名为"丰子恺星"的申请,获得了国际小行星命名委员会批准。有《丰子恺漫画》行世。

---

① 见盛兴军主编:《丰子恺年谱》,青岛出版社2005年版,第156页。

傅东华：
美国名著《飘》的中文翻译者

傅东华

《飘》是美国作家玛格丽特·米切尔于20世纪30年代所著的长篇小说,初版于1936年,1937年这部小说获普利策文学奖。小说出版以后,先后被译成十几国文字而畅销全世界。1940年被译成中文出版,而它的翻译者,就是我国著名的翻译家傅东华。

傅东华,本姓黄,因过继母舅,改姓傅,又名则黄,笔名伍实、郭定一、黄约斋、约斋等。浙江金华人,生于1893年。幼入家塾,读蒙学教材之余,得以阅读了大量绣像小说,接

傅东华译作《飘》书影

触了中国民间流行的小说。1912年,从上海南洋公学毕业,进入中华书局任编译员。1913年在他20岁时开始为《中华小说界》译作短篇小说。1919—1924年,先后在浙江东江县立中学、北京师范大学任教。利用业余时间翻译作品,研究文艺理论。其第一部理论译作是与金兆梓合译的《诗之研究》。1920年在北京加入文学研究会。

1924年春,受聘来到上海大学,担任中国文学系教授,讲授"诗歌原理"。1924年4月编印的《上海大学一览》,在"教员之部"的"中国文学系"一栏中记载:"姓名:傅东华;籍贯:浙江金华;经历:前北京师范大学教授;入校年月:十三年(民国十三年,即1924年)春季;教授学科:诗歌原理;通讯处:闸北宝通路顺泰里第一号"。与傅东华同时在中国文学系任教的老师还包括系主任陈望道,以及邵力子、叶楚伧、刘大白、田汉、俞平伯、沈仲九、胡朴安、沈雁冰、瞿秋白等。师资力量相当雄厚。

1929—1932年,傅东华任复旦大学中文系教授。1933年7月,与郑振铎主编生活书店印行的大型月刊《文学》,同时为商务印书馆编撰《基本初中国文》《复兴初中国文》《复兴高中国文》三套各六册,发行全国。1935年后任上海暨南大学中文系教授,并为《世界文库》和《小说月报》撰稿。创办《文学社》,编写过《孤岛闲语》、初中《国文教科书》和高中《复兴国文教科书》《国文法程》等。1936年,发起组织文艺家协会,号召文艺家共赴国难。1937年"八一三事变"以后,参加上海市文化界救亡协会,任《救亡日报》编委。参与翻译斯诺《西行漫记》。上海被日本侵略军占领后,翻译了《飘》《业障》等,编辑出版丛书"孤岛闲书"。1942年夏,应暨南大学聘请携家眷赴福建建阳,途经金华时被日本侵略军俘虏,押至杭州日伪敌工总部。获释后于1943年隐居上海从事翻译及语言文字研究。

新中国成立后,傅东华担任中国文字改革委员会研究员。他十分关心扫盲工作,狠下功夫研究文字学,有许多创见。历任中华书局《辞海》编辑所编审、《辞海》编辑委员会委员、语词学科主编。为中国作家协会会员,上海市政协特邀委员。参加《资治通鉴》的标点本校注、标点《汉书》等。1971年9月9日病逝,终年78岁。

作为著名的翻译家,傅东华翻译了大量的文学作品。其中《飘》是他翻译的文学作品中影响最大的,至今仍被视为经典译作。1979年,浙

傅东华译作《珍妮姑娘》书影

江人民出版社以傅东华于1940年在龙门书局出版的《飘》为底本，重新出版了这本译著，成为中国翻译小说出版史上的一件重要事件。除此以外，傅东华还翻译出版了西班牙塞万提斯的《唐·吉诃德》、英国约翰·弥尔顿的《失乐园》和美国德莱塞的《珍妮姑娘》、温索尔的《琥珀》以及古希腊荷马的《伊利亚特》等。其专著有《李白与杜甫》《李清照》《字源》《汉学》《现代汉语的演变》等，另有散文集《山胡桃集》等。

高尔柏：
中共上海大学独立支部第一任书记

1926年的二、三月间，中国共产党上海区委决定将原属于中共上海闸北部委领导的上海支部委员会划出，成立上海大学独立支部，直属上海区委领导，第一任支部书记为高尔柏。

高尔柏

高尔柏，字咏薇，笔名郭真，江苏青浦（今属上海）人，生于1901年。小学就读于颜安国民小学校，中学毕业于上海南洋公学中院。在校读书期间，参加了反对"尊孔读经"活动。五四运动时期接受新思想的影响。1922年，在南洋公学中院毕业，与同胞兄长高尔松一起住松江自学，自学期间和侯绍裘一起搞社会调查，组织"青年问题讨论会"。1924年9月，以"特别生"的资格进入上海大学社会学系二年级。1924年9月22日的《民国日报》以《上海大学录取新生》刊登了高尔柏这批学生取录名单。同年，经上海大学教授施存统、杨贤江介绍，高尔柏加入中国共产党。

在党内，高尔柏先是担任过党的小组长。1926年2月上海大学独立支部成立之后，又被任命为独立支部书记。据高尔柏自己回忆："校内建有一个党支部，支部是由区委（管上海、江苏等地区）直接领导，约在1926年到1927年春，我曾担任支部书记，由区委书记罗亦农直接领导。"根据高尔柏的回忆，我们还可了解到，当时上海大学的党组织对党员的要求很严格，组织生活也很丰富，包括"学习革命理论，学习国内外时事，学习党

的政策,布置革命工作,讨论学校工作,讨论发展对象等,以及其他有关的事"。在理论学习方面,支部也同样抓得很紧,"那时学习革命理论的书籍,主要是陈望道译的《共产党宣言》和布哈林的《共产主义ABC》,以及其他由区委制定的资料"。在工作方面,"支部和小组每次开会,总要布置革命工作,特别是在历次运动中,有时来不及开会讨论,就由支部布置下去"①。杨尚昆从重庆到上海大学读书,和党组织接上关系的时间是1926年的5月,正是高尔柏担任上海大学独立支部书记的时候。杨尚昆的组织关系被编入独立支部的一个小组,组长是康生(在上海大学注册的名字是赵容)。据杨尚昆回忆,这时候的上海大学"党的组织生活很严格。每逢星期六都要开一次党小组会,由组长讲形势,每个党员都要汇报自己在这个星期读了什么书,有什么缺点,检查小资产阶级习气、是不是无产阶级化了、在斗争中是否勇敢等"②。秦邦宪(即博古)是1925年9月考进上海大学的,于当年10月加入中国共产党,1926年11月赴苏联留学,他在上海大学学习时期的后半期,党支部的书记也是高尔柏。秦邦宪也同样受到高尔柏的关心和培养。关于秦邦宪党小组的划分,高尔柏在回忆中说:"秦邦宪入党后曾划在政治觉悟较高的那一组,使他得到较多的帮助,进步也更快了。"③

作为党员和党支部的负责人,高尔柏积极投身党在上海大学组织的各种活动,如深入到工厂,给工人夜校上课,参加五卅运动,查封日货,组织上街示威游行,演讲,散发传单,参加"非基督教运动"等。当上海大学和附中的同学被捕以后,高尔柏总是依靠党组织加以营救。五卅惨案发生后,1925年6月15日,上海大学学生会出版《上大五卅特刊》,高尔柏在第一期和第二期上连续发表《五卅大流血的动因》长文。在文章的最后,高尔柏说:"学生是有血气的分子,对于最近帝国主义者这样重重的压迫,卖国政府这样助纣为虐的作恶,心里如何不愤慨,热血怎能不奔涌,所

---

① 高尔柏:《高尔柏同志的回忆》,载王家贵、蔡锡瑶编著《上海大学(1922—1927)》,上海社会科学院出版社1986年版,第87页。
② 杨尚昆著:《杨尚昆回忆录》,中央文献出版社2001年版,第20页。
③ 高尔柏:《高尔柏同志的回忆》,载王家贵、蔡锡瑶编著《上海大学(1922—1927)》,上海社会科学院出版社1986年版,第87页。

谓压力越大反抗亦越大,于是有五月三十日的大演讲大流血,遂相继发生了。所以这次事变的产生,表面上虽系几个英国巡捕的横暴所造成,但仔细的考察便知道这是中国人直接反抗帝国主义的大奋斗。因此这次的流血,比单纯的反抗国内政府的黄花岗之役、五四运动更要伟大而有意义。"[1]高尔柏除了在上海大学负责党的工作以外,还担任上海市学生联合会主要负责人。

在上海大学,高尔柏除了完成自己的学业以外,还在上海大学附中任教和任职。他在入校半年以后,即1925年3月2日,被上海大学附中聘为教员,同时被聘的中学部教师还有曹聚仁、沈仲九、丰子恺、韩觉民、张作人、沈观澜等。在松江把他引向革命道路的共产党员侯绍裘则被上海大学聘为中学部副主任。五个月以后,侯绍裘即被聘为中学部主任,高尔柏则继续担任中学部教员,兼任训育主任。同时,又担任附中校务执行委员会委员。为了加强中学部的学科建设,校务委员会决定将中学部的初高中两部各种科目性质相同的归纳为九个学科,每一学科设一主任来全面负责,高尔柏任社会科主任。

在上海大学,高尔柏还很好地配合了侯绍裘搞好国民党上海执行部的工作,积极维护统一战线。他根据中国共产党的决定,加入国民党,成为"跨党"党员。1925年3月12日,孙中山在北京逝世,4月24日,上海大学恽代英、杨贤江、董亦湘、施存统、侯绍裘等20名教师、学生在《民国日报·觉悟》上发起"孙中山主义研究会征求同志"活动,高尔柏也是发起人之一。5月4日,成立国民党上海执行部第四区第二十二分部,高尔柏和沈观澜、秦治安当选执行委员。11月19日晚上7时,上海大学中山主义研究会召开成立大会,100多人参加会议,高尔柏以主席的身份主持了会议,并被推定为由五人组成的执行委员会委员,还担任了会刊《中山主义》周刊的主编。1926年3月18日,北京发生"三一八"惨案,上海大学附中决定在第二天即19日停课半天并开会志哀,由高尔柏报告了大沽及北京流血事件之经过。1926年4月,与陈云、徐勋等在上海发起"学友会"。这年冬天,周恩来曾邀请他到黄埔军校任教官,但是党组织

---

[1]《20世纪20年代的上海大学(下卷)》,上海大学出版社2014年版,第654页。

希望高尔柏能到国民党上海执行部工作,高尔柏接受了党组织的安排,留在上海从事统战工作。1927年北伐军临近上海时,3月12日,在纪念孙中山逝世两周年党员干部会议和3月21日欢迎北伐军将士大会上,高尔柏代表国民党上海市党部发言。他严厉驳斥了西山会议派叶楚伧和北伐军东路总指挥白崇禧的言论,坚决维护孙中山反帝反封建的主张以及"联俄、联共、扶助农工"的三大政策。后又根据党组织的安排,在国民党上海市党部任秘书。国民党为配合北伐军进攻上海,并为维持北伐军攻占上海以后的地方行政,设立了一个"东南军政委员会",高尔柏和侯绍裘、杨贤江等上海大学的老师和学生被委任为委员。1927年3月30日,侯绍裘遵照中共上级组织的决定,率领国民党江苏省党部人员去南京办公。临行前侯绍裘对即将随他一起赴南京的上海大学附中教务主任钟伯庸、训导主任高尔柏说:"这次去南京,不能一无准备,我们随时会碰到不测的变化,刀子会随时搁在我们的头颅上。"侯绍裘这种为革命视死如归的大无畏精神深深感动和教育了钟伯庸和高尔柏。高尔柏在南京国民党江苏省执行部担任了党部委员、宣传部代部长,后又兼任秘书长。"四一二"反革命政变前后,国民党江苏省党部被国民党右派破坏,侯绍裘被杀害,高尔柏以出席"南京市肃清反革命大会"而幸免,旋即潜回上海。不久又因受到国民党反动派通缉而去了日本,从而与共产党组织失去联系。1929年秘密回国,与兄弟高尔松两人在上海开设书店从事译著和出版事业,书店虽两次遭查封,但仍坚持一贯宗旨,努力介绍社会主义经典著作。1938年在租界孤岛上接办华华中学。太平洋战争爆发后,租界沦陷,于1942年在松江创办茸光中学,由夫人唐纯

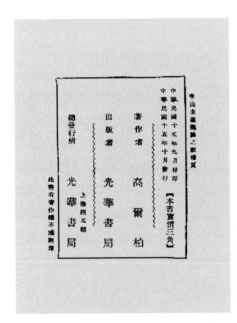

1926年由上海光华书局出版发行的《中山主义概论》版权页

茵任校长,反对敌伪奴化教育,尽力掩护地下党员的革命活动。抗日战争胜利后,回上海恢复华华中学,继续经营书店业务,担任上海市教育会常务理事和私立中小学联合会监事长,同时担任青浦县参议员。1946年,国共谈判时,周恩来在上海接见高尔柏,勉励他要养好身体,将来为党和国家出力。

新中国成立后,高尔柏于1949年底应邀赴北京,担任高等教育部第二处副处长。1950年参加中国民主促进会,任民进中央宣传委员。1986年10月27日在广西桂林病逝,终年85岁。

高尔柏在上海大学学习和工作之余,勤于著述,与胞兄高尔松联合撰写出版了一些著作,其中包括1925年由上海民智书局出版的《中山先生与中国》、1925年由上海教育研究社出版的《学生与教育》、1925年由青年政治宣传会出版的《沙面惨杀案》、1926年由青年政治学会和上海新文化书社分别出版发行的《帝国主义与中国》、1926年由青年政治宣传会出版的《经济侵略与中国》、1926年由上海光华书局出版发行的《中山主义概论》等。

高尔柏塑像

顾均正：
中国现代科普界的前驱

顾均正

1945年8月6日和9日，美国先后在日本的广岛和长崎投下了代号分别是"小男孩"与"胖子"的两颗原子弹。8月15日，日本天皇裕仁发布诏书，宣布日本无条件投降。当时，绝大多数世人还不知道原子弹为何物。不久，在上海的《周报》上，刊登了一篇文章《原子浅释》，从科普的角度介绍了原子的一些基本知识。这篇文章的作者就是当时著名的科普作家顾均正。

顾均正，浙江嘉兴人，生于1902年。家境贫寒。17岁从嘉兴一中毕业后，因家中无力供他上大学，不久即到嘉善县俞汇镇任小学教员，并自学英语。四年以后，即1923年来到上海，考入商务印书馆编译所当编辑。他先在理化部编撰物理化学读物，后调到《少年杂志》《学生杂志》任编辑。他热心于儿童文学，读了许多世界儿童文学名著，翻译了北欧民间故事集《主》和法国作家保罗·缪塞的《风先生和雨太太》。1925年6月3日，为了揭露英、日帝国主义制造五卅惨案的真相，抗议帝国主义的暴行，积极声援上海工、商、学各阶层爱国群众的反帝斗争，由郑振铎、叶圣陶、沈雁冰、胡愈之等人以上海学术团体对外联合会名义创办了《公理日报》，顾均正参加了《公理日报》的编辑工作。这张报纸虽然只出版了22期，于6月24日被迫停刊，却在五卅运动中发挥了积极作用。顾均正还积极支持并参与提倡妇女解放、反对封建道德的《新女性》杂志的创刊工作,并为其撰稿。1926年,应上海大学中国文学系主任陈望道的邀请,来到上海大学,为中文系学生讲授世界儿童文学课程。这一年的4月,《寰球中国学生会特刊》刊登了《上海著名大学调查录》。在介绍上海大学时刊登了"各科教授"的名单,在"中国文学系"一栏中,介绍了陈望道、刘大白、李石岑、胡朴安、丰子恺、郑振铎、田汉、李季等20位教授,其中也包括顾均正。一直到上海大学于1927年5月被国民党反动当局封闭以后,顾均正才卸任上海大学教职。

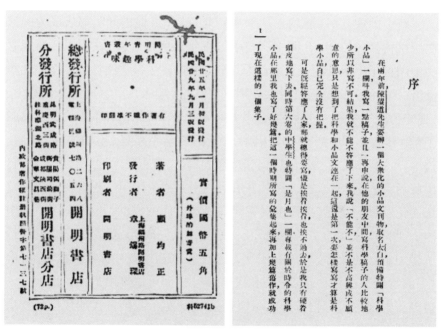

顾均正所著的《科学趣味》版权页与序

1928年,顾均正到在开明书店工作,任编校部主任、《中学生》杂志主编等职。1934年起,是顾均正科普作品创作丰收期,他先后以小品文的形式创作了《科学趣味》《电子姑娘》《科学之惊异》《原子时代到海洋时代》等作品。同时还翻译了外国科学文艺读物《化学奇谈》《物理世界的漫游》《任何人的科学》等,组织翻译了苏联科普作家伊林的《十万个为什么》《五年计划的故事》《不夜天》《黑白》《几点钟》等。在当时的条件下,顾均正在科普作品的写作与传播中,已经关注到培养儿童的动手能

49

力。在他编写出版的《少年化学实验手册》中,附有一套简单的化学实验设备,可做手册中的177种实验,很受青少年读者的欢迎。他所编辑的"世界少年文学丛书",从1926年到1949年共出版60多种,其中有他自己翻译的《宝岛》以及安徒生童话。他于1929年所著的《安徒生传》是我国最早出版的一本安徒生传记。抗日战争时期,顾均正蛰居上海,与友人索非自费创办了《科学趣味》通俗科学半月刊,先后发表了《和平之梦》《伦敦奇疫》《在北极底下》《性变》四篇科幻小说,普及科学知识,宣传抗日。之后认识了巴金,并一直保持交往。

新中国成立后,顾均正从上海到北京,积极促进开明书店成为国家出版机构。1953年,开明书店与中国青年出版社合并,顾均正任新成立的中国青年出版社副社长兼副总编辑,主管自然科学读物的工作。他积极组织编译了苏联科普读物,如别莱利曼的《趣味几何学》《趣味代数学》《趣味物理学》等。同时还重新整理伊林著作,根据伊林本人的意见出版了《伊林选集》九卷。1962年,顾均正的科学小品集《不怕逆风》出版。这本科普著作具有独特的风格和严谨的构思,既有科学性又有思想性,自出版后,备受读者欢迎。顾均正在科普作品的创作中,还重视对中国传统文化题材的挖掘,重视中国古代在科技方面的成就。他还写了不少中国古代科技成就的文章,在普及科学知识的同时,又对青少年读者进行了爱国主义的教育。如《利用浮力的故事》,运用曹冲称象的故事,解释"一艘货船装的货物越多,吃水就越深",从而可以算出货物的重量这一道理;《中国古代对轮子的成品检查》,则介绍了我国古代如何检验制造出来的车辆轮子是否平稳的巧妙办法;在《水车》一文中,自豪地介绍了我国各种灌溉工具的悠久历史;在《被遗忘了的磁石》中,形象地把磁石吸铁,比作慈母恋子、爱侣结合,并介绍了我国宋代著名科学家沈括是怎样来深刻论述磁石的。1960年他自告奋勇地挑了《活的物理学》这一选题,这本书用物理学知识来解释生产上和生活上的一些问题,既能使读者通过具体事例懂得物理知识,又能启发读者把物理知识应用到实际中去。该书还列举我国古代在物理方面的成就,使促青少年读者通过阅读对中国古代的科技文化产生自信和热爱。

顾均正于1951年加入中国民主促进会,历任民进中央常务委员,民进北京市委主任委员,全国政协第三、第四、第五届委员,北京市人大代表,北京市人民政府委员,北京市政协常务委员,第五届北京政协副主席,中国科普创作协会首届副理事长,中国出版工作者协会理事。作为资深编辑和科普作家,顾均正在编书、写书之余,一直坚持为党的统一战线做工作。他作为北京中国民主促进会的主要领导,在二十多年的工作中,勤恳负责,任劳任怨,在民进会员中,尤其在文化出版界会员中享有很高的声望。1980年12月16日,顾均正病逝于北京,终年78岁。有《顾均正科普创作选集》行世。

顾均正为人正派正直,在"文化大革命"中,外调人员曾多次找到他,要他提供大作家巴金的所谓"反动材料"。作为巴金的挚友,他从来没有在当时的大环境下向邪恶势力低头,从来没有向"外调"者提供一条正处在逆境中的巴金的不实材料,表现了一个知识分子的风骨。顾均正因病逝世后,巴金特地写了感情真挚的散文《怀念均正兄》,收录在他的《随想录·病中集》中。

关中哲：
民国时期的"关中四大才子"之一

关中哲

民国时期，在关中地区（指陕西中部地区，包括西安、宝鸡、咸阳、渭南、铜川、杨凌等地）有所谓"关中四大才子"之说，具体是指侯培仓、段绍岩、侯良弼、关中哲四人。侯培仓，咸阳人；段绍岩，岐山人；侯良弼、关中哲俱为华县人。

关中哲，笔名索军、宗则、大森，生于1903年。1922年冬到1923年春，华县咸林中学教员、共产党员王复生带领关中哲、吉国桢、潘自力、杨慰祖、杜松涛等到赤水职业学校，与王尚德共同研究成立了咸林中学青年励志社（即共进社华县分社），也是华县团组织的前身。后在北京结识了一批旅京的陕西青年，参加了进步活动。1923年在北京由邓中夏、王复生介绍参加了社会主义青年团。

1924年2月，关中哲考入上海大学社会学系。2月24日的《民国日报》刊登了上海大学的新生录取布告，名列社会学系一年级本科生第一位的就是关中哲。这时，他的入团介绍人邓中夏已在上海大学担任总务长和教授，同时又是中国共产党的领导人。在社会学系，又聚集了瞿秋白、张太雷、蔡和森、恽代英、施存统等早期中国共产党领导人和马克思列宁主义的理论家。关中哲在学校里受到了系统的马克思列宁主义思想和理论的教育，积极投身到校内外各项政治活动中去。1924年9月11日，《民国日报》刊登了"旅沪豫晋秦陇四省协会通电四则"，对盘踞陕豫地区多年的反动军阀刘镇华及直系军阀竭尽乞怜、献媚、吹捧之能事。关中哲和在上海大学学习的李秉乾、何尚志等30余人见报后"披览之余,殊觉诧异",立即联名给《民国日报》主笔去函,提出"当此举国讨贼之际,吾人唯有团结国民,一致作国民革命,根本推翻军阀制度,而彼等则乞怜于反革命之督军师长、旅长、镇守使等,况此辈军阀方忠直系,尚在打倒之列,求贼攻贼,何竟愚蠢? 苟非别有用心,何致如此失体"。信函还提出,所谓"旅沪豫晋秦陇四省协会通电四则"是明显盗用了上海大学西北学生的名义:"而所谓四省协会者,以上海大学西北学生之多,且肄业有三年之久,何竟寂然无闻耶?"关中哲等愤怒地表示:"假名发电,违逆群情,显属奸顽,非我族类,贵报主持大义,责望心殷,愿乞篇余,赐之更正,毋任感祷。"13日,《民国日报》全文刊登了关中哲、李秉乾等发出的这一"来函",表达了上海大学西北省区学生反对反动军阀的正义和进步立场。《新群》是由上海大学陕西同乡会主办的一份半月刊,约于1925年1月创办出版。关中哲积极参加了这本刊物的编辑和撰稿。1925年3月12日,孙中山在北京逝世,举国悲悼。4月6日,《新群》出版第七期"纪念孙中山先生专号",关中哲在这份专号中发表了题为《追悼中山先生》的长文。在文章中,关中哲提出了纪念和追悼孙中山先生的三点建议,其中第二点他提出了"孙先生的革命方略"。他说:"孙先生革命始终拿不妥协的精神。他不怕什么反对,他又不管什么顾忌,若是他认为非这样或那样做不可的,他就这样或那样勇往直前的做去。共产党之加入国民党,在一般人还有不少的国民党党员,他们就大惊小怪的非议或反对起来,而孙先生则不然,他只认定前边的目标是要革命,要革命又不是少数人能所能够做到,必须要有大的势力、大的团结。共产党目前的唯一工作与呼声也是要打倒帝国主义与军阀,与国民党的工作是相同的,既相同,就不惜与之联合以达此目的。"[①]关中哲不愧被誉为"关中四大才子",他的这篇追悼文章,不唯文字犀利、观点鲜明,在思想立意和政治见识方面也高出一般人许多。在上海大学,他与其他的老师和学生一样,也积极投身到轰轰烈烈的五卅运动浪潮中。1925年6月,上海大学被英国海军陆战队武力封

[①]《20世纪20年代的上海大学(下卷)》,上海大学出版社2014年版,第544页。

 他们从 上海大学(1922—1927) 走进新中国

闭，关中哲个人所损失的物品包括书籍和零星物等，就列在北洋政府外交部特派江苏交涉员许沅呈文外交部、要求英国赔偿的清单上。也就是在这一年，关中哲在西安由魏野畴介绍加入了中国共产党。8月，参加由魏野畴领导创办的《西安评论》并任这个刊物的主要编辑。关中哲在《西安评论》上发表了20多篇文章，宣传马克思列宁主义，对于揭露反动军阀的统治、唤起陕西和西安的民众参加反帝反封建斗争起到了积极作用。1926年10月，在《向导》上发表文章，抨击陕西军阀刘镇华的倒行逆施行径。

1926年，关中哲从上海大学毕业以后回到陕西，任绥德第四师范学校教员兼政治课主任、中共绥德特别支部宣传委员。大革命失败以后，1927年5月，中共陕甘区委派马文宪到华县筹建县委，于7月正式成立了中共华县委员会。马文宪任书记，隶属中共陕西省委。9月3日，王蒂南受省委指派接替了马文宪县委书记职务。9月17日，王蒂南主持召开县委扩大会议，决定县委由七人组成，关中哲以候补委员的身份参加了县委的工作。后在陕西省华县咸林中学任教，又担任过杨虎城第10军秘书。1929—1934年，在日本东京明治大学法学部留学。回国后与中国共产党失去联系，在南京任审计部佐理员。1935—1936年，在南京创办《西北评论》并任主编。这个刊物主张抗日，揭露国民党黑幕。后回到陕西，先后在陕西凤翔师范学校、陕西省立三原中学、陕西蒲城尧山中学等学校任校长，还担任过陕西省教育厅督学，陕西省立商业专科学校教授、教务长，西北大学教授等职务。抗日战争时期，曾和范秦武、赵和民等一起奔走于灵宝、西安之间，对国民党第29军军长马励武进行策反工作。1946年加入民盟。1948年，参加了西北大学反对国民党当局提出迁校的活动，使国民党迁校图谋未成，终于迎来了1949年5月20日的西安解放，使西安大学被人民解放军顺利接管。

新中国成立以后，关中哲于1951年3月调入西北民族学院工作，任教授、汉语系主任、图书馆馆长、顾问，为甘肃省文史馆副馆长，是甘肃省第三、第五届政协委员，民盟甘肃省委员会顾问。1985年被选入《甘肃教育人名录》。1995年病逝，终年92岁。

关中哲先生从事教学、编辑、行政管理工作近50年，经验丰富，培养

关中哲发表于《峥嵘岁月》(陕西人民出版社2011年版)上的回忆文章

了大批学生。早年著有《东三省问题与侵略》一书,在所编辑或主编的《西安评论》、《国内难民周刊》(留日中华各界国内难民救济会主办)、《西北评论》等刊物上,曾发表传播民主思想与宣传抗日的文章百余篇。

何成湘：
新中国首任国家宗教事务局局长

何成湘

抗日民族英雄、共产党员赵一曼，于1936年8月2日在与日寇的斗争中被捕就义。赵一曼原名李坤泰，又名李一超。新中国成立以后，为了弄清她的身世之谜，曾多方打听查询。直到1954年8月，才查清楚赵一曼烈士即李坤泰。在破解身世之谜的过程中，有一个人起到了关键的作用，他就是新中国第一任宗教事务局局长何成湘。

何成湘，名敬州，又名何忠汉、何湘，四川珙县人，生于1900年。他自幼入私塾，师从具有爱国思想的名师吴善之。在吴善之的教育下，何成湘"蒙以养正"，不但打下了学问的基础，而且养成爱国情操和不染尘垢的品德。1917年，何成湘进入宜宾叙属联中读书。在他读书期间，先后爆发了俄国的十月革命和中国的五四运动，他接受了新思想、新文化的影响和革命道理的启蒙，有了革命的朦胧意识，在当地投入了反帝爱国的斗争。他还在学校发起组织了珙县同乡会"留叙学社"，并担任会长。1921年，何成湘从叙属联中毕业回到家乡，家人希望他就留在家乡谋事。但是，何成湘看到国家内有军阀横行、外有列强环伺，决心外出继续求学，寻找救国救民的真理。

1922年秋，何成湘离开家乡，来到上海，考入上海大学。1923年9月3日的《民国日报》刊登了《上海大学录取新生案》，"何成湘"就在大学部社会学系一年级的名单中。1923年9月以后的上海大学,集中了邓中夏、瞿秋白、张太雷、蔡和森、恽代英、施存统等一批中国共产党的早期领导者和理论家。尤其是社会学系,是马克思列宁主义思想和理论教育、宣传的最重要的一个阵地。何成湘在社会学系受到了马克思列宁主义理论的系统教育,思想理论水平和认识水平有了很大的提高。当年就加入了中国社会主义青年团。1924年由黄培元、刘玉介绍加入中国共产党,成为一名共产主义战士。

在上海大学,何成湘热心参加各种社会活动,曾担任过上海大学四川同学会的文书。在上海大学读书期间,何成湘常常写信给家乡的亲友、同学们,不断向家乡寄回《向导》《新青年》等革命书刊,向他们传播革命思想,鼓励大家参加革命。在何成湘的启发引导下,珙县青年王发科、王颂威、孙铁夫等先后奔赴上海,进入上海大学听课,后又到了北平、广州等地,投身革命,从事革命斗争。而何成湘的弟妹成德、成英、成玉以及侄女曼修等因为深受何成湘爱国思想的影响,也先后加入了革命行列。可以说何成湘为后来珙县创建党、团组织和家乡的革命斗争,奠定了思想基础,培养了骨干力量。1925年五卅运动爆发以后,他在党组织的领导下,积极投身到这场声势浩大的反帝爱国斗争中去,经历了革命的磨炼。在五卅运动中,为了加强党对学生运动的领导,何成湘和李硕勋、阳翰笙根据团中央负责人、曾经担任过上海大学教授的任弼时的要求和安排,接受党组织的派遣,来到全国学联和上海学联工作。何成湘还担任了全国学联总务处负责人。这样,何成湘就和李硕勋、阳翰笙一样,离开了上海大学,走上了一条职业革命家的道路。1926年6月,在第八届全国学联代表大会上,何成湘被选举担任全国学联总会执委兼秘书长。后又任党团组织领导成员,并负责《中国学生》周刊的编辑工作。在这期间,何成湘撰写了《九七与中国学生》《"五四"精神》《读书与救国》《五卅运动的前途》等政论性战斗檄文,剖析时局,宣传革命,揭露帝国主义与封建军阀相互勾结,压迫残害人民的种种罪行,以唤醒群众起来斗争。

1926年冬,何成湘被委派任共青团江浙区委秘书长。1927年3月,又被调到武汉,先后担任共青团汉口市委委员、共青团湖北省委组织

部部长。大革命失败以后，于1928年初，调任共青团江苏省委书记。1928年6月被捕，关押于上海龙华监狱，后被组织营救。1929年初，被调任共青团顺直省委书记。1929年9月，遭天津宪兵司令部逮捕，1930年初获释，改任中共中央组织部秘书。1931年"九一八事变"后，以"中共中央巡查员"身份调往东北工作，任中共满洲省委组织部部长，因敌人破坏，代理中共满洲省委书记；后冒险前往日军控制下的哈尔滨，会见哈尔滨市委书记杨靖宇，筹建"反日救国会"，并会同省委，安排赵一曼、李兆麟、赵尚志等党员骨干，分赴东北各地，组建地方抗日武装。1932年在临时中央召开的"北方会议"上，曾代表省委对满洲的状况进行实事求是的分析，遭到中央负责人博古的斥责，被错误批判为"满洲特殊论"，遭到了撤职处分。1933年冬，作为满洲省委代表在江西瑞金中央苏区参加党的五中全会和第二届苏维埃代表大会。1935年春，到上海担任中共中央局组织部部长。后第三次遭到逮捕，至西安事变之后获释。

抗日战争时期，何成湘接受党中央的委派，担任国民政府军事委员会政治部第三厅上校主任，文化工作委员会主任；后调至中共中央南方局工作。1945年8月，担任《新华日报》营业部秘书；中共代表团副秘书长，参加了重庆谈判；解放战争时期，担任中共中央城工部秘书，中共中央统战部第一室副主任。

新中国成立后，何成湘历任政务院文化教育委员会办公厅主任、政务院宗教事务处处长、国务院宗教事务局局长。他是新中国第一任国家宗教局局长。1961年，调任甘肃省，任副省长兼省工委秘书长、中共甘肃省委委员、省属机关党委第二书记，分管文教卫生工作。

在"文化大革命"开始后，受到林彪、"四人帮"反革命集团的诬陷迫害，于1967年9月23日在兰州含冤去世，终年67岁。1979年5月，中共甘肃省委正式为何成湘平反昭雪。

2017年清明节，由蔡逸撰文、黄贵源书丹，立下了《当代忠孝楷模何成湘赞》碑铭。其文一曰："上海求知汇海潮，学联领导立功高；英才辈出多人杰，万里鹏程胆气豪。"其文二曰："日寇侵华烽火燃，重霄浩气壮河山；白山黑水歼顽敌，领导抗联天地宽。"其文三曰："多年从政在中枢，文秘宗宣党位殊;国事纷繁条理顺,长才大展启宏图。"其文四曰:"长途抱病赴兰州,党命严遵莫诉求;日理万机心力竭,鞠躬尽瘁志难休。"其文五曰:"铮铮铁骨陷牢中,耿耿丹心气自雄;秋月投怀肝胆照,人间处处仰高风。"其文六曰:"人间英杰蜀中才,领导群伦胆气开。廉洁忠贞高品格,光明磊落扩襟怀。中枢权位兼文武,大政方针佐决裁。千秋勋名垂史册,天官家世兆将来。"全文近200言,概括了何成湘的革命生涯和功业,同时,赞颂了何成湘的人品和官品,使我们能近距离地来看到一位20世纪20年代的老党员、老革命的襟怀和风范。

蔡逸撰文、黄贵书丹
《当代忠孝楷模何成湘赞》

何味辛：
中国共产党第一张日报
《热血日报》的编辑

何味辛

1925年五卅惨案爆发以后，中共中央召开紧急会议，决定出版《热血日报》，由瞿秋白任主编，上海大学的三位教授沈泽民、郑超麟、何味辛奉命担任《热血日报》编辑。《热血日报》是中国共产党创办的第一张日报，于1925年6月4日创刊。这张报纸及时传播中共中央的指示精神，及时报道上海和全国人民反帝斗争的消息，无情地揭露帝国主义的血腥罪行和军阀政府的卖国行径，也尖锐地批评了党内外对帝国主义实行退让妥协的谬论。这张充满革命性、战斗性的报纸当然为反动当局所不容，报纸出版了24期以后即遭到封禁。但是，《热血日报》在中国的红色报刊史上却留下了永不褪色的光辉一页。而何味辛等在《热血日报》的编辑出版中为党的宣传事业也作出了自己的贡献。

何味辛，原名王铖生，幼年从外祖姓何，名福良，笔名慧心、味辛，后改名何公超，江苏松江（今属上海）人，生于1905年。1918年从松江县立第二高等小学毕业后迁居上海，在上海晋德钱庄做学徒，后入私立文生氏英文专科学校学习。1920年入上海商务印书馆文书股工作。由于喜爱文学创作，就开始从事儿童文学的写作。他的处女作《牛的悲哀》发表于《小说世界》上。何味辛虽然喜欢文学创作，但思想上积极要求进步，1923年，经徐梅坤、郭景仁介绍，参加了中国社会主义青年团。1924年任上海《民国日报》副刊《杭育》编辑。1925年加入中国共产党。1925年任《热血日报》编辑。

关于何味辛在上海大学任教的情况现在能看到的文字记载不多。《民国日报》副刊《觉悟》在1925年4月24日，曾刊登了一份由上海大学的老师和学生共同署名的《发起孙中山主义研究会征求同志》的启事，发起人有恽代英、杨贤江、董亦湘、施存统、侯绍裘、张秋人、高尔松、高尔柏、黄正厂、沈泽民、张琴秋、沈雁冰等，何味辛也名列其中。在

《热血日报》创刊号（1925年6月4日）

这则启事的最后，写明"我们底通讯处暂定上海英租界西摩路上海大学附属中学黄正厂"。通过这则消息可以断定，至晚在1925年4月之前，何味辛已在上海大学任教了。五卅运动爆发以后，何味辛和上海大学的老师、学生一起，积极参加了这场反帝爱国斗争。为了向全国人民说明五卅惨案真相，中共中央决定出版《热血日报》，何味辛奉党的命令，在瞿秋白的领导下，担任了《热血日报》的编辑。在极其困难的条件下，坚持出版了24期，后被反动当局封闭。1926年，任上海总工会宣传部主任，1927年参加了上海工人三次武装起义，后又任市民通讯社主任。"四一二"反革命政变以后，中国共产党的领导机关和上海总工会均遭破坏，何味辛也被迫与党组织失去联系。一度返松江家居，撰写短文，靠稿费度日。1929年，出任上海春潮书局营业主任，为《春潮月刊》翻译高尔基、契诃夫的小说。尤以翻译美国著名记者约翰里特报道俄国十月革命的《震天动地的十天》（即《震撼世界的十日》）最有影响。次年，发表小说《柴米夫妻》，反映店员失业的痛苦，被称为"文艺大众化的成功作品"。后又任江宁公学、民智中学教师。1935年，与黄一德创办《儿童日报》和《儿童创造》月刊。次年，任《儿

童日报》总编辑。1938年赴重庆,任依仁小学教师,编辑出版《小国民》杂志,还编写了《拆穿日本纸老虎》《抗战国语》等抗日书籍,并发表过解放区抗战故事和苏联反法西斯的故事等。1944年,与人一起创办《儿童世界》,任主编。抗战胜利后,《儿童世界》迁至上海继续出版,仍担任主编。

何味辛与党组织断了联系以后,一直坚持努力寻找中国共产党的地下组织。一直到1949年1月,才和党组织恢复联系,被重新认定为中国共产党党员。

新中国成立后,何味辛在上海通联书店、大东书局担任编辑。先后到北京参加了全国第一届文代会和全国第一届出版工作会议。1952年,少年儿童出版社建立,何味辛先后担任编辑部副主任、副总编辑。又被推选为上海市文联委员、作协上海分会理事,为上海市政协委员。著有童话集《快乐鸟》《丑小鸭》《小金鱼》《兽国记》《外国妖莲》《天上不会掉金子》《龙女和三郎》等。其中童话《老兵和桃树》被译成朝鲜文,刊登于朝鲜《少年新闻》上,后又被编入朝鲜小学教科书。1986年8月6日病逝于上海,终年81岁。曾留下遗嘱,将遗体捐献供医学研究。1986年少年儿童出版社出版了《何公超童话寓言选》。

胡允恭：
中国共产党淮上中学
补习社支部创始人

中国共产党在安徽农村建立的最早的党组织，除了1923年冬天在寿县成立的小甸集特别支部以外，还有一个就是在寿县、凤台地区建立的中共淮上中学补习社支部。这两个基层党组织，都直属中共中央领导。小甸集特别支部的主要创建人是曹蕴真等，中共淮上中学补习社支部的主要创建人则是胡允恭。

胡允恭，又名胡萍舟、胡邦宪，安徽寿县人（生于寿县杨庙乡，今属长丰），生于1902年。他出身于一个世代务农的家庭。因家境贫寒，

胡允恭

少时不能上正规学校，只跟着乡间秀才读了一些蒙本和四书五经之类的书。1918年，安徽省立第三蚕桑讲习所在宣城成立，因每年只收7块钱的书本费并免收学费和膳费，故16岁的胡允恭步行前往考入。1919年五四运动爆发，宣城省立第四师范学校校长章伯钧请来恽代英作演讲，同城的省立八中和省立蚕桑所的同学们都前来旁听。胡允恭也听了恽代英的这次演讲，他的思想受到极大的震动和教育，后来，他在与恽代英的接触中，读到他正在翻译中的《阶级争斗》和布哈林的《唯物史观》，又阅读了《新青年》等进步杂志，开始接受了马克思列宁主义的启蒙教育。宣城地区的五四浪潮卷起以后，胡允恭积极投身这个运动中，他与进步师生一起上街游行，查禁日货。他后来回忆说，如果没有五四运动，他将"安心读书，准备一生从事栽桑养蚕工作"。

 他们从 上海大学 走进新中国
(1922—1927)

1920年的秋天，胡允恭考入安徽省立第二甲种农业学校。在这所学校，胡允恭正式参加了学生会的活动，他和曹渊、李坦、陶久仿、徐梦秋等都加入了安徽学生联合会。1921年，胡允恭来到上海，在一家面粉厂厂主家担任家庭教师。1923年，胡允恭以胡萍舟的名字注册，考取了上海大学社会学系。在1924年4月编印的《上海大学一览》，在"学生一览表"的"社会学系"名单中，有"胡允恭"。胡允恭在安徽读书时，就听过恽代英的报告，参加过五四运动，又看过几本马克思列宁主义的著作和《新青年》等进步杂志，初步学习了马克思列宁主义的理论和接触了共产主义思想。到了上海大学以后，在课堂上不仅听了他所敬仰的恽代英的课，还听了邓中夏、瞿秋白、张太雷、蔡和森、施存统等共产党人的课，可以说是系统地接受了马克思列宁主义理论和思想的教育，思想上得到一个全新的升华。新中国成立后，胡允恭在他的回忆录中谈到了他在上海大学读书的体会。由于胡允恭讲得比较全面，基本上能让我们了解上海大学在教学方面的基本情况，因此，将胡允恭的这段话移录如下，和读者分享：

上大办学富有创新的精神，其特点是：

一是教学内容具有鲜明的革命性。在上大讲授的内容中，充满了马列主义学说，十分新颖，诸如"阶级斗争""社会主义""共产主义""资本主义""帝国主义"等等概念，毫不回避。上大的教材，基本上都是本校教师自编的讲义，由于不少教师既有渊博的理论知识，又有一定的革命斗争实践经验，因此编出的讲义也是有血有肉，深受大家的欢迎。所有的讲义除供本校学生使用外，还对外出售，常常被抢购一空。

二是理论联系实际，教得生动活泼。特别是社会学系教授不采用一般大学教条主义的教学方法，而是十分注意实际效果。例如，秋白讲授社会哲学时，他对欧洲各种哲学流派了如指掌，尤其对黑格尔的哲学，以及由黑格尔哲学到马克思主义哲学都讲解得十分透彻。他讲课时经常了解同学的原有程度和接受能力，绝不满堂灌。他常引用许多古今中外的故事，深入浅出地把一个个问题讲得极为通俗

易懂。秋白十分注意结合当时革命斗争的实际,反复分析、解释,尽力讲清每一个概念。这样,既宣传了革命道理,又把现代政治讲活了,同学们很喜爱听他的课。所以,每当秋白讲课时,再大的教室也总是挤得满满的。

……

三是治学的严谨性。上大的教师多半是热心于教育事业的。他们对学生的要求极严。并不是只要他们懂得几句革命口号,而是要求学生有扎实的理论基础。因此,他们总是满腔热情地帮助、指导学生,直到完全理解为止。有的教师每讲完一个专题,都归纳几个重点,反复讲解。同学如有不懂,可随时提问,由教师一一解答。

……

四是办学的灵活性和多样性。上大并不满足常规的教学。在教学内容上,以课堂为主,又走出课堂;在教学对象上,以校内学生为主,又走向社会;在聘请教师上,以固定教师为主,又兼聘专家学者和社会名流来校设立特别讲座。例如李大钊多次来校讲过"演化与进步""社会主义释疑"等专题。陈独秀主编的《新青年》、蔡和森主编的《向导》、瞿秋白主编的《前锋》等进步刊物,在上大广为流传,不少同学从中吸取了政治营养。此外,上大还免费在校内或深入工厂、街道举办平民学校、工人子弟学校、识字班等,由上大同学任教,既宣传了群众、教育了群众,也提高了自己。①

胡允恭在《我所知道的上海大学》一文中,还谈到几位给他留下了深刻印象的老师:一是瞿秋白。关于瞿秋白,除了以上引文中介绍他讲课十分注意理论联系实际以外,还有对学生学习要求的严格。瞿秋白在讲《共产党宣言》时,"要求每个学生都能熟背。当时《共产党宣言》是由陈望道根据日文本意译的,尽管与原文有些出入,但译文文字流利、华美,青年人极易读熟,正因为当时要求甚严,所以我至今尚能记忆当中某些

---

① 胡允恭:《我所知道的上海大学》,载胡允恭著《金陵丛谈》,人民出版社1985年版,第15—17页。

词句"。二是蔡和森。蔡和森担任的主课是"社会进化史","他讲的是社会进化,实质上全是社会发展史。例如:他严肃认真地阐述了恩格斯的名著《劳动在从猿到人转变过程中的作用》,并且多次引证《家庭、私有制和国家的起源》(上述两书当时还没有中译本)中有关章节,把社会进化史讲得生动活泼,深入浅出,全系同学都表示欢迎,倾注全力听讲。开始只是社会科学系的学生,稍后,其他系的学生也来旁听。不但教室人满,连窗子外面都挤满了旁听的学生"。蔡和森在讲课中"还阐述了恩格斯的名著《社会主义从空想到科学的发展》,青年同志们由此才懂得历史也是一门科学。从而思想开朗,认识进步,精神面貌焕然一新"。三是安体诚。安体诚讲的课是"政治经济学"。他对概念十分重视。他讲"经济"这一概念,"首先说明'经济'两字的内容,对什么是自然经济,什么是社会经济,经济与政治的关系等,都讲得一清二楚。当时,我还以为他从概念到概念,过于拘泥。后来当读到列宁《我们究竟拒绝什么遗产》一文时,才知道列宁对概念的重视,由此才体会到安存真(即安体诚)老师教学的认真和严谨"。

胡允恭在进上海大学的当年,即1923年由瞿秋白介绍加入了中国共产党。1924年5月,胡允恭和在上海大学听课的曹渊、许继慎都考取了黄埔军校第一期,由于担当工作需要,胡允恭听从了瞿秋白的安排,留下搞学生工作。他送别了同样来自安徽的曹渊、许继慎,继续在上海大学读书。这一年的暑假,胡允恭受上海大学党组织派遣,与同样从寿县考入上海大学并一起入党的吴云、吴震兄弟返回故乡寿凤(寿县、凤台)地区,秘密进行党团组织的创建工作。他们在寿县尚奠寺南曹家岗小郢孜办起了"淮上中学补习社",以此为掩护,来宣传马列主义。补习社招收了寿县、凤台两个县共40多名失学青年,除了对青年进行文化教学以外,还按照他们在上海大学所学的,开设了"社会进化史""政治常识""唯物史观浅说"等课程,组织学生学习《共产党宣言》,进行马克思列宁主义的教育,给他们灌输革命思想,使他们懂得了一些革命道理。在办学的过程中,还秘密成立了"皖北青年社"(即青年团组织),发展了一批有觉悟的青年参加了"皖北青年社"。在各方面条件成熟以后,正式建立了中共淮上中学补习社支部,有党员九名。胡允恭任书记,直属中共中央领导。

1925年,根据党组织的决定,胡允恭正式结束在上海大学的学习,来

胡允恭：中国共产党淮上中学补习社支部创始人

到广州，担任了《革命青年军人联合会》周刊的主编。处于大革命时期的广州，共产党员和国民党左派军人占了上风，他们积极进取，而国民党右派势力亦相当猖獗，新旧思想在这里激烈碰撞。胡允恭主办的刊物对"孙文主义学会"等右派组织散布的错误思潮予以有力的驳斥，给正在受训的黄埔军校第三、第四期学员和东征士兵以很大的精神鼓舞。1926年4月，胡允恭被中共两广区委军委调到国民革命军第四军十二师三十五团担任团政治指导员。6月，同属十二师的三十五团和叶挺独立团最先从广州出发开始北伐。北伐军一路过韶关，克长沙，攻占汀泗桥、贺胜桥，直逼武昌城。9月，胡允恭在攻打武昌时左腿受重伤而住院治伤。

大革命失败以后，胡允恭奉中共中央指示，于1927年7月潜回上海和家乡寿县，坚持地下斗争。1929年秋，胡允恭根据中央军委决定任驻烟台中央军事特派员。1930年1月，任江苏省委军委秘书。1930年秋，胡允恭由党中央派赴山东工作，历任青岛市委宣传部长、济南市委书记、山东省委宣传部长、省委书记等职。直到1932年4月被王明以"莫须有"的罪名解除职务，并和党组织失去了联系。1946年经福建省委批准恢复了党籍。

新中国成立后，胡允恭出任福建师范学院院长。1952年调任南京大学历史系教授。在1951年"审干"时，胡允恭被停止了党籍。包括后来在"反右"和"文化大革命"中，他都受到不公正的待遇和冲击，但这丝毫没有影响他对党的信念和共产主义理想的追求。1983年1月，经中共中央书记处批准，恢复胡允恭党籍，党龄从1923年算起。他的《金陵丛谈》1985年由人民出版社出版，内中的《我所知道的上海大学》对于我们今天了解和研究上海大学，具有很高的史料价值。

1991年6月13日，胡允恭因病在南京逝世，终年89岁。

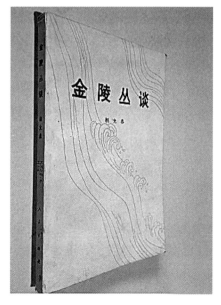

1985年由人民出版社出版的《金陵丛谈》

黄玠然：
百岁革命老人

黄玠然

2001年3月15日，中国新闻社记者柳哲从北京发出报道，题目为《百岁革命老人黄玠然在京喜度百岁生日》。报道称当天"上午九点，民建中央领导前往黄老家中祝寿，赠送花篮和生日蛋糕，满头银发的黄老微笑着接受各界人士的祝贺，并一一握手致谢"。

黄玠然，原名黄文容，浙江浦江人，生于1901年。中学就读于金华第七中学，后考入位于杭州的浙江法政专科学校。在学校里，受到安体诚老师的影响，接受了五四时期的新思想，曾担任学生会负责人。1925年五卅运动爆发以后，浙江法政学校成立"五卅后援会"，黄玠然担任了后援会主席，领导学生声援五卅运动。五卅运动以后，法政学校校长凌士钧解聘了安体诚、于树德、郑允恭等共产党员和进步教师，并禁止学生参加一切社会活动，而掀起了驱赶校长的学潮。结果，黄玠然、张崇文、周泽等被学校开除。正在这时，上海大学有人到浙江来宣传五卅运动，就提出欢迎黄玠然等到上海大学去读书。1926年2月，黄玠然、张崇文、周泽三人，便来到上海大学社会学系学习。

当时的上海大学已经搬到闸北青云路的师寿坊。据黄玠然1980年和1982年两次回忆，"在这一时期，如没有特别活动，学生们都认真上课，正正规规的，李季教我们《资本论》，蒋光慈教俄文，萧朴生教哲学"①。黄玠然在上海大学学习的时间不长,只有半年的时间,但对他在马克思列宁主义理论和政治思想这两个方面的提高起到了重要作用。黄玠然在来上海大学之前,已经参加了一些进步和革命活动,但是,他自己回想起他和张崇文,一个是出身小地主家庭,一个是出身官僚家庭,他们在未参加革命前仅有朴素的感情,没有阶级观点。"我们当时参加革命,只凭一股革命的热情,没有真正的阶级立场。在上大社会学系学习了马列主义理论,才树立了阶级观点的基础,反对那个剥削阶级家庭。"黄玠然还说,"当时参加革命的青年学生,大都是资产阶级和小资产阶级家庭出身,为什么斗争那么坚决呢? 就是因为树立了阶级斗争的观点,分清了敌我。上大能培养出这么多的革命骨干,这个教育是一个决定的因素。"因此,黄玠然明确表示:"仅从我自己来说,阶级观念和阶级斗争的观点是在上大确立的。"②在进上海大学学习的当年,经过张崇德的介绍,黄玠然和张崇文、周泽一起,加入了中国共产党。

1926年8月,根据党组织的安排,黄玠然离开上海大学,到中共中央宣传部工作。当时部长是彭述之,黄玠然在彭述之的领导下做具体工作,参加《向导》周刊的有关工作。

1927年初任中共中央总书记陈独秀的秘书,作为工作人员筹备和参加了中国共产党第五次全国代表大会。后先后任中共中央秘书处负责人、秘书处处长。1933年,党中央机关迁往苏区,决定成立上海中央局,任上海中央局委员兼组织部长。1934年因机关被国民党特务破坏而被捕。出狱后遵照周恩来指示,赴山西参加抗日工作,1937年任山西抗日牺盟总会宣传部长。1949年参加民主建国会。

新中国成立后,历任华东纺织工业部中国纺织公司军事代表室主任秘书、华东纺织管理局秘书处处长。1951年任华东纺织工学院副院长。1952年,到北京参加筹建中华全国工商业联合会工作,并当选第一、第二届会员代表大会副秘书长,第四届会员代表大会秘书长,在全国工商联第

---

① 《黄玠然同志的回忆》,载王家贵、蔡锡瑶编著《上海大学(1922—1927)》,上海社会科学院出版社1986年版,第111页。
② 《黄玠然同志的回忆》,载王家贵、蔡锡瑶编著《上海大学(1922—1927)》,上海社会科学院出版社1986年版,第111—112页。

三届执委会第一次会议和民主建国会第二届中央委员会第一次全体会议联席会议上被聘为副秘书长,并代行秘书长职务。1956年任全国工商联党组副书记。1962年12月任中央工商行政管理局副局长。1979年任全国工商联合会秘书长兼党组副书记。为第二、第三、第四、第六届全国政协委员,民建中央常委。还曾任中共中央直属机关监察委员会委员、中央统战部党委委员、曹聚仁研究会名誉会长。1988年离职休养。2001年3月15日,黄玠然在北京家中喜度一百周岁华诞。2004年4月18日在北京逝世,终年103岁。

金仲椿：
民革浙江省委的筹备委员之一

1950年上半年，中国国民党革命委员会中央决定成立浙江省级组织，派中央组织部部长朱蕴山来到杭州，与有关方面酝酿协商组建事宜。当年7月13日民革中央第二十六次常务委员会议决定，并发出通知，由何燏时、叶南帆、余森文、江天蔚、戚若耶、汪志清、金仲椿、周轻鼎、金鸣盛、葛正权、杨吾冰为民革浙江省分部筹备委员，以何燏时为召集人，进行筹备工作。9月，民革浙江省委筹备委员会正式成立。

金仲椿

金仲椿，字铸，浙江嵊县人，生于1906年。1923年，从上海南洋中学毕业，9月，考进上海大学社会学系。1923年9月3日的《民国日报》，刊登了上海大学新生录取的消息，其中有金仲椿以"金铸"之名被录取在社会学系一年级的记载。1924年4月编印的《上海大学一览》，在"学生一览表"的"社会学系"一栏中，记有"姓名：金铸；籍贯：浙江嵊县；通讯处：嵊县崇仁镇金鸿记酱园"。

1930年，任陇海铁路管理局秘书。1932年，任嵊县新商业银行经理。1934年，因家庭破产在老家处理债务。1937年，任南京国民政府航空委员会登记打字员。1938年，任国民政府军政部兵工署宜昌办事处主任。1939年，任国民革命军第七十五军军部秘书。1940年，任第二十六集团军总司令部秘书、国民党特别党部少将衔书记长。1946年起，相继任第

他们从 上海大學 走进新中国
(1922—1927)

金仲椿年轻时的照片（图片来源：《持志年刊》1928年第3期）

六、第八绥靖区司令部秘书、县长、少将专员。1948年，任浙江省政府人事处处长、顾问等职。

新中国成立后，金仲椿参加了民革。1950年7月起，任杭州惠兴女子中学校长。1950年8月，先后出席浙江省各界人民代表会议和杭州市各界人民代表会议，并在杭州市各界人民代表会议上当选为杭州市政协委员、副秘书长、主任秘书。又任杭州市工商联副会长。1954年12月，民革浙江省委正式成立，金钟椿被选为民革浙江省第一届委员会副主任委员，后连任第二、第三届副主任委员委。1956年，兼任民革省委会对台工作委员会主任、民革专职副主委，民革中央候补委员，政协浙江省第一届委员会委员等职，是浙江省民主党派的杰出代表。1976年，金仲椿在杭州逝世，终年70岁。

柯柏年：
新中国外交部首任美澳司司长

1924年7月1日、2日，《民国日报》分两日刊登了《上海夏令讲学会简章》，称这次讲学会"为上海学生联合会所组织，以利用暑期休假研究各种学术为宗旨"；"会址在西摩路上海大学"。讲学会共计八个星期，担任讲师的主要是上海大学教授如何世桢、瞿秋白、董亦湘、施存统、陈望道、杨贤江、叶楚伧、安体诚、邓中夏、周建人、恽代英、沈泽民、何世枚、韩觉民、沈雁冰、田汉等，还有社会名流如戴季陶、沈玄庐、吴稚晖、胡愈之、萧楚女、张廷灏、张子石、

柯柏年

左舜生、缪斌等。其中排在第二星期主讲"帝国主义"的李春蕃，却是主讲教师中唯一的一位学生。李春蕃，也就是后来成为新中国外交家的柯柏年。

柯柏年，原名李春蕃，笔名马丽英、丽英、福英等，广东潮安（今潮州湘桥区）人，生于1904年。自幼在家学习《三字经》《千字文》等蒙童读物。6岁进入潮州城南小学，已开始学习英语。中学是在位于汕头由美国教会所办的礐石中学读完的。学校教英语的是一位中年美国女子，在老师的指导下，柯柏年的英语无论在口语、阅读还是书写方面都有长足的进步，成绩特别优异。1919年五四运动爆发，反帝爱国洪流冲到了汕头地区，柯柏年也立即投身到运动中去，他参加当时组织的各种集会，倾听演讲、辩论。尽管他是在美国教会学校读的中学，但是对他来说，"五四前

后,各种思想、主义,百家争鸣。经过一段时间学习、对比和研究,我终于选择了马克思主义"。

柯柏年的父亲李秀秋在潮州经营着一家糖行,是从柯柏年的祖父那里继承下来的。按照父亲的意愿,是坚决要柯柏年留在家乡经商做生意,以承祖业的。但这时候的柯柏年目光早就跳出了自己家乡这个狭小的地域。他在堂兄李春涛的帮助下,于1920年来到上海,考进了沪江大学中学部。父亲一气之下断绝了他的经济来源,不给他寄钱,他就在学校教务处当抄写员,半工半读,维持学业,并自学俄语、德语。1923年,升入沪江大学社会学系,开始了大学的学习生活。沪江大学是上海一所有名的教会大学,但是已倾向进步和革命的柯柏年并没有沉浸和屈从在西方那一套文化教育中,他私下里早就同张秋人、俞秀松等共产党人来往。张秋人当时已在上海大学任教。在张秋人、俞秀松的影响下,柯柏年接触和研究了马克思列宁主义。他曾将列宁的《帝国主义论》英文版的前六章译成中文,发表在《民国日报》副刊《觉悟》上。正因为如此,张秋人就代表夏令讲学会的主办方来到沪江大学,正式邀请柯柏年作"帝国主义"的讲座。柯柏年也成为这次讲学会讲师中唯一的一名在读的大学生。也正在这时候,柯柏年因翻译列宁的《帝国主义论》,宣传马克思列宁主义,为沪江大学这所教会学校所不容,被学校当局开除。柯柏年就搬到上海大学斜对面的一处住所住下,在上海夏令讲学会开始的第二周完成了这次讲座。随后,在瞿秋白、张太雷等人建议下,柯柏年正式转入上海大学社会学系学习。7月21日晚上7时,上海夏令讲学会社会问题研究会在上海大学召开成立大会,有100多人参加会议,柯柏年被推选为由5人组成的委员会委员。

在上海大学,柯柏年积极参加校内外组织的各种活动。1924年8月2日,上海非基督教同盟成立,柯柏年和上海大学教授张秋人、学生高尔柏一起被推选为执行委员,他和高尔柏负责编辑《非基督教特刊》;9月,柯柏年还随堂哥李春涛到北京,参加了北京"反对基督教同盟"成立大会。杜国庠、李春涛被推举为会长,柯柏年等6名来自上海、北京的大学生则担任会员。10月14日,上海大学成立学生会,刚转学入校不久的柯柏年和杨之华、王秋心、王环心、郭伯和、刘一清、刘华等7人当选为执行委员。

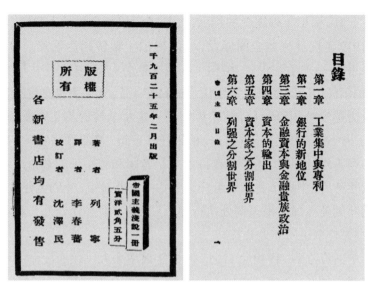

柯柏年（李春蕃）翻译、沈泽民校订的《帝国主义浅说》版权页和目录

11月7日，上海大学平民学校召开大会，纪念俄国十月革命7周年，参加会议的人达五六百人，柯柏年应邀在会上发表了演说。1925年2月，柯柏年翻译列宁的《帝国主义论》前六章以《帝国主义浅说》的书名出版，上海大学教授沈泽民为这本书做了校定工作。在上海大学期间，柯柏年加入了中国共产党。

1925年8月，柯柏年应广东澄海中学校长杜国庠的邀请，离开上海大学，到澄海中学任教。在澄海中学，他和杜国庠一起积极开展革命宣传和组织工作，还曾经带领20多名学生徒步到海丰学习农民运动经验。10月，任东征军总政治部社会科副科长，负责农运、工运工作。后任东征军总政治部驻澄海特派员，负责指导澄海的国民革命运动。他配合东征军和当地革命干部，建立共青团澄海小组和支部，传播马克思主义。1925年11月初，黄埔军校潮州分校成立，柯柏年和他的堂哥李春涛应周恩来邀请到校讲课，并积极参与《岭东民国日报》的撰稿。1926年夏，柯柏年被调到广州，任国民革命军第三军政治教官，并协助张太雷编辑中共两广区委机关刊物《人民周刊》。1927年蒋介石发动"四一二"反革命政变以后，柯柏年遭到追捕，来到上海，并将姓名由原来的"李春蕃"改成柯柏年。接上组织关系后，被编入江苏省委上海闸北区第三街道支部并任书

记。在上海，柯柏年根据党的指示，参加了中国社会科学家联盟，即"社联"。1937年抗日战争全面爆发以后，柯柏年辗转到达延安。1938年5月5日，中央马列学院成立，柯柏年任西方革命史室主任；中央研究院成立，柯柏年任国际问题研究室主任。1944年4月，党中央决定将军委俄文学校改为延安外国语学校，柯柏年担任了这所学校的英文系兼职教员。1944年，中央军委成立外事组，柯柏年任外事组"高级联络官"。在从事翻译马列著作的同时，还参加接待中外记者团和美军延安观察组。1945年抗战胜利后，中央军委外事组升为中共中央外事组，叶剑英任组长，柯柏年随叶剑英参加北平军调处执行部，任中共方面翻译处处长和新闻处处长、中央外事组研究处处长。

新中国成立后，1949年12月，柯柏年被中央人民政府任命为外交部首任美澳司司长，还兼任中国人民政治法律学会副主席。1954年，中苏美英法五大国日内瓦会议召开，中华人民共和国总理兼外交部长周恩来率领一个阵容强大的代表团参加，柯柏年是成员之一。1955年，任驻罗马尼亚人民共和国大使。1955年9月10日，举行中美大使级会谈，王炳南、柯柏年与美方谈判，达成两国平民回国协议，1955年下半年至1965年底从美国返回中国的科学家有130多人，其中有钱学森等著名科学家。1962年，柯柏年被任命为驻丹麦王国大使。1973年，被任命为中国人民外交学会副会长、国际关系研究所副所长。1981年，被分别任命和聘为中华人民共和国外交史编辑委员会主任委员、国务院学位委员会法学组评议委员。1982年，被中国翻译工作者协会聘为顾问。1985年8月9日在北京病逝，终年81岁。

作为马克思列宁主义著作的翻译家，柯柏年的主要译作有《社会主义从空想到科学的发展》《哥达纲领批判》《帝国主义论》《农业税的意义》《社会革命论》《社会问题大纲》《辩证法的逻辑》《法国的革命和反革命》《马恩通信选集》《拿破仑第三政变记》《法兰西阶级斗争》《经济学辞典》等。

孔另境：
上海大学"仿佛是一座洪炉"

1949年6月14日，上海《大公报》刊登了署名孔另境的一篇题为《旧事新谈——怀念革命的摇篮上海大学》。在这篇文章中，作者提出在国民革命军的北伐战役中，上海大学的学生是成千成百地参加在里边的，他们在部队里和人民间所起的作用实在是很大的，"当时有'武黄埔、文上大'之誉"。这是我们今天能见到的关于"武有黄埔，文有上大"说法的最早记载之一。而给我们留下这一说法的人是上海大学学生、亲身参加过北伐战争的孔另境。

孔另境

孔另境，原名孔令俊，字若君，笔名东方曦，浙江桐乡人，生于1904年。为孔子第七十六世孙，也是沈雁冰（茅盾）夫人孔德沚的胞弟。1922年进入浙江嘉兴第二中学读书。因带头参加学潮而被迫退学。1923年，经上海大学教授、姐夫沈雁冰的介绍进入上海大学学习。1924年4月编印的《上海大学一览》，在"学生一览表"的"中国文学系一年级"一栏中，记有："姓名：孔令俊；年龄：20；籍贯：浙江；通讯处：上海宝山路顺泰里十一号。"他的通信地址也就是沈雁冰在上海大学时的住址。

在上海大学，孔另境与戴望舒、施蛰存等都是浙江籍，又都爱好文学，关系也非常好。施蛰存回忆说："一九二三年秋，我和戴望舒同入上海大学中文系肄业。孔令俊是我们第一个认识的同级同学。我和望舒在校外里弄人家租了一间厢房住宿，课余时间，令俊经常来我们住所闲谈休

他们从 上海大學 走进新中国
(1922—1927)

息。"① 有一天施蛰存、戴望舒见他们很尊敬的老师沈雁冰下课后在和孔令境讲话,好像很熟识的样子,他们觉得很奇怪,后来才知道沈雁冰是孔另境的姐夫。此后,通过孔另境的介绍,他们便经常到沈雁冰家去拜访做客和请教。

在上海大学学生的回忆文字中,有许多关于教师课堂内外的记载,其中孔另境笔下关于瞿秋白上课的一段描写颇为生动,也流布最广,经常被引用。其文字曰:"以四间民屋的课堂连贯辟成的狭长的教室内,拥挤得无从插足。数百颗活跃的心灵期待受听一次庄严的启发。时间在晚上,而地点又落在上海之北郊。四周的民家都已在准备作梦寐的休息了,可是在这狭长的天地里却显得紧张和活跃,仿佛像寂寞空旷的古寺里的一盏'长命灯'。"这还只是孔另境笔下在等待瞿秋白前来上课的一段文字渲染,接着是瞿秋白的出场:"突然一个瘦长白皙的人形出现在前面的讲台上,谁也不注意他是什么时候进入这个讲室,这反乎常例的出现,顷刻镇压了喧嚷的人声,站在讲台上的人仿佛迟疑了一下,又似乎故意等待了一下,才用极低的声压吐出了一句话:'我是瞿秋白。'"这段描述,极像京剧舞台上名角在观众百般期待中的出场、亮相再自报家门所引起的效果。当时孔另境的直觉就是:"这有趣的自我介绍的开场白,要是在绅士淑媛们的集会里,一定要引起一阵喧笑,然而在这里,没有谁觉得可笑,这种没有第三者介绍词的演讲,正是这里的特色之一,大家听见了这一句话的反应差不多是一致的——'不错,你正是我们所仰望的瞿先生!'"② 孔另境写的这一大段文字虽然没有涉及瞿秋白讲课的任何内容,但是以他作家特有的笔触,还是让我们感觉到当时像瞿秋白这样的学者、革命者在经过五四运动洗礼的进步青年心目中的地位和影响。

孔另境在上海大学学习,给他上课的老师除了瞿秋白以外,在中文系有陈望道、邵力子、沈雁冰、田汉、俞平伯、刘大白等,在社会学系则有邓中夏、蔡和森、张太雷、恽代英、施存统等,可以说是名师咸集,这对于孔另境的学识修养和思想影响都是巨大的,前所未有的。他对上海大学一直

---

① 《怀孔令俊》,载施蛰存著《沙上的脚迹》,辽宁教育出版社1995年版,第149页。
② 孔另境:《庸园集》,上海永祥印书馆1946年版,第41—42页;转引自张元隆著:《上海大学与现代名人(1922—1927)》,上海大学出版社2011年版,第118—119页。

充满了感情。他认为上海大学"这是一个奇特的处所,仿佛是一座洪炉,只要你稍稍碰着过它,它就会炙着你的皮肤——不,炙着你的头脑,使你永远地烙着一个严肃和深刻的印子,永生不能磨灭它!"①孔另境将上海大学比作是一座洪炉,不仅仅是指知识学习的洪炉,更主要的是指思想锻造的洪炉。在上海大学,孔另境积极参加各种活动,他深入到工厂,从事工人夜校的教育工作;5月30日,跟随上海大学的游行示威队伍来到南京路进行街头演讲,散发传单,结果被租界当局拘捕,关押了半个月才被释放。也正是经过上海大学这座洪炉的历练,孔另境无论在思想理论还是在革命实践方面都有了提高,于1925年加入了中国共产党。上海大学被租界当局动用英国海军陆战队武力封闭以后,上海大学在党组织和学校行政的领导下,克服种种困难,来到闸北青云路师寿坊建立临时校舍继续办学,师生一起,弦歌不断。孔另境亲身经历了学校所遭受的迫害和变故,但他认为,上海大学"它的精神是永久不会消灭的"②。1925年11月下

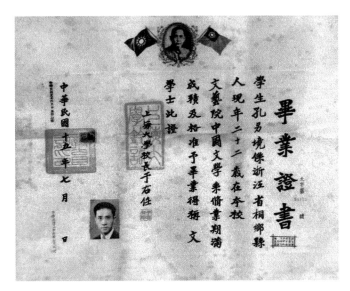

上海大学校长于右任签署的孔另境毕业证书

---

① 孔另境:《梦般的回忆》,载《上海大学留沪同学会成立大会特刊》,转引自《20世纪20年代的上海大学》下卷,上海大学出版社2014年版,第785—786页。
② 孔另境:《梦般的回忆》,载《上海大学留沪同学会成立大会特刊》,转引自《20世纪20年代的上海大学》下卷,上海大学出版社2014年版,第786页。

旬，上海大学浙江同乡会开会进行改选，孔另境和张崇德、崔小立等被选为新一届同乡会的执行委员，他还兼任了调查委员。

1926年春，孔另境正式离开上海大学，来到广州参加国民革命，先是在国民党中央宣传部任职，随即参加北伐军北伐，在武汉前敌总指挥部任宣传科长。蒋介石发动"四一二"反革命政变后，转入地下斗争，任中共杭州县委宣传部秘书，后县委遭到破坏，与党组织失去联系。1928年，赴上海从事写作。1929年春，赴天津南开中学任教，后转河北省立女子师范学院，任出版部主任兼《好报》编辑。1932年暑假前因为党组织传递来自苏联的革命书刊而在天津被捕。后经鲁迅、李霁野、台静农等托人全力营救保释出狱。获释后回上海从事小说、散文创作。1936年冬，任上海华华中学教导主任。两年后，创办华光戏剧专科学校。1942年，赴苏北解放区。1943年回上海，在世界书局主编《剧本丛刊》。1945年初，任新中国艺术学院教务长；5月，被日本宪兵逮捕，日本投降前夕获释，任《改造日报》编辑。1946年，为大地出版社主编《新文学丛刊》，并为春明书店主编《今文学丛刊》。1948年，在江湾中学任教。

新中国成立以后，历任大公职业学校校长，山东齐鲁大学中文系教授，春明书店总编辑，上海文化出版社及上海文艺出版社编辑部主任、上海出版文献资料编辑所编审等职。著作有散文集《齐声集》《秋窗集》《我的记忆——孔另境散文选》等，另有戏剧创作及《现代作家书简》《中国小说史略》等。1972年9月18日逝世，终年68岁。

匡亚明：
两度担任南京大学党委书记、校长的教育家

1980年7月，上海大学学生刘披云在上海达华宾馆接受王家贵、蔡锡瑶采访时，介绍了和他一起在上海大学读书的同学情况。其中在介绍匡亚明时说："匡亚明是上海大学中文系的学生，当时叫匡世，他说要把世界匡在他手中，气派很大。"刘披云在介绍他的这位老同学匡亚明时，匡亚明正在担任南京大学党委书记、校长。

匡亚明，原名匡洁玉，又名匡世，江苏丹阳人，生于1906年。17岁进入苏州第一师范学习。当时正值国共合作时期，他就参加了国民党。根据匡亚明的自述，称："当时，在北洋军阀眼中，共产党是'赤化'，国民党也是'赤化'。因此在地下活动的国民党员被捕被杀的事时有发生。当然，反动军阀对国共两党的限制和镇压事实上还是有区别的。由于我是国民党党员，参加党和学生会的活动较多，特别是'五卅'运动时期更是如此，从而引起校方注意。1926年暑假校方以旷课过多为名将我开除。"①

匡亚明

匡亚明在苏州第一师范学习期间，上海大学教授恽代英、萧楚女曾多次来到苏州一师演讲。匡亚明作为学校学生会干部，参加了接待工作，因此，和恽代英、萧楚女两位老师比较熟识。他被苏州一师开除以后，就写

---

① 国务院学位委员会办公室编：《中国社会科学家自述》，上海教育出版社1997年版，第32页。

信告诉了恽代英,提出想到上海大学来读书,并请恽代英代为说项。恽代英是了解匡亚明的,就欣然同意匡亚明的要求,并积极向学校推荐了匡亚明。这样,经过考试,匡亚明便以"匡世"的名字于1926年暑假后,插班进入上海大学中国文学系二年级学习。

对于在上海大学的学习生活,匡亚明在"自述"中说:"上大的师资力量很强,有陈望道、郑振铎、茅盾、刘大白、冯三昧、蒋光赤等誉满学坛作家、学者。他们既有深厚的学术功底,又有旺盛的革命朝气,讲课内容丰富,对学生要求严格,教学方法多样。除课堂讲授外,还有专题讲座、时事讨论等,允许学生跨系选修。我就曾在社会学系旁听过李季的'资本论浅说'课,收获很大。在浓厚的学术空气中,我所获知识远远超出中国文学的范围,尤其是在治学态度与方法等方面收益更加突出,为我今后从事革命工作和治学打下了基础。"[①]匡亚明的这段"自述"对于我们了解1926年下半年以后上海大学的办学情况有着重要的价值。

匡亚明在上海大学读书期间,全国正处在大革命的高潮之中。随着北伐军的节节胜利,上海各界人民进行了轰轰烈烈的街头宣传和群众募捐活动,声援和欢迎北伐军。匡亚明和多数上海大学学生一样,一边照常上课,一边利用课余时间和星期日走上街头进行宣传募捐活动。为避免遭受反动军警的逮捕,造成不必要的牺牲,匡亚明和同学们一起采取了机动灵活的方式。警察和巡逻队在这里抓人,他们就转移到另一个地方去讲演、散发传单。这种做法被称为游动讲演,效果很好。在参加这一系列活动中,让匡亚明深深感到,上海大学的同学们在运动中所表现出的高度的自觉性、积极性、组织性和纪律性,他自己通过实际斗争的磨炼,与以前相比,也变得老练、成熟些了。1926年9月下旬,匡亚明在上海大学同学蔡泰、罗霖的介绍下加入了中国共产主义青年团,不久就转为中国共产党党员。由于当时匡亚明只有20岁,根据党组织的决定,暂时留在团内做团的工作。到了11月初,根据上海大学党、团支部的建议,经过中共江浙区委的批准,匡亚明被派到引翔港团部委任书记兼党的引翔港部委

---

① 国务院学位委员会办公室编:《中国社会科学家自述》,上海教育出版社1997年版,第32页。

委员。当时引翔港是上海重要的工业集中地区之一,党团工作的工作对象主要是产业工人,匡亚明作为团部委书记,主要工作就是配合党的工作,做好青年工人和童工的工作。根据匡亚明的同学曹雪松回忆,匡亚明"他常到杨树浦一带进行工人运动"①。就这样,匡亚明正式离开了上海大学,走上了职业革命家的道路。

后来,匡亚明曾先后任上海沪东、沪西、闸北等区共青团区委书记及中共区委常委,共青团无锡中心县委书记及共青团江苏省委巡视员。1927年,曾以江苏团省委特派员名义领导宜兴秋收起义。后任中共江苏省委徐海蚌特委宣传部部长、上海总工会秘书长兼宣传部部长。第一、第二次国内革命战争时期,匡亚明在白区坚持革命活动,曾先后四次被捕,受尽酷刑而坚贞不屈,1937年被营救出狱。抗日战争和解放战争时期,匡亚明历任中共中央社会部政治研究室副主任、华东局宣传部副部长兼中共中央华东局机关报《大众日报》社长、总编辑,中共中央山东分局宣传部部长兼政策研究室主任。

新中国成立后,匡亚明历任华东政治研究院党委书记兼院长、中共华东局宣传部常务副部长等职。1955年至1963年任东北人民大学(后更名为吉林大学)常务书记兼校长。1963年起,担任南京大学党委书记兼校长。在"文化大革命"中备受迫害。1978年复出,再次担任南京大学党委书记兼校长。1982年担任南京大学名誉校长。为江苏省第五、第六届人大常委会副主任。

匡亚明在上海大学学习的时间并不长,但是对上海大学充满了感情。1985年11月,他以上海大学校友的身份,为上海大学的重建题

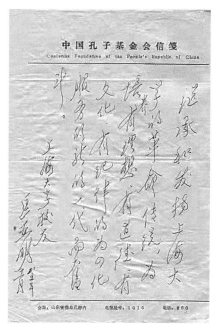

1985年匡亚明为上海大学重建而题词

---

① 《访曹雪松》,原件藏上海市档案馆,档号:D10-1-56。

他们从 上海大學 (1922—1927) 走进新中国

匡亚明塑像

词,称:"继承和发扬上海大学的革命传统,为培养有理想、有道德、有文化、有纪律的为四化服务的新的一代而奋斗。"

1991年,在他85岁高龄时被任命为国家古籍整理出版规划小组组长。1996年12月16日,在南京逝世,终年90岁。

作为学者,匡亚明从1930年就开始出版学术著作,有《社会之解剖》《血祭》《学习列宁的风格》《孔子评传》等著作问世,又翻译了数部列宁的著作。1991年主持国家古籍整理出版规划工作以后,担任"中国思想家评传丛书"主编,连续组织出版了近百种中国思想家评传专著,为中国传统文化和中国历史上杰出的思想家研究作出了重要贡献。匡亚明在新中国曾长期担任国家重点高校吉林大学、南京大学主要领导职务,是著名的教育家。2006年3月,在匡亚明诞辰100周年之际,南京大学决定将基础学科教育学院命名为匡亚明学院,以纪念他对南京大学的发展作出的杰出贡献。

雷晓晖：
最后一位逝世的
中共"五大"代表

1927年4月27日至5月9日，中国共产党第五次全国代表大会在武汉召开。出席大会的有陈独秀、蔡和森、瞿秋白、毛泽东、任弼时、刘少奇、邓中夏等80多位代表。其中，由湖北选出的女代表雷晓晖，是中共"五大"代表中最后一位逝世的。她于2005年1月8日在南充病逝，终年100岁。

雷晓晖

雷晓晖，又名雷兴政、雷志烈，四川安岳人，生于1905年。她从小受父亲影响，具有反叛思想，不缠脚，不穿耳。7岁时进私塾，读《女四书》《烈女传》和《女儿经》。雷晓晖对这些书很反感，与塾师顶撞起来而弃学回家，由父亲亲自教读《三字经》《四字经》《百家姓》和《增广贤文》等蒙学教材。1916年进入安岳县立小学学习。13岁时就读于县立女子蚕桑传习所，所长具有新思想，他所宣传的"男女平等""实业救国"思想深受学生拥护，但为县当局所不容，下令停办这个传习所。雷晓晖在进步教师的带领下，积极参加了护校运动，赶跑了这个昏聩落后的县长。1920年，考入成都省立第一女子师范学校中学部。1922年6月，成都爆发了为争取教育经费独立的学生罢课游行请愿活动。为了扩大声势，李硕勋、阳翰笙受四川学联总会派遣到一女师联系，雷晓晖被同学们推为代表与李硕勋、阳翰笙联系，投身到这场运动中去。最终，这场斗争取得了胜利。但是，作为学生领袖，雷晓晖却被校方开除。她便离开成都，来到重

庆,进入重庆第二师范学校继续学业。当时,萧楚女在重庆二师任教。在萧楚女的引导下,雷晓晖思想进步很快,初步具备了革命觉悟,更加积极地投身反帝、反封建、反军阀的斗争活动。1925年3月,20岁的雷晓晖还被四川各界推选为国民会议促成会全国代表大会代表,赴北京参加会议。她也成为四川学生运动的领袖之一。后接到在上海大学社会学系读书的李硕勋来信,邀她到上海报考上海大学,于1925年7月以雷兴政之名考入上海大学社会学系。这一年的7月20日,《民国日报》刊登上海大学录取新生布告,其中有"社会学系二年级(试读生)雷兴政"。这样,雷晓晖和李硕勋、阳翰笙成为上海大学社会学系的同学。

上海大学开学以后,校舍迁到了闸北青云路师寿坊,作为临时校舍。虽然被称为"弄堂大学",但是雷晓晖在学校里受到了很好的马克思列宁主义的教育,社会学系的系主任是共产党员施存统,恽代英、蒋光慈等共产党员也在学校任教,尤其是雷晓晖在重庆二师的老师萧楚女也在上海大学担任教授。在这样的环境下,雷晓晖进步很快。1925年10月,加入了共青团;12月,在李硕勋、阳翰笙的介绍下,加入了中国共产党。雷晓晖在党组织的领导下,积极参加革命活动。1925年11月29日,上海大学学生、工人领袖刘华被反动当局逮捕,雷晓晖根据上海大学党组织负责人阳翰笙的要求,与吴竹君一起去打听刘华被军阀当局关押的地方,以便营救。通过努力,终于弄清楚刘华被关押的准确地址,受到党组织的表扬。1926年1月,她参加了由上海大学建筑校舍募捐委员会组成的"上海大学募捐团",来到广州进行募捐活动。任务完成回到上海以后,就根据党组织的安排,于这一年3月正式离开上海大学,来到重庆,走上了新的革命道路。

在重庆,雷晓晖在中共四川省工委书记杨闇公安排下任国民党四川省党部妇女部部长。她积极组织和发动妇女,组建了"重庆各界妇女联合会",把重庆的妇女运动推向了新的高潮。8月,雷晓晖被选举为全国妇女大会代表。万县惨案发生后,她参加了"雪耻执行委员会",由于斗争激烈、工作繁忙,未能出席在广州召开的广州国民党中央妇女部妇女代表大会。

1927年1月,雷晓晖受党组织派遣来到武汉,与昔日的革命引路人、挚友李硕勋和他的妻子、上海大学的同学赵君陶并肩战斗。当时，李硕勋任国民革命军第二十五师政治部主任，赵君陶任湖北省妇女协会宣传部部长，雷晓晖任汉口市妇女协会宣传部部长。她大力组织妇女开展反帝反军阀的运动，由于工作出色，1927年初，雷晓晖被湖北选区选为党的"五大"代表。1927年4月27日至5月9日，雷晓晖在武汉光荣地出席了党的第五次全国代表大会。1927年，"七一五"反革命政变后，武汉形势十分危急，雷晓晖再度转移至重庆。这时，重庆党组织遭到严重破坏，杨闇公等许多共产党人惨遭杀害。为防不测，她将原名雷兴政改为雷志烈。雷晓晖到重庆后又辗转至宜宾，被安排任宣传部部长。1928年初，到潼南县双江镇教书，和共产党员杨衡石（又名杨尚麟，杨尚昆的二哥）一起建立了潼南县第一个地方党组织——中共双江支部，由杨衡石任支部书记，雷晓晖负责宣传。1929年秋，经党组织研究同意，让雷晓晖利用她在川军第二十八军第二混成旅任军需处处长兼广汉县县长的堂叔雷语高的关系，进入第二混成旅担任行营秘书，并以广汉女中校长的身份作掩护。雷晓晖在曹荻秋的领导下积极在国民党驻广汉军队中开展兵运工作，负责联络和情报传换工作。1930年10月25日，参加了由曹荻秋、罗世文、车耀先等领导的震惊巴蜀的广汉起义，建立了广汉苏维埃政府，曹荻秋任苏维埃政府主席，雷晓晖等20人为委员。起义失败以后，遭到敌人的追捕，又回到重庆，改名为雷晓晖。1931年9月，李硕勋在海口英勇就义，妻子赵君陶带着一双儿女来到重庆，雷晓晖把赵君陶一家接到家中，共同生活了半年多时间。从1931年至1949年，为躲避敌特搜捕，她辗转重庆、巴县、北碚、广安一带，以教书为职业，一路播撒革命火种，并于1946年在广安恢复重建了党的地下组织。

　　新中国成立后，雷晓晖同志一直在广安、南充教育战线工作。1950年2月任广安城关区第一小学校长，后到广安师范和广安一中任教，1957年，她被错划为"右派"，从此工作和生活都处在逆境之中。但她坚信自己的历史是清白的，于是分别给聂荣臻和已担任全国政协常委的阳翰笙去信，求助他们给予自己证明。1979年5月21日，中共中央军委聂荣臻副主席办公室给雷晓晖发来一封证明信，信中说："雷晓晖同志：来信悉。荣臻同志说，他是'五大'代表，记得你也是'五大'代表，以后'四一二'

他们从 上海大學 走进新中国
(1922—1927)

反革命政变发生,他奉命去上海了解情况,因此没有出席'五大'。特此证明。"6月3日,阳翰笙也给南充市委落实政策办公室发来证明信,信中说:"雷兴政(现名雷晓晖)同志和我是上海大学社会系同班同学,我当时是上海大学的党总支书记,所以对她的情况比较了解。她1925年参加了革命,在'五卅'运动和北伐时期都是很活跃的积极分子,为党做了很多工作并参加了共产党。1927年在党在武汉召开第五次全国代表大会时,她是湖北区的代表之一。雷兴政同志当时在武汉从事妇女运动,是武汉妇女工作的骨干分子。当时党中央是由蔡畅和邓颖超负责妇女工作,所以雷兴政同志和邓大姐的确有过工作关系。当时我在武汉国民革命军第四军做党的工作,所以上诉情况我可以作证。"① 由于有聂荣臻和阳翰笙的书面证明,雷晓晖的这段不凡的革命经历才被承认,她的一切问题也随之而解决。紧接着,中共中央组织部来公函,承认雷晓晖1925年参加革命和"五大"党代表资格,享受地市级的待遇。1983年,阳翰笙出差到四川,专程将雷晓晖这位他在上海大学学习的老同学接到重庆,同学、战友劫后重逢,真是道不尽的千言万语。1985年,80岁的雷晓晖被批准离职休养。从1995年开始,雷晓晖多次为家乡安岳"希望工程"捐款,又多次将自己省吃俭用积下的钱缴纳特别党费,表达了一个老共产党员对党、对人民的无限热爱之情。

---

① 倪良端:《中共"五大"代表雷晓晖波澜曲折的革命人生》,《文史春秋》2010年第4期。

李秉乾：
陕西省林业战线上的领导人

1924年9月13日，《民国日报》刊登了题为《上海大学西北省区学生李秉乾等来函》，针对13日《民国日报》所刊出的"旅沪豫晋秦陇四省协会通电四则"提出了严厉的批评，认为通电对盘踞陕豫地区多年的反动军阀刘镇华及直系军阀竭尽乞怜、献媚、吹捧之能事，提出"当此举国讨贼之际，吾人唯有团结国民，一致作国民革命，根本推翻军阀制度，而彼等则乞怜于反革命之督军师长、旅长、镇守使等，况此辈军阀方忠直系，尚在打倒之列，求贼攻贼，何竟愚蠢？苟非别有用心，何致如此失体"。信

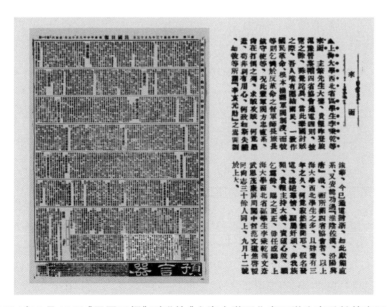

1924年9月13日《民国日报》刊登的《上海大学西北省区学生李秉乾等来函》

他们从 上海大学 (1922—1927) 走进新中国

李秉乾（右一）陪同杨虎城一家游览杭州岳坟（图片来源：陕西省地方志编纂委员会编《陕西省志·第七十九卷·人物志（中册）》，陕西人民出版社2005年版，第203页）

函还提出，所谓"旅沪豫晋秦陇四省协会通电四则"是明显盗用了上海大学西北学生的名义："而所谓四省协会者，以上海大学西北学生之多，且肄业有三年之久，何竟寂然无闻耶？"李秉乾等愤怒地表示："假名发电，违逆群情，显属奸顽，非我族类，贵报主持大义，责望心殷，愿乞篇余，赐之更正，毋任感祷。"这一"来函"，表达了上海大学西北省区学生反对反动军阀的正义和进步立场。而其署名为"上海大学西北省区学生李秉乾、冯文彦、武思茂、康屏周、关中哲、范文道、焦启恺、何尚志三十余人同上，九月十二号于上大"。显然，这次投函于《民国日报》主笔的活动，是李秉乾为首发起组织的。

李秉乾，又名李子健，陕西三原人，生于1901年。1922年毕业于渭北中学。1923年考进上海大学社会学系学习。1924年4月编印的《上海大学一览》，在"学生一览表"的"社会学系"一栏中，记有："姓名：李秉乾；年龄：23岁；籍贯：陕西；通讯处：渭北中学校转。"在上海大学，李秉乾接受了马克思列宁主义的系统学习，无论在思想认识上还是在马克思列宁主义理论方面，都有了长足的进步。1924年加入中国社会主义青年团，不久就转为中国共产党党员。1924年8月，李秉乾根据中国社会主义青年团中央的决定，利用学校放暑假回到家乡，进行团组织的发展工作。在他的工作下，三原地区十几位进步青年加入了青年团，并成立了青年团三原特别支部,其中就有后来也到上海大学社会学系读书、成为中国共产党内杰出的马克思列宁主义著作的翻译家张仲实。这一年的年底,又利用学校放寒假,回到三原开展国民会议运动。1925年1月,在三原成立了国民会议促进会。回到上海大学以后,于1925年初与杨明轩、马文彦等一起创办上海大学陕西同乡会的会刊《新群》半月刊。同年8月,又在三原与蒲子政、亢维恪等创办《渭北青年》,宣传反帝反封建思想。共青团三原特支通过渭北青年社,组织青年学习《新青年》《向导》和一些马克思主义著作,在引导青年参加革命活动方面发挥了积极作用。

1925年10月,根据党组织安排赴苏联学习,1926年11月回国。1927年5月,协助耿炳光等筹建中共陕西省委;7月上旬,陕西省委建立,李秉乾任省委委员;9月26日,省委召开第一次扩大会议,正式选出省委领导成员,李秉乾担任省委常委、宣传部部长。1928年初,在陕西被国民党逮捕,1929年5月出狱后脱党。此后在《西安日报》《天津大公报》《西北文化日报》《青年日报》等报刊担任编辑。1942年与杜斌丞、杨明轩等一起创建民主政团同盟西北地方组织。中国民主同盟西北总支部成立时,任宣传部副部长。1945年8月担任《秦风工商日报联合版》社论编辑。

1947年5月3日,国民党中央社发表文告,诬陷"民盟组织已为中共所实际控制",是"甘为中共之新的暴乱工具",为更加疯狂地迫害民主党派、镇压民主运动作舆论宣传。驻陕西的国民党军警宪特正酝酿对民盟西北总支部领导人下毒手。在这种形势下,李秉乾转移到上海,与民盟西北总支部留沪同志成立了临时民盟西北总支部驻沪联络组,继续从事民主运动。

新中国成立后,李秉乾历任陕西省林业厅厅长、中苏友好协会西安分会副主任、陕西省人民政府副秘书长、陕西省人民委员会委员、陕西省政协委员、中国民主同盟中央委员、民盟西北总支部秘书长、民盟陕西省委员会副主任委员。1966年9月逝世,终年65岁。

1957年,李秉乾被错划为"右派",撤销了一切职务。在"文化大革命"初期,李秉乾曾受到冲击。1980年1月,中共陕西省委为李秉乾平反昭雪,恢复了名誉。

李季:
《社会主义史》的翻译者

李季

《社会主义史》是英国著名的社会主义者柯卡普的代表作,它是传播马克思主义的一部经典著作。1920年10月,由李季翻译、蔡元培作序的中文版《社会主义史》由上海新青年杂志社出版,该书出版后影响很大,1936年,毛泽东在延安和斯诺谈话时曾说,他在读了陈望道翻译的《共产党宣言》、李季翻译的《社会主义史》等书之后,"在理论上,而且在某种程度的行动上,我已成为一个马克思主义者了"。

李季,又名原博、卓之,字懋猷,号恊梦、移山郎,湖南平江人,生于1892年。从小进乡塾读书。由于他聪颖过人,塾师怕耽误他的日后学习,便向他的父亲建议将李季送到外面的学校去读书。这样,李季便来到岳州中学读书。1912年,李季考入设在长沙的湖南省高等商业学校,一学期后,转入湖南高等师范学校英文科就读。1915年秋天,在湖南高等师范学校还没毕业,李季考入北京大学英文科。大学二年级时,李季用文言文翻译了著名学人辜鸿铭的英文社论。此举得到了正在北大任教的辜鸿铭的高度赞赏,一时间,李季成了北京大学的新闻人物,便从此走上了编译著述的道路。1918年,李季从北京大学毕业,曾一度返乡。后回北京,在北京大学担任预科一年级英文作文和文化教员。1919年爆发了震惊中外的五四运动,李季以教师的身份投入到五四运动之中。日后据他自己说,当时"新思潮震荡全国,真有'一日千里'之势"

（《我的生平》）。五四运动对他的思想影响很深，他开始大量阅读新书，钻研社会学。由于当时国内的书刊满足不了他的求知欲，于是直接阅读英文原著，接触了社会主义思潮。为了弄清风靡国际的社会主义思潮的来龙去脉，他用心研读了英国人柯卡普写的《社会主义史》这本书。看过以后，萌生了翻译这本书的想法。于是，在教学之余，用了三个月的时间，完成了这部有22万字之多的著作，并于1920年10月出版。北京大学校长蔡元培欣然为这本

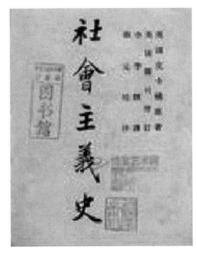

李季翻译的《社会主义史》

书作序。这本书的问世，得到了蔡元培、胡适、张申府的多方帮助，李季在《社会主义史》的"序言"中，称："蒙蔡孑民先生代译好些德法文书报名，胡适之先生指示疑难之处，张申府先生改正各专名词的译音。"这本书在逻辑上较客观、系统地传播了社会主义发展史，对我国第一代马克思主义者树立坚定的马克思主义政治信仰影响甚大；在内容上从空想社会主义讲起，一直说到第一次世界大战前夕欧洲和美国、日本社会主义运动的历史及相互关系。这本书还系统地论述了阶级斗争，所以，毛泽东还多次在不同场合说过，李季翻译的这本《社会主义史》是他"得到关于阶级斗争启蒙的三本书之一"。

五四运动拉开了中国新民主主义革命的帷幕。五四运动后不久，随着马克思主义在中国的传播及其同中国工人运动的初步结合，建立工人阶级政党的任务被提上了日程。1920年5、6月间，陈独秀与李汉俊、俞秀松、施存统等在上海开始筹划成立中国共产党早期组织等事宜。李季于当年8月27日离开北京，应聘到山东枣庄中兴煤矿公司任翻译，其间又和沈雁冰、黄凌霜一起翻译了罗素的《到自由之路》。得知陈独秀等在上海筹划成立中国共产党早期组织的消息后，即来到上海，参加了上海中国共产党早期组织的创建工作。1920年12月5日，陈独秀应广东省长兼粤军总司令陈炯明邀请，离开上海南下广州出任广东省教育委员会委员长兼

大学预科校长,李季也跟随陈独秀到达广州,参与了广州中国共产党早期组织的创建工作。由中共中央党史研究室所著的《中国共产党的九十年》一书,将李季列在了广州共产党早期组织成员名录之中[①]。在广州,陈独秀先后聘请李季为第一中学校长、广东省视学等职,均被李季以译事繁忙而力辞。后陈独秀提出筹建编译局,聘请李季为驻英国编译。这样,李季于1922年出国进德国法兰克福大学经济系,1924年转入苏联东方大学。1925年五卅运动后回国,于当年受聘担任上海大学教授。

《民国日报》于1925年8月7日刊登报道,称上海大学"自被捕房压迫后,该校内部力加扩充,除进行校舍建筑等物质方面之建设外,尤竭力于教授人才之罗致。闻该校除原任教授稍变更外,又新聘定国内外知名学者如金仲文、周由廑、沈雁、李季、陶希圣、瞿秋白、杨杏佛、邵元冲、张凯龙、李守常等十余人为教授及特别讲座"。等到李季于当年秋季开学到上海大学任教时,上海大学的校址已迁到闸北青云路的师寿坊了。在上海大学,李季主要讲授的课程是"马克思主义"和"政治经济学"。据上海大学的学生薛尚实回忆,李季主讲的"马克思主义是按照《马克思及其生平著作和学说》一书讲解,此书以后作《序》出版,改名为《马克思传》。政治经济学的课本是用德国博洽德著的《通俗资本论》译本"。薛尚实还说:"这两本书也就是他编译的,由上海书店印刷发行,当时系里的同学差不多人手一册。"[②] 上海大学另一名学生周启新回忆说,李季"在上大教授时,曾拟著述《马克思恩格斯传》,内容包括两人生平、著作、学说及其批判等,预计四百万言,虽未完成,但讲授社会主义史大都取材此书,也将编著计划在课堂上讲述"[③]。上海大学教师郑超麟则说李季上课还以他自己翻译的《通俗资本论》作为讲义[④]。上海大学中国文学系学生、后来在新中国两度担任南京大学校长的匡亚明在回忆中说上海大学师资力

---

① 中共党史出版社、党建读物出版社2016年版,第30页。
② 薛尚实:《回忆上海大学》,载《文史资料选辑》(第二辑),上海人民出版社1979年版,第65页。
③ 周启新:《上海大学始末》,载《文史资料选辑》(第一辑),上海人民出版社1981年版,第122页。
④ 郑超麟著:《郑超麟回忆录(1919—1931)》,东方出版社1996年版,第108页。

量强,"讲课内容丰富,对学生要求严格,教学方法多样。除课堂讲授外,还有专题讲座、时事讨论等,允许学生跨系选修。我就曾在社会学系旁听过李季的'资本论浅说'课,收获很大"①。《湘锋》是上海大学湖南同乡会"湘社"主办的一个刊物,于1925年12月创办出版。作为湖南人,李季对这本刊物的出版表现出极大的支持。在《湘锋》的创刊号上,李季发表了他那篇著名的《马克思通俗资本论序言》。《马克思通俗资本论》的作者是德国学者博洽德。博洽德以治马克思主义学说著称,他曾潜心研究《资本论》30年之久。1919年出版了《马克思通俗资本论》,立即风靡全球,被译成英、俄、法、日等文字出版发行。李季的译本是根据1922年出版的第四版德文原本译出。李季在这篇序言中,批评了胡适、马寅初、陶孟和、谢瀛洲等对马克思学说的歪曲和种种讹误糊涂观点,介绍了博洽德的《马克思通俗资本论》的主要内容,称"博氏所编纂的《资本论》则含有三卷中最重要的学说,其中文字有百分之九十以上是出自马克思自己的手笔,博氏的任务只是用些承接的文字,将马氏的作品结合起来,或是将马氏艰深的文句,使之通俗化。因此,我们一读此书,即真正读了马克思资本论的简明本,这是本书比其他任何类似著作的价值独高的地方"②。李季在发表的这篇"序言"最后,特意"写上一九二五年十二月,序于上海大学"③。无疑,李季在上海大学传播马克思主义方面是作出一定贡献的。

在上海大学,李季除了在课堂授课以外,还热心参加学校其他的一些活动。1925年10月21日,上海大学社会科学研究会召开新学期第一届大会,会议选举了新的一届执行委员,修改了章程。在会上,李季以研究会指导员的身份应邀发表演讲,提出应该"用辩证逻辑来研究社会科学"④。1926年3月21日晚上6时,上海大学在四马路(今福州路)倚虹楼举行教职员聚餐会,会上学务主任陈望道介绍了会议的目的意义。会议

---

① 国务院学位委员会办公室编:《中国社会科学家自述》,上海教育出版社1997年版,第32页。
② 《20世纪20年代的上海大学(下卷)》,上海大学出版社2014年版,第739页。
③ 《20世纪20年代的上海大学(下卷)》,上海大学出版社2014年版,第742页。
④ 《民国日报》1925年10月23日。

改选上海大学行政委员,结果李季和陈望道、周越然、韩觉民、侯绍裘、施存统、朱复、杨贤江、刘大白等9人当选,李季从而进入上海大学的决策层。4月10日,上海大学中国文学系和英国文学系两个系的"丙寅级"("丙寅"即1926年)的学生由于即将毕业,在一品香举行聚餐会,上海大学的教职员和学生共60余人到会。李季和陈望道、周越然、田汉、朱复、韩觉民等教授相继在会上发表演说,对学生的毕业表示祝贺和勉勉。这一年的4月,《寰球中国学生会特刊》刊登了《上海著名大学调查录》。在介绍上海大学时刊登了"各科教授"的名单,在"社会学系"一栏中,介绍了施存统、李季、郑兆林、陶希圣、陈望道、杨贤江、尹实甫、韩觉民、蒋光慈、沈志远、哥本可夫司基等11位教授。4月以后,施存统根据党的安排离开上海大学以后,李季就担任了社会学系系主任一职,成为继瞿秋白、施存统以后社会学系的第三任系主任。

1927年李季到武汉任中央军事政治学校社会学教授。大革命失败以后,回到家乡平江。1929年参加了托派组织,被中国共产党开除党籍。1934年,李季自行脱离托派组织,从此埋头编译著述。在1933年出版《我的生平》,自述他的经历及对一些社会问题的看法。李季在新中国成立之前的译著,还包括马克思的《价值价格及利润》、威尔的《科学的社会主义之原理》、里普奈西《不要调和》三本著作。

新中国成立以后,李季任国家出版总署特约翻译。1950年12月21日,《人民日报》刊登了《李季的声明》。在这份声明中,李季检讨了自己参加托派的错误,并对自己这段经历表示忏悔。他最后表示:"我愿诚恳地在中央人民政府和中国共产党的领导之下,站在自己的岗位上,以最大的热忱,为祖国工作。"李季在担任国家出版总署特约翻译期间,译有《马克思恩格斯通讯集》《现代资本主义》等。著有《马克思传》《卡尔·马克思诗传》《燕妮·马克思诗传》等,详尽介绍了马克思的生平和马克思主义理论。

1967年2月,李季在上海病逝,终年75岁。

李敬泰：
奉党的指示在西北军中从事兵运工作的大学生

2010年9月，北京时代弄潮文化发展有限公司出版了《曾经的三秦歌谣》和《秦陇谚语歇后语集萃》两本书，分别收集了流行于陕西、甘肃一带的民间歌谣和谚语、歇后语，并作了一定的注解。这两本书的出版，对于读者了解我国西北地区的民间歌谣和谚语、歇后语都有一定的帮助，也是推介西北地区文化的一个窗口。这两本书的作者，是李敬泰和他的儿子李禾。

李敬泰

李敬泰，又名李品仙，陕西渭南人，生于1901年。他先在自己的家乡下邽镇读小学，1919年，高校毕业后考入西安私立学校。1921年2月，考入天津南开大学。1923年8月，转入上海大学，进社会学系学习。1924年4月编印的《上海大学一览》，在"社会学系"的学生一栏中，记有："姓名：李敬泰；籍贯：陕西。"李敬泰在上海大学社会学系读书期间，这个系正云集了一大批中国共产党的早期党员和领导人，邓中夏是上海大学总务长，瞿秋白任上海大学教务长兼社会学系主任，恽代英、蔡和森、施存统、安体诚等都在社会学系任教授。1924年8月以后，张太雷、任弼时、蒋光慈、萧楚女等也先后来到上海大学任教，上海大学成为传播马克思列宁主义的一个重镇。李敬泰在社会学系，除了学习社会学系的专业知识以外，还系统地学习了马克思列宁主义的基本理论，提高了马列主义的修养和水平，并在上海大学党组织的领导下，参

加了校内外的各种活动,无论在思想上还是行动上都有了很大的提高和进步。1924年3月加入了中国社会主义青年团。1925年5月,由同样来自陕西的同学邹遵、武止戈介绍,加入了中国共产党。

1925年春,苏联政府决定派遣顾问到冯玉祥的西北军帮助工作,在中国共产党的安排下,李敬泰和上海大学中文系学生、共产党员王环心一起,受命到西北军开展兵运工作。李敬泰与王环心等11人以"北上军运十人团"(实际人数为11人)的名义,先到北京,在李大钊的安排和主持之下,在苏联驻华大使馆学习了一个月后,于6月中旬,和王环心一起被派到河南辉县,进入国民军驻辉县的国民军第二军骑兵第一旅步兵第一团马天佑部工作。他们以军部名义成立辉县驻军俱乐部,创办青年训练班,在驻军中广泛开展政治理论和时事学习,向广大军民宣传马克思列宁主义和革命思想,利用各种纪念节日召集群众大会,进行革命宣传,扩大党的影响。他们还吸收当地青年参加俱乐部活动,并发展了其中5名进步青年加入共青团组织,并帮助当地建立了中共基层组织,为党培养了一批优秀的骨干。11月,反奉战争爆发以后,李敬泰和王环心、杨子江等根据党的指示,以卫辉纱厂工人和辉县进步学生为主,组成十几人的"随军北上宣传队",离开了辉县。12月,李敬泰又奉党组织的命令,担任了国民二军骑兵第一旅步兵第一团三营营副。后该旅被奉军打败而被收编,李敬泰便于1927年2月奉命回到陕西工作。

1927年3月,李敬泰被党组织任命为中共西安第二部委书记,5月,调任国民军驻陕总司令部政治部编辑部主任。4月12日蒋介石在上海发动反革命政变,李敬泰转入地下,来到华县私立咸林中学担任教员。1928年,参加了渭华起义。起义失败以后,李敬泰便与党组织失去了联系。直到1935年2月至1936年1月又回到咸林中学教书期间,才与地下党组织取得联系。但是,在当时的险恶环境下,他不断受到特务的追踪迫害,只得辗转各地,以教书谋生并作掩护,一直到西北解放。

新中国成立后,李敬泰历任西北军政大学教员、长安一中副校长、长安二中校长、陕西省文教厅编辑。1953年起,到陕西省图书馆工作,任历史文献部主任。1966年离职休养。1974年病逝,终年73岁。

李敬泰有较高的马列主义理论素养和文字写作编辑能力。他于

李敬泰、李禾编《曾经的三秦歌谣》

1925年就发表了《列宁主义与世界革命》的文章,1932年前后,还发表有《日本帝国主义与中国民族解放运动》的文章。新中国成立后著有纪实小说《大旱度日记》和诗词《解脱集》等。李敬泰对西北的民间文化情有独钟。在1932年前后曾发表过《陕西的农谚》等文章。2010年9月出版的《曾经的三秦歌谣》和《秦陇谚语歇后语集萃》是他生前搜集、由其子李禾整理出版的。李禾生于1934年,继承了乃父的文字写作和编辑能力,著有长篇小说、短篇小说多部,退休前任甘肃省作家协会副主席。

李平心：
中国第一部研究鲁迅的
权威著作的作者

李平心

1936年10月19日，鲁迅先生在上海病逝。1941年，李平心所著的《论鲁迅思想》出版，后来再版时改名为《人民文豪鲁迅》。这本书通过对鲁迅先生思想的研究、总结，用历史唯物主义的观点，分析叙述了鲁迅先生是怎么从一个接受进化论、尼采主义思想到成为确信"惟有新兴无产者才有将来"的社会主义者的过程，并以这个过程，来反映中华民族的精神和面貌，激励人们向鲁迅学习，发扬鲁迅的革命战斗精神。这是鲁迅逝世后第一部系统研究鲁迅思想的专著。1956年，许广平同志曾推荐这本书，认为这是了解鲁迅、研究鲁迅的第一本著作。

李平心，原名循钺，又名圣悦，笔名李鼎声、邵翰齐等，江西南昌人，生于1907年。开蒙于干家后巷私塾，后先后到模范小学和心远中学完成小学和中学课程。1925年8月，考入上海大学社会学系。这一年的9月新学期开学，上海大学在闸北青云路师寿坊建立了临时校舍。在当时的上海大学，虽然瞿秋白、邓中夏、张太雷、蔡和森等已先后离开上海大学，但恽代英、萧楚女、蒋光慈、施存统、杨贤江、沈泽民、萧朴生、侯绍裘、张秋人等中国共产党早期党员、领导人和理论家等依然活跃在讲坛上和革命活动中。在这样一个充满着革命热情的红色学府中，18岁的李平心开始接触马克思主义理论和系统学习社会科学知识，确立了历史唯物主义的世

李平心：中国第一部研究鲁迅的权威著作的作者

界观，为他日后从事社会科学研究、成为马克思主义历史学家打下了坚实的基础。

1927年1月，李平心离开上海大学，来到浙江第六师范学校任教，并与曹亮一起编辑出版《世界月刊》，宣传马克思主义。2月，在当地加入了中国共产党。4月12日，蒋介石在上海发动反革命政变，李平心遭到通缉，于6月转道临海潜至上海，在中共上海沪东区委从事宣传工作。1928年2月，李平心加入蒋光慈、钱杏邨等领导的太阳社。他响应创造社、太阳社提倡的撰写革命文学的号召，发表了歌颂无产阶级英勇善战革命精神的作品。4月，因叛徒出卖，被国民党当局逮捕入狱。半年后，经保释回到南昌乡下。1930年5月重回上海，先在中共上海市法兰区区委工作，后经恽代英推荐，在党中央领导的全国苏维埃代表大会准备委员会担任秘书工作，并参与起草了《苏维埃土地改革法》《苏维埃教育改革法》《苏维埃选举法》等重要文件。1931年1月，全国苏维埃代表大会准备委员会遭到反动当局严重破坏，林育南等20多人先后被捕，2月7日，林育南、何孟雄等18位共产党员被国民党反动当局杀害于上海龙华，其中包括李求实、柔石、胡也频、冯铿、殷夫五位左联成员。李平心幸未遇难，得到消息后立即避往他处，但从此与共产党组织失去联系。此后，李平心便长期坚持在马克思主义理论指导下从事学术研究和各项社会进步事业。1931年"九一八"事变后，李平心先后主编《现实周刊》《自修大学》等刊物，积极宣传抗日救亡。1942年12月，不幸被日寇捕入狱中，受尽折磨，后经地下党等各方人士营救，始得出狱。抗战胜利后，于1945年12月30日，与马叙伦、王绍鏊、陈巳生、许广平、赵朴初、周建人等共同发起创建了进步组织"中国民主促进会"。这一时期，李平心经常在《民主》《周报》《文萃》《时代》《文汇报》《联合晚报》等进步报刊上撰文和在群众团体集会上发表演说，严厉抨击蒋介石的法西斯统治和内战阴谋，坚决主张实现和平、民主和统一，为日益高涨的爱国民主运动奔走呼喊。

新中国成立之后，李平心曾任《文汇报》特约主笔。1952年8月，应聘任华东师范大学历史系教授，从此专事大学教学和科研工作。他历任中国民主促进会中央理事、全国政协委员和上海史学会副会长。"文化大革命"开始后，李平心因公开反对林彪、"四人帮"一伙的极"左"路线，

惨遭迫害,于1966年6月15日含冤逝世,终年59岁。1978年6月党组织为李平心平反昭雪,恢复名誉,并为他举行了骨灰安放仪式。

李平心是较早用马克思主义的立场、观点、方法观察和分析社会问题,并用于社会学研究的学者。他作为进步学者,办进步刊物,著书立说,宣传马克思主义和民主思想,先后出版了《中国近代史》《中国现代史初稿》《全国总书目》《人民文豪鲁迅》《从胜利到民主》等著作,译有《社会主义词典》,是成就卓著的马克思列宁主义的历史学家。1983年人民出版社出版了《李平心史论集》,1985年华东师范大学出版了《平心文集》。

李逸民：
新中国公安部队的开国少将

在上海大学最早的一批学生中，有部分是直接从前身上海东南高等师范专科学校转过来的，其中就有来自浙江龙泉的季步高和他的表兄李逸民。季步高和李逸民后来一起考入黄埔军校。季步高于1928年冬天，在担任中共广州市委书记的任上，英勇就义于红花岗；李逸民则在党的领导下，南征北战，屡经考验，成为新中国的开国少将。

李逸民

李逸民，原名叶书，字有基，乳名怡菁，浙江龙泉人，生于1904年。童年时代他在邻村大舍高等小学读书。1920年春考入省立第十一师范附属小学三年级插班生。1921年，考入杭州法政专门学校。在校期间，经常到浙江图书馆去看《新青年》《浙江潮》等进步书刊和达尔文的"进化论"等宣传科学的书籍。1922年夏，进入上海东南高等师范专科学校。上海大学成立以后，转入中国文学系学习。他在上海大学，是以"叶书"的名字注册的。1924年4月编印的《上海大学一览》，在"学生一览表"的"中国文学二年级"一栏里，记有："姓名：叶书；年龄：21；籍贯：浙江龙泉；通讯处：龙泉叶长丰号转李登村。"与他同时从东南高等师范专科学校转到中文系的表弟季步高以及来自江西永修的王环心、王秋心等也都在名册上。1923年8月19日，季步高写信给父亲报告他和表兄李逸民在上海大学的情况时称："男等十八日抵沪，校中上课才一星期有余，欠课甚少，校址仍

他们从 上海大學 (1922—1927) 走进新中国

在闸北青岛路。男与叶书(即李逸民)租屋于校旁仁兴里十二号,每月房租共四元半,三月余计算,较住校便宜十余元,但床架桌凳须自己办而已。"通过这封信可了解李逸民及其表弟季步高在上海大学读书的一点信息。

1923年4月以后的上海大学,集中了邓中夏、瞿秋白、恽代英、张太雷、蔡和森、施存统等一批中国共产党的早期党员和领导人,他们在课堂内外,教授和宣传马克思列宁主义的基本原理,在党组织的领导下开展革命活动。李逸民在这样的学习环境中接受了马列主义的系统教育,也在校内外的革命活动中得到锻炼。五卅运动爆发,上海大学师生担当了这次反帝爱国斗争的主力和先锋,李逸民也投身到这一轰轰烈烈的革命浪潮中,经受了磨炼和考验,政治思想觉悟和能力有了新的提高。

五卅运动以后,李逸民投笔从戎,离开上海大学,报考了黄埔军校,成为第四期学员。1925年9月,李逸民在参加第二次东征中,由军校政治部主任熊雄和麻植介绍加入了中国共产党。1926年毕业以后,奉命留在黄埔军校任政治部宣传干事,参加了《黄埔日刊》的编辑工作。1927年,任国民革命军第二十四师教导大队政治指导员。大革命失败以后,李逸民离开广州,参加了南昌起义。在战斗中他的队伍被打散,只好孤身来到上海从事党的地下工作,担任了中共江苏省委军委兵运委员,在李富春领导下工作。1928年春,被英国巡捕房逮捕,后被转送至国民党监狱,被钉上一副十五斤重的铁镣,开始了长达十年的牢狱生活。由于敌人始终弄不清他的身份,最后以军事犯判处他"无期徒刑"。他先后被关押在上海漕河泾监狱、苏州军人监狱和南京中央军人监狱。在国民党威逼利诱、严刑拷打、被判无期徒刑的险恶条件下,他始终充满革命乐观主义精神,坚贞不屈,坚信共产主义。在狱中,李逸民秘密阅读了通过地下党组织送进监狱的大量革命书刊,如《布尔什维克周报》,还有日本的马克思主义者河上肇的《政治经济学大纲》、德国卢森堡的《新经济学》、苏联尤金的《新哲学大纲》、艾思奇的《大众哲学》、郭沫若的《中国古代社会史》等。李逸民还坚持自学英语,通过阅读监狱中唯一能看到的英文报纸《密勒氏评论报》来了解监狱以外的形势,了解党和红军的发展情况。监狱里有党的秘密支部,李逸民是狱中党支部委员,他和党支部成员积极组织难友同敌人展开斗争。针对国民党的监狱非人的生活待遇夺去了一些难友的生命,为了争取监狱条件的改善,保存革命力量,李逸民和狱中党支部成员一起,曾经多次组织了罢饭斗争。1930年春节前,李逸民等同志在漕河泾监狱组织了一次规模较大的罢饭斗争,监狱当局调来宪兵队残酷镇压,李逸民被吊在柱子上惨遭毒打。由于李逸民的身份并没有完全暴露,而这个所谓关押政治犯的监狱"犯人"的成分很复杂,除多数是共产党人外,还有国家主义派、托洛茨基派和无政府主义者,也有少数叛徒。对此,李逸民一直保持高度警惕。一次,国家主义派买通监狱当局,把一批政治犯送到病监加以"优待",李逸民也在其中。但李逸民和其他同志拒绝了这种"优待",宁可回到阴暗潮湿的普通牢房,为的是能和大多数难友在一起。在狱中,李逸民和党支部其他成员一起,很注意做监狱看守的工作,让他们知道自己是无罪的,争取他们对政治犯的同情。在李逸民等人的持续而又坚定的工作下,这些看守私下里也能为大家送信、买东西。1932年,李逸民、张维桢等一百多名政治犯从苏州军人监狱被解往南京中央军人监狱关押,按常规,"犯人"只能坐运牲口的铁皮车。李逸民等坚决反对这种人格上的侮辱,并向监狱当局提出了坐客车的要求。经过斗争,监狱当局不得不答应,但派了大批士兵押送。在上车前,李逸民同志向押送的国民党士兵做宣传工作,告诉他们这些囚犯是为抗日而坐牢的。随车押送的士兵听了他的宣传后思想上有了触动,一路上没有对难友横加迫害①。十年囹圄,十年磨炼。牢狱之灾更加坚定了他为革命理想而坚持不懈斗争的信心,充分表现了共产党人崇高的革命气节。

中国人民全面抗战开始以后,李逸民在党的营救下出狱,来到延安投入抗日斗争,参加了抗日军政大学的学习。从1938年起,历任抗日军政大学教员、抗大总校政治部党务科长、抗大第三分校政治部主任、中央情报部第一局局长、西北公学副校长等职。解放战争时期,他历任冀热辽军区政治部宣传部部长,北平军调处执行部第二十六小组中共代表。1946年10月起,历任牡丹江省政府委员兼建设厅厅长,黑龙江三地委常委兼组织部部长、社会部部长、东北局纪律检查委员会委员、东北人民政府财

---

① 见《人民日报》1982年7月29日。

经计划委员会常务委员兼秘书长等职,为巩固东北根据地、支援解放战争的胜利作出了重要贡献。李逸民还是中国共产党第七次全国代表大会的候补代表。

新中国成立后,李逸民历任公安部队政治部副主任、总参警备部副部长兼政治部主任、军委总直属队政治部主任、《解放军报》总编辑、中国人民解放军总政治部文化部部长、总参谋部政治部顾问。1955年被授予少将军衔。晚年任全国政协文史资料研究委员会革命史组副组长,对革命斗争史的撰写、收集、审阅,做了大量工作。为第五届全国政协委员。1982年6月5日在北京逝世,终年78岁。

"劝君莫为青春惜,将见世界满地红。"这是李逸民在国民党狱中写的两句诗。这两句诗既表达了他为革命坐反动派监狱无怨无悔的坚定态度,也是他牢记使命,准备为共产主义理想奋斗到底的人生写照。

李逸民将军铜像

李宇超：
1952年毛泽东主席视察济南时的"导游"

1952年10月26日，毛泽东主席抵达济南，开始对山东进行视察。第二天一早，在许世友的陪同下，到千佛山。在山上，大家提出，想请毛泽东多看几个地方，比如大明湖、趵突泉、黑虎泉等处。毛泽东说："可以，但只要个把人和我去就行了。"结果，中共中央山东分局除了许世友以外，就安排了分局统战部副部长李宇超全程陪同，当起了毛主席的临时"导游"。《毛泽东年谱》在1952年10月27日那一天，记有："上午，游览趵突泉、漱玉泉、跑马泉、珍珠泉、黑虎泉。""下午，游览大明湖。"①

李宇超

李宇超，字任西，号越公、羽超、语超、域超，曾化名杜少野、袁少白、李筱毓、刘仲民、刘秀民等，山东诸城人，生于1906年。1921年，考入济南正谊中学。1921年，考入济南正谊中学。1924年，加入社会主义青年团，1925年2月，当选为共青团济南地委候补委员。1925年，考入上海大学。五卅惨案发生后，1925年6月7日，根据党的安排，由全国学联出面，组织学生到全国去宣传五卅运动，说明五卅惨案的真相。李宇超与同为诸城籍的同学孟超、张少卿等一起赴济南宣传上海反帝斗争形势，继之回到诸

---

① 中共中央文献研究室编：《毛泽东年谱（1949—1976）》第一卷，中央文献出版社2013年版，第620页。

他们从 上海大学 走进新中国
（1922—1927）

1926年，李宇超与刘叔琴在上海结婚，成为相伴一生的革命眷侣（图片来源："淄博党史"微信公众号，2018-05-15）

城，组织成立五卅惨案后援会。直到1926年才回到上海大学。

　　1926年10月，李宇超参加了中共中央军事部在上海举办的军事训练班，结业后任山东军事特派员，赴济南开展兵运工作。由王尽美介绍加入中国共产党。1927年2月任中共英租界沪中部委委员、宣传部部长，参加了周恩来领导的上海工人武装起义。1928年春，李宇超与妻子刘叔琴一起奉命调到中共中央秘书厅文书科工作，一起为党中央印制秘密文件、宣传材料和党内刊物。1929年6月以后，调全国总工会宣传部工作。1930年9月，调中央特科工作。1931年4月，中央特科行动科负责人顾顺章在汉口被捕后叛变。中共地下党员钱壮飞及时获取这一绝密情报，第一时间把情报汇报给中央，中央立即采取行动，避免了一场大灾难。钱壮飞随后从南京潜回上海，由陈赓秘密送到李宇超、刘叔琴的家隐藏起来。顾顺章掌握当时中共所有领导人的住址、党的机关地址，但是李宇超、刘叔琴的住址是少数他不知道的特科成员住址。一直到5月上旬，陈赓才将钱壮飞安全转移走。李宇超和刘叔琴夫妇隐藏钱壮飞这件事是中国共产党在秘密战线进行斗争的一段佳话。

　　1931年，李宇超任中共中央内部交通主任。1934年，任上海中央局秘书长。1935年，调陕北苏区，中途返回上海一度失掉组织关系，1936年8月终于接上关系，恢复和党组织的联系。1937年抗战全面爆发以后，先后在中共中央组织部工读学校、中央政治研究室、延安交际处、行政院高级研究班等单位工作。1944年冬，随王树声纵队南下，先后任中共豫西地委委员、宣传部部长、中原军区第一纵队联络部副部长等职。1946年，回到延安。1947年春参加陕北土改工作团，7月随刘邓大军挺进大别山，任中共罗麻工委委员兼工作队长。1948年,任中共河间地委副书记兼宣传部部长。1949年2月,参加冀中南下干部队,任第二地委书记兼政委。在1948年春,中共华东局曾作出决定,以原临沂山东大学渤海地区的部分留守人员为基础,并集中原来的一些教师,会同华中建设大学的部分干部教师,在潍县建立华东大学。1949年6月李宇超调任华东大学副校长兼党委书记。

新中国成立后,李宇超于1950年2月调任中共中央山东分局统战部副部长。后任山东省人事厅副厅长,山东省人民政府副秘书长,省建筑工程局局长、党组书记,山东省副省长等职。1962年,调任中共中央华东局副秘书长兼机关党委书记。"文革"中,于1968年1月11日被迫害致死,终年62岁。1979年3月,中共上海市委为其平反昭雪,骨灰安放在上海龙华公墓。

2004年11月30日,山东的《大众日报》刊登了由张静、龙湘萍合写的一篇题为《毛泽东与一大代表王尽美》的文章,其中讲到了李宇超遵照毛主席的指示妥善安排和照顾王尽美母亲的一段往事。其中说道:1949年9月21日,中国人民政治协商会议第一届全体会议召开之际,毛泽东与各地代表亲切交谈。当他接见山东代表马保三等同志时,深深的怀念之情从心底涌出,毛泽东无限感慨地对马保三等人说:"革命胜利了,可不能忘记老同志啊!你们山东要把王尽美烈士的历史搞好,要收集他的遗物。"1952年10月,毛泽东到山东济南视察,游览大明湖,当他走到王尽美当年经常开会、谈论革命大事的历下亭时,触景生情,睹物思人,便与随行的中共山东省委统战部副部长李宇超谈到了王尽美。1957年7月,毛泽东由南京飞抵青岛,出席在青岛召开的全国省市委书记会议。毛泽东到了青岛,睹物思人,深深怀念曾在这片土地上战斗过的王尽美。他向陪同的山东省几位负责同志说:"你们山东有个王尽美,是党的一大代表,是个好同志。听说他母亲还活着,要好好养起来。"对于王尽美,李宇超是充满感情的,他于1926年在山东搞兵运工作时,就在王尽美的领导下,并由王尽美介绍加入了中国共产党。当时,他担任山东省副省长。根据毛泽东主席的指示,他征得家属同意,亲自派人将王尽美的母亲接到济南,安置在省交际处的大院内,和自己同住一个小院。他和妻子刘叔琴常常挤出时间陪伴王尽美母亲,刘叔琴还悉心照料王尽美母亲的生活起居,使这位饱经风霜的老人在济南度过了一个愉快的晚年。

林淡秋：
新中国《人民日报》副总编辑兼文艺部主任

林淡秋

《人民日报》在2000年1月29日第8版，刊登了一篇署名金凤的文章《浩然正气留人间——〈淡淡秋光霜叶红〉读后（品书札记）》。文章通过阅读《人民日报》老领导林淡秋的夫人唐康写的回忆文字，讲述了林淡秋的为人和风骨，让我们看到了一个在20世纪30年代入党的老革命的感人事迹和共产党员的高尚情操和品格，令人备受感动和教育。

林淡秋，原名林泽荣，笔名林彬、应冰子、应服群、肖颂明，浙江宁海（今属三门）人，生于1906年。1915年进双桂院私塾开蒙，第二年进文昌阁书院，两年以后进入海游小学念书。1922年考入上海大同中学。中学毕业以后，又进入大同大学。1925年五卅运动爆发以后，他在同乡、上海大学学生蒋如琮的影响下，投入了这场轰轰烈烈的反帝爱国运动，思想上得到很大的提高，也经受了锻炼。但同时大同大学的保守落后使林淡秋极其失望。他离开了大同大学，于1926年毅然转学到了主要由中国共产党人主持的上海大学，进入英国文学系。关于林淡秋为什么要放弃办学条件比较好的大同大学而转学到上海大学的缘由，林淡秋于当年5月1日，在由上海大学台州同乡会主办的刊物《台州评论》第四期上，以"林泽荣"的署名，发表了一篇题为《我为什么入上大？》的文章。为了让我们更多地了解林淡秋、更全面地了解上海大学，不妨将文章全文转录在此：

台州旅沪学生的总数,至多不过三百余名,而在上大的已达三十余人。依我个人的观察,将来还要增加起来,这是什么缘故呢?是不是他们的程度太不好,考不进严格的学校呢?是不是他们被少数同乡强拖进去的呢?这确是值得我们讨论讨论。

我在回答第一个问题时,似乎要说是的,因为目下内地的毕业生,多数的程度确是不大好的,若要考入严格的学校,恐怕有点困难。但是上大的台州同学,有很多的是从严格的学校转来的,可见他们实不是因为程度太歪而来滥厕上大的!

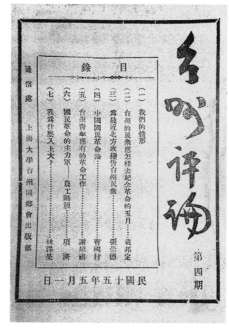

《台州评论》1926年5月1日第四期刊登林泽荣(即林淡秋)的文章《我为什么要入上大?》

至于第二个问题,更是笑话极了。他们亦不是小孩子,倘若他们认上大为不满意的学校,则少数的同乡怎能够把他们强拖进去呢?这无论在理论上或在事实上都是不可能的。倘若他们当时未明该校的真相,偶然被人诱入,则一二星期后,他们无论如何亦要跑了的。可是上大的台州同学,一点都没有转学的念头,而且都很满意的。可见他们在未入校之前,必有精密的观察和相当的同情,绝不是偶然被人诱入的!

本来中国人的通病,是以耳代眼的。倘一听人说:某人是不好的,某主义是放屁的,某学校是野鸡式的。于是他们亦大唱其调。说到实在呢,他们对于某人、某主义、某学校,丝毫都不知道的。现在不妨把上大来做一个例证!我很知道社会上有一般人,既没有到上大读过书,又没有到上大办过事,其对于上大的情形,实在是一点都不知道的。但是他们在外表上,硬要装做熟识上大的样子,说"上大不

他们从 上海大學 走进新中国
(1922—1927)

好"。他们的理由是：（一）该校管理太疏，功课太宽，换一句话说，就是学生太自由了。（二）该校学生，今日说"打倒帝国主义"，明日说"打倒军阀、官僚"，发传单啊，演说啊，反把重要的功课，置诸脑后。但是实在呢，确不是像这位先生的胡思瞎说。倘不相信让我把事实说出来，告诉你罢。

上大的学生，的确是很自由的。我要问大学生是否还要人家管么？这是我想大家都知道的。所以在大学里的学生无论在严的或宽的学校，用功的学生总归是用功的，不用功的学生总归是不用功的。大家都知道：大同大学！我的母校！是很严格的，除星期日和星期六的下午外，若无正当理由，均不得请假出校。可是一部分的学生，仍是不读书的，他们天天设法请假出去，至于升级和留级，他们完全是不介意的。反转来讲，很自由上大，仍然有一部分的同学，是很用功的。这都是我所知的事实，并不是凭空瞎说。这很明显的，他们第一个理由的谬误，不辩而自明了。

救国与读书，本来是并行不悖。因为我们读书的目的，无非求能应用于社会上的学问，所以，我们对于社会的情形，不得不有相当的了解，才方知道怎样去应用我们的学问。譬如有一个医生，其学识和经验均是超凡的。但是当他去疗治病人的时候，他亦非先知道病人生的是什么病不可。现在的中国，好像一个很危急的病人，我们假如不明白他的病根，怎能够来施用我们的药呢？上大的同学，的确是分他们一部分最宝贵的光阴来研究这个问题的，而同时于实学一方面，亦有相当的注意。至于一般人说我们把功课置诸脑后，实不知他们有什么根据。我老实不客气说，自从我到上大以来，不过两个月，我觉得我的学问未必比在大同时还要进步得慢一点，而同时对于社会的思想，实在要进步得多哩。

总之一句，我要到上大来，并不是像一般人所说的。至少也有两个目的，是（一）受相当的训练，俾得改造黑幕重重的台州；（二）联合革命分子，预备上革命战线上去。①

---

① 见《20世纪20年代的上海大学（下卷）》，上海大学出版社2014年版，第779—780页。

林淡秋：新中国《人民日报》副总编辑兼文艺部主任

关于林淡秋在上海大学学习的情况，他的妻子唐康在回忆录中曾说：上海大学"新校舍1927年3月落成，一个月后发生'四一二'反革命政变，5月2日，何应钦派军队强占校舍，下令解散上海大学，强迫全体师生离开学校。淡秋和同学们愤怒高呼'打倒反动统治！'结对游行抗议，都无济于事，只好离开学校，将憎恨和怒火强压在心里。""上海大学学习只有短短一年多时间，却是淡秋人生道路上重要的一段历程。他经历了革命的最初洗礼，学习了马列主义理论，提高了英语水平，懂得了许多革命道理。"①

1927年蒋介石发动"四一二"反革命政变以后，上海大学被反动当局封闭，林淡秋离开上海，回到家乡，与赵平复（柔石）等宁海籍的青年一起在宁海中学义务教书。1928年初南下广州，到中山大学做一名旁听生，其间在中山大学图书馆阅读了大量五四以来的新文学作品，接触到了鲁迅与郭沫若等人的作品。半年以后回到上海，开始接触创造社成员，受到革命文学的影响。当年冬，因支持德租界电车工人罢工被羁押。不久获释，即辗转赴南洋，到新加坡华侨中学任教，兼该校图书部主任。1930年春，回国来到上海，在柔石的带领下，开始翻译文学作品，走上了文学道路。他先后翻译出版《大饥饿》、《布罗斯基》、《列宁在一九一八》、《丹麦短篇小说集》（与柔石合译）、《时间呀！前进》、《中国的新生》、《西行漫记》、《续西行漫记》（与他人合译）等。1933年开始发表小说、散文与评论。同年，参加中共领导的社会科学者联盟。1935年转入中国左翼作家联盟，任左联常务委员、组织部部长。1936年春，加入中国共产党。1937年抗日战争全面爆发后，与柳乃夫、江峰带领上海文化界内地服务团前往江、浙、皖进行抗日救亡宣传。之后，在夏衍创办的《译报》做编译工作，创办《新中国文艺》《奔流》等刊物，与于伶、满涛等主编《文学与戏剧》。1942年春，奉命转移至新四军根据地与游击区，先后任《知识青年》主编、《滨海报》社长与《苏中报》《抗敌报》总编辑。抗日战争胜利后，在上海《时代日报》任主编，兼管副刊《新文学》。解放战争开始后，发表延安电台广播的新华社电讯与民国政府管辖区各界人民反饥饿、反内战、

---

① 唐康著：《淡淡秋光霜叶红——忆林淡秋》，浙江文艺出版社1999年版，第31页。

林淡秋与妻子唐康

要民主等真实消息,1948年8月报社被查封。随后改办《时代半月刊》。

新中国成立后,历任《解放日报》编委兼驻京办事处主任、《人民日报》副总编辑兼文艺部主任。出版小说集《散荒》、随笔集《业余漫笔》。1958年后,先后任杭州大学副校长、中共浙江省委宣传部副部长、浙江省文联党组书记等职。"文化大革命"中遭迫害。1978年末,获平反并恢复职务,为浙江省第五届人大常委会委员。1979年,出席全国文学艺术工作者第四次代表大会,当选为全国文联委员、中国作协理事,并任《辞海》编辑委员会委员。1980年,当选为浙江省文联主席。1981年12月4日在杭州逝世,终年75岁。

著有儿童文学作品《郑成功》《麦哲伦》,短篇小说集《黑暗与光明》,散文集《抗战文化与文化青年》《交响》《业余漫笔》等,译作有《韦尔斯自传》《未来的欧洲大战》《丹麦短篇小说集》《大饥饿》等。有《林淡秋选集》行世。

林淡秋曾担任《人民日报》的副总编辑,在《人民日报》工作的金凤在《浩然正气留人间——〈淡淡秋光霜叶红〉读后(品书札记)》中称"我们在报社多年的老同志,都公认林淡秋同志是一个正直的、宽以待人的、严以律己的人,是在黑暗年代参加革命献出自己一生、在最困难时从不动摇充满乐观信念的人,是一辈子埋头苦干鞠躬尽瘁、遭受诸多挫折磨难委屈毫不计较个人恩怨、淡泊名利、将得失荣辱置之度外的人,是关心爱护同志胜过关心自己、极富人情味的人"。金凤还介绍说,林淡秋晚年患老年白内障和其他眼疾,本可公费治疗,但他却坚持自费承担,一再节缩家用。他到北京治病和看望老战友,按说人民日报社可以提供交通工具,但他却不愿麻烦报社,宁愿以古稀之年拖着病体和女儿挤公共汽车。他病重住院,他的老伴因患中风和腰骨折,不能挤公共汽车,向公家要车去医院探望他,他一再嘱咐老伴一定要交车费,并且因担心影响别人用车,他不让老伴多去看他,以致他去世时老伴竟不在病榻旁……这点点滴滴的往事,让我们看到了像林淡秋这样的老共产党员身上的高尚品德,这种高尚品德值得我们记取和学习。

刘峻山：
中国共产党第一届
中央监察委员会成员

刘峻山

在中共中央纪律检查委员会和中华人民共和国国家监察委员会的网站"廉史钩沉"栏目中，曾刊登了一篇题为《第一届中央监察委员会成员的故事》，介绍了1927年4月27日在武汉召开的党的第五次代表大会选出的中央监察委员会10位委员的故事。这是中国共产党的历史上第一个中央监察机构。其成员包括：主席王荷波，副主席杨匏安，委员王荷波、杨匏安、许白昊、张佐臣、刘峻山、周振声、蔡以忱，候补委员杨培森、萧石月、阮啸仙。其中，刘峻山曾在上海大学求学读书。

刘峻山，又名刘九峰、刘竣山，江西吉安人，生于1899年。1916年至1921年，在江西省立第一师范学校读书。1921年至1922年，在吉安县立高等小学当教员。在五四反帝爱国运动中，参与领导了吉安的学生运动。1922年，参与发动抑制校长的斗争。1924年1月，考入上海大学中国文学系。这一年的1月23日，《民国日报》和《申报》都刊登了上海大学录取新生的消息，其中称刘峻山入中国文学系一年级。1924年4月编印的《上海大学一览》，在"学生一览表"的"中国文学一年级特别生"一栏里，记载有："姓名：刘峻山；年龄：24岁；籍贯：江西吉安；通讯处：江西吉安新圩。"从这个信息来看，在当时的上海大学学生中，刘峻山年龄是比较大的。刘峻山在上海大学中国文学系只学了一个学期，就转到了社

刘峻山：中国共产党第一届中央监察委员会成员

会学系。与中国文学系相比，社会学系是中国共产党早期领导人和党员在其中担任教授最多的一个系。系主任是瞿秋白，邓中夏、蔡和森、张太雷、恽代英、施存统等都在社会学系任教，在学生中，党团员人数也最多。刘峻山转到社会学系学习，与他自己追求进步是有关系的。在上海大学，刘峻山系统地学习了马克思主义理论，参加了学校组织的各项活动，表现突出。1924年，经施存统介绍加入了中国共产党。在五卅运动前，被党组织调到共青团上海地委工作，任学运部部长。五卅运动爆发后，党组织又调他任上海学生联合会宣传部副部长，部长是上海大学另一名学生高尔柏。他与高尔柏一起参加了《上海学生》的编辑工作。高尔柏调走以后，刘峻山继任部长。1925年8月任中国共产主义青年团上海地方执行委员会委员、组织部主任，同时奉命任上海学生联合会党团书记，直接接受恽代英的领导。同年加入中国国民党，在国民党上海市党部兼职。1926年1月，赴广州出席中国国民党第二次全国代表大会，会后回上海任中华全国学生总会常务委员兼宣传部部长。

1926年2月，被团中央派到南昌巡视检查工作，后任共青团南昌地委书记；同年夏，任共青团广东区委常务委员兼组织部部长；7月，广东国

刘峻山在党的第五次全国代表大会上当选为中央监察委员会委员。图为大会会场

117

民革命军誓师北伐，中共中央执委扩大会议决定派大批共产党员赴江西加强各级党的领导，刘峻山被中共中央任命为特派员，至江西整顿党、团组织，对党、团组织的人事做了安排。1926年8月至1927年1月，任中共江西地方执行委员会书记。1927年1月至5月，任江西区执行委员会书记、南昌地方执行委员会书记；同年4至5月，在党的第五次全国代表大会上当选为中央监察委员会委员；6月，离开江西。大革命失败后，参加南昌起义的地方宣传组织工作，任革命委员会下属粮秣管理委员会委员。10月起义军南下失败后，经香港返回上海。

1927年11月，刘峻山出任中国革命济难总会秘书长。1928年夏，赴杭州；同年11月至12月，任中共浙江省委常务委员、秘书长兼宣传委员会书记，主编《湘波专刊》。1928年12月至1929年1月，任中共浙江省委候补常务委员、委员。1929年4月，调上海任中共江苏省委法南区委宣传部部长；10月至12月，任上海市吴淞区委员会书记；11月，出席中共江苏省第三次代表大会。1930年10月起，任江西省苏维埃政府执行委员。后调任上海工会联合会秘书、中华全国总工会秘书。其间在周恩来领导下，担任中央苏区委员会委员，参与起草苏维埃共和国宪法及组织机构等文件。

1932年，脱离中共组织，后在国民党地方政府中任职。1935年，参加上海文化界救国会。1937年，曾从事抗日救亡运动。1938年至1940年，在吉安《前方日报》工作，曾任江西青年服务团干事，江西省民政厅视察员，中国国民党江西省党部民众运动设计专员，江西地方行政干部训练团训导处处长。1946年，脱离国民党。1947年，在南昌参加中国民主同盟。1948年，被国民党特务逮捕，营救出狱后赴上海从事民主同盟活动。1949年，任民盟江西省支部临时工作委员会委员。

新中国成立后，刘峻山于1950年任江西省中苏友好协会出版部副部长、抗美援朝江西分会副秘书长。1950年，出席江西省首届各界人民代表会议，当选为省各界人民代表会议协商委员会委员、常委兼副秘书长。1955年，任江西省人民政府体育运动委员会副主任。历任民盟江西省第三届委员会副主任委员、第六届委员会副主任委员兼宣传部部长、第七届委员会顾问，江西省政协常委、副秘书长等职。1985年4月18日在江西南昌因病逝世，终年86岁。

刘披云：
云南大学第九任校长

2017年9月8日，云南大学离退休工作部门党委和离退休工作处联合发布了一篇文章，题目是《云南大学第九任校长——刘披云》。文章称："1978年1月4日省委撤销云大革命委员会，核心小组改为党委会，批准刘披云为学校校长、党委书记。"文章介绍了刘披云在任云南大学党委书记兼校长的两年零九个月中，为云南大学的拨乱反正和建设发展作出的贡献，称刘披云"使云南大学在'文化大革命'后重新走上健康发展的道路"。这是对刘披云在云南大学工作的一个实事求是的评价。

刘披云

刘披云，又名刘荣简，四川岳池人，生于1905年。原在上海南方大学读书，和语言学家王力、中山大学教授刘杰是同学。1925年2月，以国民党人黄郛、叶恭绰为首的清室善后委员会公布了清室密谋复辟的大量文证，其中有南方大学校长江亢虎致废帝溥仪的请求觐见书以及给一些支持复辟的前清遗老们的信函。此事一经传开，全国哗然，江亢虎遭到了来自各界进步人士的痛斥。南方大学也因此闹起了学潮，要求驱赶江亢虎。当时"驱江运动"的核心人物是刘披云、王力和刘杰三人，其中为首的就是刘披云。他们出版了两期"驱江特刊"，刘披云还在这个刊物上发表了反对江亢虎的长篇文章。结果，刘披云和王力、刘杰都被学校开除了。到了这一年的下半年，刘披云就进入上海大学学习。

他们从 上海大学 走进新中国
(1922—1927)

在上海大学,刘披云参加了许多社会工作,他和余泽鸿、韩光汉、俞季女四人,作为上海大学的学生代表参加上海学联工作,而且担任驻会委员;后来又继上海大学学生刘一清、李硕勋担任了第八届全国学生总会委员长。五卅运动以后,上海学联出版《血潮》三日刊,后改为《上海学生》周刊,刘披云和余泽鸿都担任了编辑工作。他和李春蕃(即柯柏年)、刘昌群、梅仲林、徐恒耀等一起参加了非基督教运动的旬刊编辑工作。在学习和工作中,刘披云受恽代英影响很大,他在回忆中说:"我们在学生时代干革命,是受恽代英领导。这个人真了不起,口才好,讲帝国主义侵略中国,签订一系列不平等条约,声泪俱下,给人以深刻教育。"① 为了更好地开展工作,刘披云还根据革命斗争的需要,突击学习理论。如在开展非基督教运动过程中,为了宣传无神论,反对帝国主义文化侵略,刘披云就逼着自己去看费尔巴哈的哲学书。刘披云于1925年加入中国共产主义青年团,同年7月就转入中国共产党。在来上海大学之前,就担任过南方大学团支部书记。在这一年下半年,又担任了上海大学团的特别支部书记。刘披云在参加党团联席会议时也讨论学校的教学、教员安排以及学校的一切重要问题。据刘披云后来回忆,当时,上海大学中也有国民党右派,但是力量很小,学校的领导权完全在共产党手里②。这一年,刘披云还担任了共青团南市部委书记。周恩来领导上海工人举行第三次武装起义,起义之前作秘密报告,刘披云作为团干部参加了这次会议,并且听了周恩来的报告。武装起义的枪声打响以后,刘披云和上海大学的许多学生一起参加了战斗。

1927年3月31日,重庆发生"三三一"惨案。惨案发生以后,中共四川省委主要领导被敌人杀害,刘披云奉中共中央之命和傅烈等同志去重庆建立中共四川临时省委,恢复党的组织,继续开展党的工作。历任中共四川临时省委宣传部部长、川西特别委员会书记、中共四川省委常委兼宣传部部长等。4月19日,南京国民党中央发出通缉令,通缉共产党及

---

① 王家贵、蔡锡瑶编著:《上海大学(1922—1927)》,上海社会科学院出版社1986年版,第92页。
② 王家贵、蔡锡瑶编著:《上海大学(1922—1927)》,上海社会科学院出版社1986年版,第93页。

"跨党分子"197人,刘披云以刘荣简的名字列在通缉令上。1928年,被选为党的"六大"代表。1930年,在上海被捕,保释出狱后与党组织失去联系。1935年,赴日本留学。抗日战争全面爆发后,弃学回国,积极参加抗日救亡运动,经党组织考察,恢复了党籍。1940年5月,根据中共中央南方局的安排,随董必武去延安,历任行政学院教育处处长、延安大学教育处处长兼社会科学院院长、延安大学代理副校长。1945年,任铁道学院院长,1946年,任哈尔滨市政府秘书长,1948年,任东北人民政府交通部秘书长。1949年12月,任川南行署副主任,中共川南区党委委员、宣传部部长。

新中国成立以后,刘披云历任川南行署副主任兼川南区党委宣传部部长、川南人民革命大学副校长、中央教育部教学指导司司长、天津南开大学党委书记兼副校长、云南省副省长兼省文教办公室主任、中共云南省委常委。从1978年1月到1979年9月,任云南大学党委书记兼校长。为政协云南省第四届委员会副主席、中国人民政治协商会议第五届全国委员会委员。1983年5月6日在昆明病逝,终年78岁。

刘披云晚年留影

罗尔纲：
中国太平天国史研究的一代宗师

罗尔纲

1997年5月25日，著名历史学家罗尔纲在北京逝世，中央民族大学教授、太平天国史专家郭毅生写了一副挽联，上联为"金田起义何日？着佃交粮何时？军师制、伪降考，探微索隐，阐发幽赜。卓见永垂翰苑，晚生痛悼太平天国学一代宗师"；下联为"洪门创始奚年？水浒真义奚在？金石门、考据学，旁征远引，雅博宏通。巨著长留人间，八方缅怀中国近代史传世名家"。额题"道德文章第一流"。这副挽联，言简意赅，总结了罗尔纲的道德文章，概括了罗尔纲在学术方面取得的巨大成就。

　　罗尔纲，广西贵县（今贵港市）人，生于1901年。他一生下地，就过继给伯父做儿子，并叫伯父为父亲、伯母为母亲。而生他的父母，则叫本生父、本生母。他的父亲英年早逝，母亲寡居，家境贫寒。靠母亲给缝衣店缝衣帮补维持生活。母亲买价钱便宜的乱丝乱线，要解开才能用，罗尔纲在母亲的教导下学会将这些乱丝线的结头解开。这样做一方面帮助母亲干活，同时这枯燥的劳动也锻炼了耐心，使罗尔纲从小养成了忍耐、小心、不苟且的好习惯。对于这一点，后来罗尔纲成为大学者了，依然念念不忘。罗尔纲7岁时入他本生父罗佩珠和邻居共同开办的贵县最早的一间男女同校的学校东湖小学。1919年五四运动爆发时，罗尔纲还在中学读书。虽然地处偏僻的南疆，但反帝爱国的浪潮也波及他的家乡。1921

年,学校换了一个曾在北京参加五四运动的新校长,带来五四新潮,反对旧文化,宣传新文化,罗尔纲受了五四运动的熏陶,在学术思想上,接受了辨伪求真的风气。

1924年,罗尔纲来到上海,在浦东中学特别班补习功课,准备报考大学预科。1925年5月,上海爆发了五卅运动,罗尔纲在浦东中学也参加了这场反帝爱国运动,接受了这场运动的锻炼和洗礼。后来他又回到家乡参加了微熹青年社的进步组织。1926年,又到上海考取了上海大学社会学系。当时的上海大学,已搬到闸北青云路师寿坊,担任社会学系主任的是早期共产党员施存统,教授中有李季、杨贤江、韩觉民、蒋光慈、沈志远等共产党员。中文系系主任陈望道也在社会学系上课。在社会学系,罗尔纲一方面学习了社会学的一些基础知识和研究方法,同时也比较系统地接受马克思列宁主义的启蒙教育,这对他的一生以及后来做学问,都产生了比较大的影响。后来罗尔纲谈到自己为什么会从希望做作家改想做历史学家,是"因为我曾在上海大学读过社会学系,就想用学过的一点社会知识来研究中国上古史,选了春秋时代作为研究对象"[①]。可见上海大学社会学系的学习生活对他产生的巨大影响。1926年10月20日,罗尔纲还在上海大学社会学系读书时,就在《民国日报》副刊《觉悟》上发表《石达开故居》一文。1927年4月初,上海大学在江湾镇的新校舍落成,罗尔纲也随着学校统一搬迁来到了具有现代化建筑式样的新校舍。但是,就在当月12日,蒋介石在上海发动了反革命政变,很快上海大学被国民党当局封闭,罗尔纲在上海大学的学习生活也随着上海大学的被无理强行封闭戛然而止。这样,罗尔纲便转到了中国公学中文系继续学习。在中国公学的三年中,由于罗尔纲刻苦用功、文论出色而屡获奖学金,并且得到校长胡适的关注。1930年6月,罗尔纲从中国公学毕业,就被胡适请到家中,在胡适的指导下整理胡适父亲的文集,并兼做家庭教师。一年以后胡适辞去中国公学校长职务迁居北京,罗尔纲也随胡适到了北京。罗尔纲早年师从胡适,以考据治学,但后又接受唯物主义历史观,使他的治学道路带有鲜明的时代印记。

[①] 罗尔纲著:《生涯再忆——罗尔纲自述》,山西人民出版社1997年版,第29页。

他们从 上海大學 走进新中国
（1922—1927）

1931年，罗尔纲回乡省亲，应邀担任贵县县立中学教师。同时兼任贵县修志局特约编纂，担任《贵县志》太平天国史部分编纂工作。1934年初再度回到胡适家，在北平图书馆博览群书。11月任北京大学文科研究所助理员，整理晚清学者缪荃孙的艺风堂金石拓本。1936年8月升任助教，并兼任中央研究院社会研究所助理员，完成《金石粹编校补》《艺风堂金石文字讹误举例》。次年写成《太平天国史纲》。为太平天国研究的奠基人。1937年7月卢沟桥事变爆发，北平沦陷，社会研究所迁往长沙。

罗尔纲所著的《太平天国史》书影

11月，罗尔纲转入该所工作。后任中央研究院社会研究所副研究员，开始研究清代兵制史，写成《绿营兵志》等。1943年起专事太平天国史研究。翌年被借调到广西通志馆研究太平天国忠王李秀成自传原稿，并写成著作多部。1947年晋升研究员。1949年新中国成立前夕，拒绝到香港、台湾等地，坚持留在大陆迎接解放。

新中国成立后，任中国科学院经

罗尔纲所著的《绿营兵志》书影

罗尔纲所著的《晚清兵志》书影

济研究所研究员,1954年任中国科学院近代史研究所研究员,1958年加入中国共产党,《人民日报》还特意刊登了他入党的消息。历任第二、第三届全国人民代表大会代表,第二、第五届全国政协委员。1997年5月25日在北京去世,终年96岁。

罗尔纲治学严谨,生活简朴。他作为中国科学院近代史研究所一级研究员,曾主动提出降薪,并多次捐赠稿费或放弃领用稿费。作为中国太平天国史研究的奠基人和一代宗师,罗尔纲在太平天国史研究方面取得了丰硕成果。一生出版学术专著约50部,发表论文400余篇,共900余万字,搜集、整理、编纂出版太平天国文献和资料3 000万字。他的主要论著有:《天平天国史纲》、《天平天国史》、《太平天国史论文集》(十集)、《李秀成自述原稿注》等。还主持筹建了南京太平天国历史博物馆。除此以外,罗尔纲的《湘军兵志》《绿营兵志》等也是研究晚清兵制的扛鼎之作。有22卷22册《罗尔纲全集》行世。

马文彦：
于右任苏联之行的俄文翻译

马文彦（右五）与赵寿山（右四）、彭德怀（右六）、陆定一（右八）、任弼时（左四）、杨尚昆（左三）、秦邦宪（左一）等合影（图片来源：《传奇将军赵寿山》，《华商报》2013年2月17日）

　　1925年12月，在直系、奉系军阀的联合进攻和国民革命军内部发生严重矛盾的情况下，冯玉祥通电宣布下野并赴苏联旅行。冯玉祥离国后，他的国民军大有瓦解之势。1926年5月，为了敦促冯玉祥早日归国参加国民革命，接应广州国民政府的北伐行动，中国共产党北方区负责人李大钊决定请于右任赴苏联做冯玉祥工作，促成冯回国。于右任欣然接受了这个任务，于6月中旬出发前往苏联。而李大钊为于右任选派的俄文翻译，则是于右任在上海大学的学生、共产党员马文彦。于右任此行不辱使命，9月17日，回到国内的冯玉祥在陕西五原举行国民军联军誓师大会，正式宣布加入北伐行列。

马文彦，化名曹骏天，陕西三原人，生于1902年。幼读私塾，先后在三原县小学和渭北中学读书。1923年考入上海大学。1924年4月编印的《上海大学一览》，在"学生一览表"中，马文彦名列"中国文学系一年级"的"特别生"中，记载为："姓名：马文彦；年龄：21岁；籍贯：陕西；通讯处：三原西关文昌庙九号。"在上海大学，马文彦接受了系统的马克思列宁主义的教育，加入了中国共产党。1925年前后，由上海大学陕西同乡会主办的进步刊物《新群》出版，马文彦参与了这本杂志的筹建工作。1925年初，马文彦根据党组织的安排，离开上海大学，到河南郑州去从事工人运动，负责恢复京汉铁路总工会，先后建立郑州豫丰纱厂工会、新乡纱厂工会、开封铜元厂工会、开封打蛋厂工会、焦作煤矿工会、开封兵工厂工会等，使河南的工人运动很快开展起来了；同年7月，任共青团开封地委书记，并负责河南省总工会的筹建工作。1926年5月，又接受李大钊的推荐，担任于右任的俄文翻译，陪同于右任到苏联和冯玉祥取得联系。在这次会晤中，冯玉祥表示完全接受李大钊在面交的信中提出的"进军西北，解西安围；出兵潼关，侧应北伐"的战略方针，从而才有了9月17日冯玉祥的"五原誓师"之举。马文彦回国以后，参加了"五原誓师"和以后的西安解围战。1927年1月，任国民军联军驻陕总司令部秘书。6月，风云突变，冯玉祥在陕西"清党"反共，马文彦在奉命前往山西平遥返回途中知道了自己被列入通缉名单，遂化名曹骏天经山西运城绕道回陕西，落脚在富平教书。1928年春，负责富平县中共组织的恢复工作，并积极准备武装起义，渭华起义失败后，马文彦回富平继续任教，因当局通缉避居上海。1930年，去济南任教，1933年7月，中共陕西省委委员兼红二十六军政委杜衡叛变，使陕西党的地下组织受到极大的打击和破坏。马文彦再次避居上海，后与党组织失去了联系。

1936年，马文彦作为杨虎城的参议参加了西安事变。西安事变后，马文彦在三原县西关文昌巷的老家实际上成了杨虎城在渭北的红军接待处，杨虎城曾拨给他1 500元作为活动经费。在三原，马文彦先后接待过任弼时、杨尚昆、陆定一等共产党的高级干部。1937年抗战全面爆发以后，马文彦作为于右任的秘书，跟随于右任撤至重庆，1939年返回陕西，积极开展统一战线和抗日爱国活动。同时，还协助三原驻防司令陶峙岳

箍修三原城区水渠和蓄水池,解决市民吃水困难的老问题。1941年,马文彦参加了中国民主同盟,与杨明轩保持联系,向中共中央递送有价值的情报,并秘密接待赴陕北的中共干部和进步人士。1949年5月,西安解放以后,任西北军政大学修建委员会主任、科长等职。

新中国成立以后,马文彦任西北民盟总支委员兼副秘书长、陕西省人民政府监察委员会委员。1953年参加西北赴朝鲜慰问团赴朝慰问志愿军。1955年后任西安市建筑工程局副局长,为西安市政协委员、常委、副主席。1983年3月病逝,终年81岁。

梅电龙：
中国共产党的一位秘密党员

1931年7月，中共江苏省委书记陈云在上海召见了刚从日本回国的一个名叫梅电龙的人，为他恢复了党的组织关系，并通知他转为秘密党员，并要求他以"灰色"的政治面貌出现在上海文化界。7月下旬，潘汉年又代表党组织与梅电龙接头，告诫他今后只能同他单线联系，不参加基层组织生活，一旦联系中断，也不得轻举妄动，党组织自然会派人前来联系①。从此，梅电龙中共党员的身份便成为党的秘密，新中国成立以后也未公开，直到"文化大革命"时人们才知道他是20世纪20年代入党的老共产党员。

梅电龙

梅电龙，又名逸仙，字电龙，以字行。笔名龚彬、笈越，化名张柏生等，湖北黄梅人，生于1901年。自小进私塾读书。1917年2月，考入位于武昌的启黄中学。1919年爆发的五四运动，很快波及武汉。武汉各校学生在恽代英的领导下积极响应北京学生的斗争，纷纷组织宣传队走上街头演说。梅电龙主动报名加入了宣传队街头演说的行列。这是梅电龙生平第一次参加实际斗争，在斗争中得到了锻炼。1920年底从启黄中学毕业，于1921年考取了在上海的东亚同文书院中华学生部商业经济科。东亚同文书院是日本东亚同文会在上海设立的高等学校，办学目的就是培

---

① 梅昌明整理：《梅龚彬回忆录》，团结出版社2002年版，第101—102页。

养和造就亲日的人。在这个学校,梅电龙由于读书成绩优异而成为校方的重点培养对象。1923年秋,梅电龙根据学校安排随班级到日本参观,但是,梅电龙并没有因为学校对他的重视而忘记从甲午战争到"二十一条"使国家蒙受的奇耻大辱。他回国以后,就积极参加由中国共产党领导的工人运动,积极支持沪西日资纱厂的工人罢工斗争。

1923年冬天,在国共合作的酝酿阶段,共产党员高尔柏根据组织的安排,在东亚同文书院建立了国民党基层组织,梅电龙成为这个组织第一批吸收的国民党员。1924年,当选为东亚同文书院学生会执行委员,出席了上海市学生联合会议;夏天,又被国民党上海执行部聘为宣传委员会委员,在这个委员会召集人恽代英的直接领导下工作;秋天,在上海大学教授施存统和上海大学学生贺昌的介绍下,参加中国社会主义青年团,不久,就担任了徐家汇团支部的第一任书记;11月,孙中山发表《北上宣言》,主张召开国民会议以谋求中国的统一和建设,中国共产党帮助孙中山到各地宣传国民会议,梅电龙被恽代英派到湖北代表团赴武汉、黄石、大冶、武穴、黄梅宣传国民会议,又根据恽代英的指示,在家乡黄梅为建立进步青年组织"少年黄梅学会"做了大量工作。1925年2月,在上海大学教授恽代英、沈泽民的介绍下加入了中国共产党。不久,中共徐家汇支部成立,由梅电龙担任书记。五卅运动爆发后,梅电龙积极投身这场反帝爱国的伟大斗争,表现突出,被称为五卅运动的"虎将"。1925年6月7日,上海成立工商学联合委员会,梅电龙代表上海学联进入联合委员会,并于6月下旬到北京宣传五卅运动。在五卅运动期间,梅电龙还撰写了题为《上海英日帝国主义者屠杀同胞惨剧之经过》的长篇报道在《上海工商学联合会日报》上发表,这对于揭露英日帝国主义的暴行起到了很好作用。在这篇报道中,梅电龙充分肯定了上海大学在五卅运动中的表现和作用,称:"五卅运动以上海大学学生为最努力,而此次牺牲亦以上大为最大,被拘者达百数十人。"[①] 在五卅运动后,中共徐家汇支部升格为独立支部,直属上海区委,梅电龙依然任支部书记。10月,又担任了共青团上海地委委员。

1926年3月,梅电龙从上海东亚同文书院毕业,根据中共组织的安

---

① 上海市档案馆编:《五卅运动(第一辑)》,上海人民出版社1991年版,第264页。

排,到国民党上海特别市党部任党团书记。也就在这时候,梅电龙接受上海大学聘请,到上海大学任教。1926年3月20日的《申报》曾刊登一篇题为《上大附中之近讯》的报道,称上海大学附属中学"又新请各科教员如蒋光赤任社会学,梅电龙任政治经济,朱复、刘志新任英文,毕任庸任国文……均已到校授课矣"。关于梅电龙在上海大学的情况,孙仲宇、阳翰笙、毛一波、葛克信等都在他们的回忆录和文章中谈及。只是有些文章和回忆把梅电龙当作是上海大学的学生,刘披云则在他的回忆文章中明确讲"梅龚彬(即梅电龙)是同文书院的学生",毛一波在文章中还讲到梅电龙讲到课程是"中国近百年史"①。1926年4月,在中共上海区委关于"上海地方活动分子名单"上,梅电龙和上海大学的党员教师、学生杨贤江、侯绍裘、李季、韩觉民、施存统、杨之华、林钧、姜长林等都作为做国民党工作的骨干成员而名列其中②。

1926年底,梅电龙参加了北伐,任第四军第十二师政治部主任。大革命失败以后,梅电龙遭到通缉,他先后参加了南昌起义、海陆丰起义和浙东、浙西的农民暴动。1929年,根据党组织之命到日本去执行秘密任务,不幸被日本当局抓捕,关押了两年。在狱中,梅电龙英勇地与敌人进行了斗争,于1931年7月才回国,接受陈云代表党组织交给他的新的任务,从此转为中共秘密情报人员。1932年,梅电龙正式改名为梅龚彬,以大学教授、作家、灰色文化人为依托,从事党的秘密工作。1933年,福建事变,梅电龙受潘汉年派遣,入幕十九路军领导人陈铭枢军中,做长期卧底国民党民主派的准备,他参与了组织福建人民政府的活动。梅电龙曾先后任暨南大学、中山大学、香港达德学院教授,长期从事统一战线工作,团结了一些上层民主人士同中国共产党合作,进行反蒋抗日活动。1948年,梅电龙在香港与李济深、何香凝、陈铭枢、蔡廷锴等组成中国国民党革命委员会,李济深为主席,梅电龙为中央执行委员会委员。

1948年,中共"五一"号召发表后,得到了主要以香港为基地开展民主斗争的各民主党派和民主人士的热烈响应。与此同时,中共中央开

---

① 《20世纪20年代的上海大学(下卷)》,上海大学出版社2014年版,第1138、1050页。
② 《20世纪20年代的上海大学(上卷)》,上海大学出版社2014年版,第433页。

他们从 上海大学 走进新中国
（1922—1927）

《梅龚彬回忆录》书影
（团结出版社1994年版）

始想方设法接送在香港的各民主党派领导人进入解放区，筹备新政协。梅电龙于1948年底，陪同李济深摆脱特务的监视，于1949年2月25日安全到达北平，4月，中共中央统战部部长李维汉在北平听取了梅电龙的工作汇报，对梅电龙今后的组织联系做了明确指示，他对梅电龙说："从现在起，你的组织关系转来中央统战部，作为中央统战部派往民主党派工作的一个不公开的共产党员。"李维汉还要求梅电龙今后直接向他汇报工作，并直接到他那里看文件[1]。

新中国成立后，梅电龙历任政协第一届全体会议代表，政协第二、第三届全国委员会委员、副秘书长，中央财经委员会委员，第一、第二、第三届全国人民代表大会代表，第二、第三届全国人民代表大会常务委员会委员，民革中央委员会历届中央委员、常务委员、秘书长等职。1975年8月1日逝世，终年74岁。

在"文化大革命"中，梅电龙遭受到林彪、"四人帮"迫害。1980年1月18日，中共中央在北京为梅电龙召开了追悼会，叶剑英、邓小平、陈云等送了花圈，乌兰夫主持追悼会，刘宁一致悼词。在悼词中，宣布党中央已为梅电龙同志彻底平反，恢复了名誉。追悼会对梅电龙的革命一生做了高度评价，称他为"久经考验的老党员、老干部"，他的逝世，"使我们失去了一位老党员、老同志，是革命事业的一个损失"[2]。

---

[1] 梅昌明整理：《梅龚彬回忆录》，团结出版社2002年版，第150页。
[2] 《人民日报》1980年1月21日。

孟超：
昆剧《李慧娘》的编剧

1979年9月15日，人民文学出版社发出"讣告"，称："中国共产党党员，著名的文艺活动家、诗人、剧作家，原人民文学出版社副总编辑，兼戏剧编辑室主任孟超同志，因受林彪、'四人帮'及那个'顾问'的诬陷、迫害，积愤成疾，于一九七六年五月六日含冤逝世。兹定于一九七九年九月二十八日下午三时，在八宝山革命公墓礼堂为孟超同志举行追悼会。谨此讣闻，请届时参加。"落款为"孟超同志追悼会筹备组"。孟超就是因写昆剧《李慧娘》而罹祸的著名剧作家。

孟超

孟超，原名孟宪启，又名公韬，字励吾，笔名有东郭迪吉、林青、林默、迦陵等，山东诸城人，生于1902年。1914年毕业于由其父亲孟昭沄办的敬业国民学校，后考入县立高等小学。1917年，考入济南省立一中，同年底，因参与学潮被学校开除。1919年，五四运动浪潮波及诸城，他参加了由徐宝梯（即陶钝）等组织的"反日会"。1924年秋，来到上海，考入上海大学中文系。根据上海市档案馆保存的档案，在"上海大学文艺院中国文学系十三年度第二期毕业生"一栏中，有"孟超，山东诸城"这样的记载①。在上海大学，孟超是以文笔和诗歌创作出名的。1925年3月21日，上海大学中国

---

① 上海市档案馆馆藏，档号：D10-1-31。

 他们从 上海大学 走进新中国
(1922—1927)

文学系召开年级大会,决定出版一种文艺刊物,指定由孟超等三位学生负责编辑;3月25日,上海大学成立演说练习会,请邵力子、恽代英、杨贤江、张太雷等教授为指导老师,推举孟超、崔小立这两位学生笔杆子担任记录员。这一年的3月12日,孙中山先生在北京病逝,噩耗传来,举世震惊。第二天,也就是13日,孟超含着眼泪写下题为《悼国民革命导师孙中山先生》的长诗,于16日发表在《民国日报》的副刊《觉悟》上。全诗共分四节32行,诗的最后写上"三月十三天雨时哭于上海大学",表达了他对孙中山先生逝世的伤怀悲悼之情,也显示了23岁的孟超作为诗人的才华。

上海大学是一个充满革命氛围的红色学府。孟超在学习中除了学习中国文学的相关知识和进行诗歌等文学作品的创作以外,也同样热心参加革命活动。五卅运动爆发以后,他即投身到这一革命洪流中。五卅惨案发生后,1925年6月7日,根据党的安排,由全国学联出面,组织学生到全国去宣传五卅运动,说明五卅惨案的真相。孟超与同为诸城籍的同学李宇超、张少卿等一起赴济南宣传上海反帝斗争形势,继之回到家乡诸城发动组织成立"五卅惨案后援会"。在运动中加入了中国共产主义青年团。第二年,也就是1926年,加入了中国共产党,还担任了共青团"山东青年社"这一青年团体的党团书记。同时又根据党的统一战线需要,加入国民党,并任国民党上海大学区分部执行委员、国民党上海特别市党部干事。1927年,孟超出版了他的首部诗集《候》。

1927年4月12日,蒋介石在上海发动反革命政变,5月,上海大学被查封。孟超离开上海,来到武汉,参加了全国第四次劳动大会,后到全国总工会宣传部工作。1928年初,他与蒋光慈等在上海组织太阳社,出版《太阳月刊》,同时创办春野书店,倡导革命文学。1929年秋,参与筹建中国左翼作家联盟,与冯乃超、夏衍等人创办上海艺术剧社。1930年4月起,相继任中共上海市闸北区行动委员会宣传委员、上海市总工联宣传部部长。1932年3月,组织沪西纱厂工人罢工,被捕。次年7月保释出狱,自此与党组织失去联系。后辗转北平、山东等地,以教书、撰稿谋生。1935年夏,在青岛与王统照、老舍、臧克家等创办《避暑录话》文艺副刊,并为之撰文。1937年抗战全面爆发以后,即投身抗日。1938年起先后任国民党第五战区第十一集团军宣传队长、三十一军政治部干事、广西绥靖

孟超：昆剧《李慧娘》的编剧

公署国防艺术社总干事等职。1939年夏，赴桂林文协分会工作，并致力于杂文、历史小说创作。1944年秋，日军进犯桂北，被迫转赴贵阳、昆明。1946年夏到重庆，任《萌芽》月刊编委、重庆西南学院教授。1947年6月，参与学生抗暴斗争遭反动当局通缉，只身去香港，为《大公报》《文汇报》撰稿。1948年7月，参加茅盾主编的《小说月刊》并任编辑；同年11月，重新加入中国共产党。1949年初，来到华北解放区。

新中国成立后，孟超历任国家出版总署图书馆副馆长、人民美术出版社创作室副主任等职。1957年，调任戏剧出版社副总编辑。1959年冬，应北方昆剧院的邀请，将明代周朝俊的传奇《红梅记》改编成昆曲《李慧娘》，于1961年夏秋之交公演，得到好评和欢迎，并在这一年调任人民文学出版社副总编辑兼戏剧编辑室主任。1964年7月起，遭到康生等的诬陷，受到批判与迫害。1976年5月去世，终年74岁。

1979年3月，中共人民文学出版社委员会为孟超平反昭雪。9月15日，在"孟超同志追悼会筹备组"发出的"讣告"中提到的诬陷孟超的那个"顾问"，指的就是康生。当年在山东诸城和孟超毗邻而居，并同时到上海考进上海大学，只不过孟超读的是社会学系，康生以"赵容"之名注册在社会学系。

9月28日，在八宝山革命公墓举行了孟超的追悼会。文化界周扬、夏衍、叶圣陶、阳翰笙、陶钝、吴祖光、新凤霞、黄苗子、郁风等都参加了追悼会。吴祖光、新凤霞夫妇和黄苗子、郁风夫妇联名送了挽联，联曰："魂诛贾似道，笔夺关汉卿。"其中将诬陷孟超的康生比作《李慧娘》中的南宋奸相贾似道，同时，对孟超在昆剧《李慧娘》中表现出来的艺术才华作了高度评价。孟超的《李慧娘》剧本，上海文艺出版社于1962年曾经出版过。1980年2月，上海文艺出版社再度将这个和它的作者孟超一起历尽磨难的剧本出版，并以金紫光《拨开云雾，重现光彩——祝昆剧〈李慧娘〉重新出版》作为序言，孟超写于1962年的《试泼丹青涂鬼雄——昆曲〈李慧娘〉出版代跋》也全文附在剧本之后，同时还附了孟超的儿子孟健回忆父亲的文章《写在〈李慧娘〉再版的时候》。这些文字，都可以让我们看到像孟超这样一个1926年就在上海大学入党的老党员、老革命艺术上的非凡才华和遭受的磨难以及人间终归正道，所得到的应有的正确评价。

邵力子：
上海大学校长于右任办学的得力助手

邵力子

1931年1月，作家、共产党员胡也频被国民党逮捕，胡也频妻子丁玲手持陈望道的亲笔信，来到南京，求助在国民政府任职的邵力子先生。尽管这是个很棘手的大案，但邵力子毫不犹豫地写信给上海市市长张群，设法营救，并叮嘱丁玲即刻赶回上海交给张群。虽然等丁玲赶到上海还未及将信交出去，胡也频已在龙华遇害，但是邵力子不顾风险、慨然帮助丁玲解救胡也频这件事，使丁玲终身不能忘却[①]。丁玲和邵力子是什么关系？为什么丁玲会找邵力子帮助解决这么棘手的一个政治性案子。原来，邵力子和丁玲在上海大学曾有过一段师生关系。

邵力子，原名邵景泰，字仲辉，浙江绍兴人，生于1882年。6岁时从叔叔读家塾。17岁时到上海，进入求志学堂，又进广方言馆学法文。不久，考入苏州中西学堂。清光绪二十八年（1902），应乡试中举人，同科的还有陈叔通、沈钧儒等。后到上海南洋公学"特班"学习。光绪三十一年（1905），到上海震旦公学求学，结识同学于右任。由于震旦公学受到法国天主教势力控制，邵力子和于右任便领导学生罢课，后由校长马相伯带领学生愤然离开震旦，在吴淞另建复旦公学。邵力子在复旦公学边工作边学习。1906

---

① 傅学文编：《邵力子文集》，中华书局1985年版，第11页。

年10月,到日本留学,学新闻学,并在日本加入中国同盟会。1907年春回国,与于右任一起创办《神州日报》,宣传反清思想。从1909年5月到1913年,邵力子和于右任一起,先后创办《民呼日报》《民吁日报》《民立报》,宣传革命思想,倡导国民独立精神。其间虽先后遭当局查封,但他和于右任一起,坚持通过办报来进行革命宣传活动。1910年创刊的《民立报》还一度成为同盟会的联络机关。1913年《民立报》停刊后,邵力子便到复旦公学任国文教员。后复旦公学改名复旦大学,邵力子担任了中文系主任。

1916年1月,邵力子与叶楚伧在上海创办《民国日报》,任经理兼编本埠新闻。这一年11月20日,在《民国日报》"要闻版"头条编发《突如其来之俄国大政变》,这是中国最早报道俄国十月革命的消息。1919年五四运动爆发后,即在5月6日的《民国日报》刊载北京五四游行示威的"本社专电",并于当天清晨持报到复旦大学,鼓动学生在上海开展反帝爱国运动。6月16日,将《民国日报》第八版《救国余闻》改名《觉悟》,自任主笔。从此,《觉悟》成为上海宣传革命和马克思列宁主义理论和思想的一个重要阵地。

1920年5月,邵力子与陈独秀、李达、李汉俊、施存统、沈玄庐、陈望道、戴季陶等人在上海发起建立马克思主义研究会;11月,参加共产党,成为上海中国共产党早期组织成员。由于邵力子此前已加入国民党,经组织批准,成为一名跨党的共产党员。也正因为如此,经组织许可,可以不经常参加共产党的会议。中国共产党成立以后,邵力子还在党创办的平民女校任教,后来成为上海大学学生的丁玲、王剑虹、王一知等在平民女校读书时就是邵力子的学生。

1922年10月,位于上海闸北青云路的东南高等专科师范学校因校政腐败闹起学潮,成立了学生自治会,要求驱逐校长王理堂,并在当时在社会上深孚人望的陈独秀、于右任、章太炎三人中遴选新的校长。后来,将名单最终锁定在于右任身上。这样,学生代表程永言、周学文、汪钺便来到民国日报社拜访与于右任为莫逆之交的邵力子,请他代为说项,请于右任到东南高等专科师范学校来主持校政。邵力子出于对学生痛恨奸商开学店敛财心情的理解和热望读书求知上进态度的支持,便带学生来到于右任寓所拜谒了于右任。于右任最终答应了学生的要求,并提出将学校

改名为"上海大学",并当场题写了校名。

10月23日,在邵力子的陪同下,于右任来到上海大学出席欢迎会。在于右任发表讲话以后,邵力子以来宾身份即席发表演讲。在演讲中,邵力子说:"诸君以革命精神,改造学校,实可佩服。上海学校林立,优少劣多。所谓劣者,即营业式之学校。营业学校何自而发达,实由于高级学校之佳者学额有定,考取不易,彼等遂得乘机而起,以供学子之需求。今诸君群众一心,推倒营业式之学校,此类学校,当可逐渐消灭。于先生为余旧友,余不欲作标榜语,但深知其进退不苟,七年(指民国七年,即1918年)护法赴陕,辛苦数载,孑然归来,可谓失败。然其失败乃光荣之失败,余以为于先生之精神实近于易卜生所云非全有则宁无者。现代青年病根在羡慕虚荣,骗钱学校亦即乘此弱点而起,故非称专科,即称高等,或专门,或大学。诸君此次改组大学,只能视为悬一大学之目标而共赴之,万不可遽自命为大学学生。于先生谦言愿为小学生以研究教育,余望诸君亦本此精神,切切实实地多求几年学问。"①在这次演讲中,邵力子一方面肯定了学生"推倒营业式学校"的革命行动,又告诫学生此次"改组大学"成功以后,"万不可遽自命为大学学生",希望同学们"切切实实地多求几年学问"。另外,他以"旧友"的身份,向同学介绍了于右任先生"进退不苟""谦言愿为小学生以研究教育"的人品。可以说,上海大学的初创和请出于右任来担任校长,邵力子都是功不可没。至于邵力子本人,并没有立即在上海大学任职。在学生的回忆中说自10月23日以后,"同学们皆认于、邵为正副校长",事实上,邵力子要到第二年的春天才到上海大学任教职。1924年编印的《上海大学一览》"教员之部"的"中国文学系"一栏中明确记载:"邵仲辉(即邵力子),籍贯:浙江绍兴;经历:《民国日报》主笔,复旦大学教授;入校年月:十二年(即1923年)春季;教授学科:散文。"

邵力子从1923年春天到上海大学任教,一直到1925年5月赴广州黄埔军校任职,一共在上海大学任职任教两年多时间,无论在教学还是行政领导方面,都为上海大学作出了重要贡献,成为于右任校长的得力助手,也是上海大学学生和教职员爱戴的老师和领导。邵力子对上海大学的贡

---

① 《民国日报》1922年10月24日。

献，主要体现在以下几个方面：

第一，是一位称职的教师。邵力子作为前清举人，又受到西方科学思想的影响，到过日本留学学习新闻学，中西兼通，学问渊博。在来上海大学以前，已经在复旦大学担任国文教员，还担任中文系系主任。他受聘到上海大学中文系，主要从事中国古代散文的教学。《民国日报》1923年8月23日的报道称，上海大学聘定邵力子"教授历代著名文选（包含群经诸子及史传）"。这门课对于前清举人出身的邵力子来说，可谓所聘得人。关于邵力子的教学，丁玲在她的《我景仰的邵力子先生》这篇文章中回忆说："1923年，我到上海大学的文学系旁听（丁玲以"丁冰之"名注册为上海大学中文系试读生）。文学系的教员，大多是平民女校的那几位老师，但课程却有了变化。过去邵先生常向我们讲一般的思想问题，如反帝、反封建、民族独立、人民自由、青年求学的态度，强调独立思考等等，而这时他教我们《书经》。《书经》的确是一本难懂的书，邵先生讲课文又是江浙口音，我们一时听不十分清楚。但同学们为了追求知识，而邵先生细致耐心，又很博学，讲解分析，力求浅显，我们听来，虽说吃力，也还是感到有趣味。"①邵力子在讲授"新闻学"这门课时，更是以自己主持的《民国日报》评论、报道为素材，信手拈来，既新鲜又实际，生动活泼，引人入胜。

第二，担任重要的行政工作，是上海大学的主要领导。邵力子刚到上海大学任教时，并没有参与行政领导工作。1923年8月8日，上海大学召开教职员会议，决定成立评议会，作为学校的最高议事机关。除校长于右任以外，邵力子等9人被推选为评议员，这是邵力子进入上海大学决策层的开始。到了12月，根据新修订通过的章程，又改评议会为"行政委员会"，依然为学校最高议事机关。《民国日报》在报道此消息时，明确注明邵力子是以普通教职员身份当选为委员。但就在这次会议以后，于右任奉孙中山之命，赴广州参加国民党工作，于是邵力子任代理校长，担负起领导上海大学的重任。在邵力子担任代理校长期间，上海大学完成了从闸北青云路校舍到租界西摩路（今陕西北路）校舍的搬迁工作，上海大学办学出现了一个新的气象。1924年2月，上海大学举行行政委员会会议，

---

① 傅学文编：《邵力子文集》，中华书局1985年版，第11页。

 他们从 上海大学 (1922—1927) 走进新中国

决定组织上海大学丛书审查委员会,成员由邵力子、邓中夏以及瞿秋白、陈望道、何世桢三个系主任等组成。1924年5月7日,国民党元老张继答应到南洋为上海大学自建校舍募款,邵力子以代理校长的身份致辞欢送。1924年10月10日"黄仁事件"以后,英国文学系主任何世桢离开上海大学,邵力子即于12月23日发表布告,聘定周越然为英国文学系主任,没有因为何世桢的离开而影响英国文学系的教学秩序。

第三,积极参加校内外革命活动,发表各类演讲,热心参加学生的各种活动。1923年10月17日,上海大学成立社会主义问题研究会,瞿秋白发表演讲,邵力子和李大钊等200人出席会议。1924年5月1日,上海联合会发起纪念"五一"国际劳动节大会,邵力子在会上发表演说。5月9日,上海在天后宫举行"五九"国耻纪念会,邵力子又应邀发表演说。1923年、1924年的夏天,上海大学连续两年联合其他组织利用暑假举办讲习班,邵力子都应邀热心参加这些讲座,1923年7月28日到30日,他用三天时间在暑期讲习会上讲中华民国宪法史,第二年的7月,又在夏令讲习会上作了中国宪法史的讲座。1923年7月8日,上海大学美术科图工、图音甲组举行毕业辞别会,邵力子到会祝贺并发表演说,对学生进行勉励;第二天又举行毕业典礼,邵力子再次出席,并作为教职员代表发表演说,向学生表示祝贺。1924年6月21日,新的一届美术科学生举行毕业典礼,邵力子以代理校长的身份出席了会议。1924年4月15日,上海大学平民学校举行开学典礼,邵力子出席会议并发表演讲,对平民学校的开学表示祝贺。20日,远在沪东北的吴淞平民学校开学,他又应邀赶过去参加会议并发表演讲,表示对他们的支持。他还曾应上虞白马湖暑期讲习会邀请,和于右任、陈望道一起赴浙江讲学。

第四,拥护中国共产党统一战线政策,拥护孙中山先生对于时局的主张,反对国民党右派。邵力子是上海中国共产党早期组织的发起人和中国共产党早期党员。虽然曾经萌生过退出共产党的念头,后经党的会议决定,接受了党组织的挽留,依然以经过组织批准跨党的身份参加国共两党的工作。还在1923年初的时候,邵力子就同于右任一起,在上海四马路(今福州路)同兴楼宴请来沪的中国共产党创始人之一的李大钊,并接受李大钊的建议,聘请了邓中夏、瞿秋白等共产党员来上海大学任职任

教,后来又有张太雷、蔡和森、施存统、恽代英、任弼时、萧楚女、彭述之等大批共产党员来上海大学任教,邵力子都以支持和包容的态度欢迎他们和自己一起共事,并且彼此相处得很好。1924年国民党一大以后,国共合作局面正式形成,邵力子在工作中积极拥护中国共产党的革命统一战线政策,拥护孙中山对于时局的主张。国民党上海执行部成立以后,他任工农部秘书,协助工农部主任于右任工作。1924年2月,上海大学还是黄埔军校的一个秘密招生点。1924年11月,孙中山发表对时局的主张,提出召开国民会议;11月28日,邵力子以代理校长的身份召开上海大学教职员及学生全体会议,一致赞成召集九团体预备会议,产生国民会议的建议。会议决定发表拥护宣言,并推出邵力子、彭述之、施存统、张太雷、韩觉民、刘剑华、林钧等7人为代表,与国内各大学联络,积极进行九团体预备会议的产生。到了12月28日,邵力子又主持召开有共产党人李立三、俞秀松以及上海大学学生林钧、郭伯和、刘刁心等14人参加的上海国民会议促成会第三次委员会。会议决定成立包括上海大学在内的60支演讲队来宣传召开国民会议的主张。1925年3月12日孙中山在北京逝世,邵力子在上海参加了治丧活动,并亲撰挽联:"举世崇拜,举世仇恨,看清崇拜与仇恨是些什么人,愈见先生伟大;毕生革命,毕生治学,倘把革命和治学分成两件事,便非吾党精神。"3月28日,上海大学举行追悼孙中山大会,在会上,邵力子宣读了孙中山遗嘱。在发表演说时指出:我辈为革命而求学,我辈更宜努力求学以完成革命[①]。胡景翼是著名的爱国将领,1917年护法战争期间加入于右任在陕西组织的靖国军。1925年4月10日逝世,北京、西安、开封、郑州等地都举行了隆重的悼念活动。5月10日,上海大学举行追悼胡景翼大会,邵力子主持了会议,他在讲话中指出:"今日诸君皆思打倒强权,摒除障碍,胡公幼年即有志于此,确定革命方针,且以读书与革命二者融合为一,成就今日之伟业。"邵力子还说:"胡公在幼年时,愤强权侵略,即画鹰日而射击之,此种精神很值得我们青年效法。"[②]邵力子在拥护中国共产党革命统一战线的同时,明确反对国

[①]《申报》1925年3月29日。
[②]《民国日报》1925年5月12日。

民党右派破坏国共合作。1923年12月，与人谈国共合作问题，还挨了国民党右派茅祖权的打[①]。

邵力子为上海大学作出的另一个功绩就是在他主持的《民国日报》和主编的《民国日报》副刊《觉悟》上大量刊登上海大学的消息，发表宣传马克思列宁主义思想理论以及反帝反封建的文章。瞿秋白的《现代中国所当有的上海大学》就发表在《民国日报》上。其他如上海大学的消息报道，经常出现在《民国日报》上，使人感觉《民国日报》好似上海大学的校报一般。邵力子还在《民国日报》上发表上海大学师生的作品。1924年11月，《觉悟》先后出版两期"文学专号"，由上海大学教授沈泽民、蒋光慈等组织的"春雷社"主办。在发刊词中公开宣布"我们是无产者"，"我们的笔尤要为穷人们吐气"。蒋光慈的诗歌《莫斯科吟》《哀中国》也发表在《觉悟》上。邵力子还将上海大学中文系编辑的《文学》作为《民国日报》的文艺副刊随报发行，从1925年4月27日创刊到五卅运动爆发，整整出了6期。在《觉悟》上刊登的关于宣传马克思列宁主义的译文、介绍文章不可胜数，如施存统译布哈林的《无政府主义和科学共产主义》、张太雷译列宁的《马克思政治学》（即《国家与革命》，1924年11月连载）、丽英译恩格斯的《空想的及科学的社会主义》（1925年2月连载）、李春蕃译列宁的《农税的意义》（1924年2月15日）、《帝国主义》（1924年5月连载）、《帝国主义概论》（1924年10月连载）。邵力子还根据党的决定于1923年11月7日出"纪念十月革命专刊"，刊登陈独秀的《苏俄六周》等文章。1924年2月21日列宁逝世，27日即刊登《列宁与孙中山》一文，以纪念列宁。《觉悟》从1924年8月19日到1925年3月11日，还出了"非基督教特刊"，每周一期，共出24期；从1924年12月1日起到1925年6月22日，又出了"社会科学特刊"，两周一期，共15期。1924年10月10日"黄仁事件"以后，《觉悟》又刊《上海大学横被帝国主义与军阀走狗摧残》通电。还以显著的位置和大量篇幅，刊登了李大钊、陈独秀、瞿秋白、李达、李汉俊、恽代英、沈雁冰、沈泽民、萧楚女、向警予、包惠

[①] 邵力子：《党成立前后的一些情况》，载全国政协文史和学习委员会编《回忆邵力子》，中国文史出版社2016年版，第240页。

僧、刘仁静、张闻天、张太雷、方志敏、蒋光慈、任弼时、杨贤江、罗章龙、陈毅、杨之华等大批共产党人的革命文章,这在其他报刊是不可能做到的。作为《民国日报》的主笔,邵力子自己还在这张报纸发表了大量文章。单就他到上海大学任职任教以后来统计,从1923年3月2日起到1925年2月20日止,就在《民国日报》等报上发表了160多篇文章。其中有一篇还是回应上海大学学生何尚志的来信。1923年11月,康有为应直系军阀、陕西督军刘镇华的邀请,到西安作为期两个月的讲学。在讲学过程中,康有为又大弹"尊君主""畏大人"的复古老调。正在上海大学读书的学生何尚志见到这消息以后,于1924年1月给上海大学代理校长邵力子写信,公开对康有为进行了批评和抨击。1月20日,邵力子在《民国日报》"通信"栏中发表题为《康有为和陕西》的文章,表示对何尚志来信的支持。邵力子作为《民国日报》主笔和《觉悟》的主编,刊发和发表了那么多宣传马克思列宁主义思想和进步革命的文章,正如他自己所说:"那时党组织给我的任务,我都做了。"[①]

作为上海大学的领导和教授,邵力子对教师和学生非常关心和爱护。上海大学的师生参加各种进步革命活动,经常会受到当局迫害逮捕。每每遇到这种情况,邵力子不顾人安危,挺身而出,多方交涉,千方百计地进行营救。正如社会学系的学生阳翰笙回忆说:"如果上海大学的学生和教职员被捕,他就去法庭和人家辩论,不许敌人拷打折磨他们,他去打官司把这些人保出来,做了许多营救我们的工作。"[②]

上海大学校舍从1924年2月由闸北青云路搬迁至公共租界西摩路(今陕西北路)后,开办平民学校,又在沪西小沙渡举办工人夜校,1925年2月领导工人罢工,在五卅运动中上海大学又担当了先锋和主力,早就被租界当局注意和不容。邵力子作为上海大学的代理校长,不但自己经常发表反帝爱国的演讲,又在他主持的《民国日报》上不断刊登上海大学从事各种活动的报道,更为租界当局所仇视。1924年12月9人,公共租界巡捕房借故搜查上海大学,搜走《向导》《新青年》及社会科学书刊300

[①] 陈德和:《邵力子主编〈觉悟〉》,载全国政协文史和学习委员会编《回忆邵力子》,中国文史出版社2016年版,第65页。
[②] 《阳翰笙同志谈二十年代的上海大学》,《社会》1984年第3期。

余种,以出售"含有仇洋词句"之书报的罪名控告邵力子,此案虽经审理于1925年1月9日完全撤销,然而租界当局依然借故对邵力子进行迫害。由于邵力子寓所在法租界三益里,于是法租界公董局下令把邵力子驱逐出租界。这样,邵力子便离开上海,赴广州到黄埔军校任职,从而结束了他在上海大学的任职任教。

邵力子虽然离开了上海大学,但他一直关心支持着这所他参与创建的革命学府。1926年1月国民党召开第二次全国代表大会,上海大学为新校舍的建筑组成募捐团,邵力子和邓中夏慨然担任名誉团长;5月7日,国民党中央执行委员会常务委员会举行第26次会议,会议决定恢复每月津贴上海大学大洋1 000元,在财政部未给领以前,暂由中央宣传费项下挪借。邵力子出席了这次会议,参与了这个决定的讨论。10月27日,国民党中央批下上海大学新校舍补助款2万元,是通过邵力子转交上海大学总务主任韩觉民的。直到1948年5月3日,上海大学校友会举行年会,邵力子还以上海大学代理校长的身份携夫人与上海大学校长于右任一起参加了活动,体现了他对上海大学的深厚感情。

邵力子离开上海大学和《民国日报》以后,先后担任黄埔军校秘书长、国民革命军总司令部秘书长。1926年9月受命赴苏联参加共产国际第七次扩大会议,出发之前,中国共产党为他举行欢送会,并作出决定,同意邵力子正式退出共产党,以纯粹国民党代表的身份和共产党代表谭平山一起率团赴莫斯科。回国以后先后任中国公学校长、陕西省政府主席、国民党中央宣传部部长、驻苏联大使、国民参政会秘书长。1949年为国民政府和平谈判代表团成员,同年出席全国政协第一届全体会议。

新中国成立以后,历任全国人大和全国政协常委、民革中央常委。1967年12月25日在北京逝世,终年85岁。

邵力子塑像

沈雁冰（茅盾）：
新中国第一任文化部部长

1949年9月，在中国人民政治协商会议第一届全体会议召开前夕，周恩来受命组建新中国首届政府，他动员沈雁冰（茅盾）出任文化部部长，但被沈雁冰婉言拒绝了。沈雁冰说自己不会当官，打算继续从事文学创作。第二天，周恩来派人将沈雁冰接到中南海丰泽园颐年堂。毛泽东、周恩来已经在那里等候他的到来。毛泽东对沈雁冰说："我跟恩来商量过了，还是请你出任文化部长。"毛泽东又说："文化部长这把交椅是好多人想坐的，只是我们不放心，所以想请你出来。"沈雁冰见毛泽东和周恩来是如此郑重地向他提出，便不再推辞，愉快地答应了下来[①]。开国大典后，沈雁冰被毛泽东主席任命为中华人民共和国文化部部长，并于11月2日召开文化部成立大会，沈雁冰走马上任，成为新中国第一任文化部部长。

沈雁冰（茅盾）

沈雁冰，原名沈德鸿，字雁冰，笔名茅盾，浙江桐乡人，生于1896年。作家，社会活动家。他出身于一个具有新思想的家庭，从5岁时，接受父母的启蒙教育，7岁时进家塾，由父亲亲自教授，继而进小学学习。1909年，考入湖州中学，1911年秋，转入嘉兴中学，后因反对学监的专制被学校除名，经过考试插班到杭州私立安定中学。1913年夏，沈雁冰17足岁，

---

① 文辉抗、叶健君主编：《开国部长》，东方出版社2009年版，第430—431页。

考入北京大学预科。1916年夏,北大预科毕业,来到上海,进入商务印书馆编译所任编辑。1920年10月,加入上海共产主义小组,先后在上海共产主义小组的刊物《共产党》上发表《共产主义是什么意思》《美国共产党党纲》《美国共产党宣言》《共产党的出发点》等译文,还从英译本转译了列宁的《国家与革命》第一章,为马克思列宁主义的传播和普及作了贡献。1921年,与郑振铎、王统照、叶圣陶等发起成立文学研究会,并主编《小说月报》,撰写了大量社会评论和文学评论,广泛介绍外国各种文学思潮和作品。这一时期他还在中国共产党创办的平民女校教授英文,培养党的妇女运动干部。1921年,沈雁冰加入中国共产党,是中国共产党最早的党员之一。

1922年10月23日,上海大学成立。1923年4月,共产党员邓中夏到上海大学任教任职,沈雁冰也来到上海大学任教,成为上海大学教授中最早的中共党员之一。《申报》1923年5月3日刊登题为《上海大学又添聘教师》的报道,称"闸北西宝兴路上海大学除聘邓安石君(即邓中夏)为历史学教授、陈德徵君为中国文学史教授外,昨又聘沈雁冰为西洋文学史教授"。8月12日的《民国日报》又刊登题为《上海大学之近况》的报道,称:上海大学"已聘定沈雁冰教授西洋文学史"。1924年编印的《上海大学一览》,在"教员之部"中介绍沈雁冰为中国文学系教授,入校年月为"十二年五月(即民国十二年五月,1923年5月);教授学科:欧洲文学史、小说"。据沈雁冰本人回忆,他在上海大学所教授课程还有为英国文学系讲授的"希腊神话"。另外,沈雁冰还在上海大学中学部讲授高三年级的课程"西洋文学史纲"。1923年和1924年暑假,以上海大学为主联合上海学生联合会等连续两年举办"上海暑期讲习会"和"上海夏令讲习会",沈雁冰先后应邀作了"现代文学"和"近代文学"专题讲演。1923年的暑假,沈雁冰还应松江地区共产党负责人侯绍裘的邀请,到松江演讲"文学与人生",做文学普及的工作。

沈雁冰在上海大学担任教授是兼职性质的,他除了有课到上海大学来以外,还在商务印书馆上班。但是,这些并不影响他和上海大学的教师、同学保持密切的往来。瞿秋白是上海大学马克思列宁主义的主要传播者,是中国共产党的早期领导者。沈雁冰和瞿秋白的第一次相识,就是在上海大学。在沈雁冰眼里,瞿秋白"不只具有文人的气质,而且,主要是政治家"。1924年的冬天,沈雁冰又和瞿秋白、杨之华夫妇成为邻居,彼此来往就更频繁了。当时,沈雁冰在商务印书馆担任党支部书记,支部会议常在自己家里召开,瞿秋白代表党中央常来出席会议,他还和沈雁冰谈论政局和党内的问题。沈雁冰和瞿秋白之间的交往和结下的友情,不只是上海大学的同事,更是政治上志同道合的同志,瞿秋白是他能肝胆相照的挚友[①]。据中文系学生施蛰存回忆,他和戴望舒"几乎每星期都上沈(雁冰)先生家去","开头,沈先生还把我们作为客人,在楼下客座招待;后来,相熟了,就索性让我们到楼上去。沈先生做他自己的文字工作,让我们随便翻看他书架上的外国文学书"[②]。1923年7月1日,上海大学为美术科图音组、图工组毕业生举行欢送会,邓中夏、陈德徵和沈雁冰等教授出席了欢送会并作演说。沈雁冰在演说中称:"人生艺术底趋势亦有二:其一即托尔斯泰之无抵抗主义,其一即罗曼罗兰之大勇主义。吾以为在事实上和时势上看,无抵抗主义底理想,未免太高。而罗曼罗兰之大勇主义,主张由糟的一方面前进,有时似乎又不免令人失望,所以目下所急迫,还是俄罗斯阿尔支拔绥夫所提倡的对于社会痛恨而努力从事革命的一法。"[③]表达了他所提倡的艺术观和对学生日后走向社会在艺术上追求的期望。沈雁冰学识丰厚,博览群书,中西兼通,他的课程给学生留下深刻印象。一向"傲慢"的丁玲,回忆自己当年在课堂上听沈雁冰的课说:"我喜欢沈雁冰先生(茅盾)讲的《奥德赛》《伊利阿特》这些远古的、异族的极为离奇又极为美丽的故事。我从这些故事里产生过许多幻想。我去翻欧洲的历史、欧洲的地理,把它们拿来和我自己的民族远古的故事比较。我还读过沈先生在《小说月报》上翻译的欧洲小说。他那时给我的印象是一个会讲故事的人。"[④]丁玲还在1981年发表的《悼念茅盾同志》的文章中深情地说:"我有幸曾是茅盾同志的学生,一九二二年在上海平民女校,一九二三年在上海大学,都是听他讲授文学课的。后来我从事文

[①] 茅盾:《回忆秋白烈士》,载《忆秋白》,人民文学出版社1981年版,第157—161页。
[②] 施蛰存著:《沙上的脚迹》,辽宁教育出版社1995年版,第150页。
[③]《民国日报》1923年7月2日。
[④]《丁玲自传》,江苏文艺出版社1996年版,第39—40页。

学事业,虽不是由于他的影响,但他却在谆谆课读之中培养了我对文学的兴趣。"①施蛰存在回忆中,除了讲他和戴望舒在课余时间到沈雁冰家中拜访请教以外,对沈雁冰课堂上的讲课同样记忆犹新,称:"沈雁冰(茅盾)先生也在上海大学任教,给我级讲欧洲文学史,用的教本就是周作人编的《欧洲文学史》(北京大学丛书)。"②丁玲和施蛰存后来都成为新中国文学方面的大家,这和沈雁冰当年在课堂上的耳提面命是分不开的。上海大学另一名学生周启新在他的回忆中,也认为沈雁冰"在上大讲授'西洋文学概论',据名著节本,演讲世界文学故事,生动活泼,颇受同学欢迎"③。

1924年10月10日在北河南路(今河南北路)天后宫发生的"黄仁事件",是国民党右派破坏国共合作的一个标志性事件。"黄仁事件"以后,国民党右派代表、上海大学英国文学系系主任何世桢辞职离开了上海大学,总务长邓中夏托沈雁冰请在商务印书馆任职的周越然来担任英国文学系主任一职。经过沈雁冰的说项,周越然欣然接受并很快担负起了领导上海大学英文系的责任,没有因为何世桢的辞职而影响上海大学英国文学系的教学安排。在上海大学,沈雁冰还积极参加学校的行政工作。1925年4月,上海大学行政委员会改选,沈雁冰以教职员代表的身份当选为委员,同邵力子、陈望道、施存统、恽代英一起,参与上海大学重大事务的决策。

沈雁冰在上海大学任教期间爆发了五卅运动,上海大学师生在中国共产党的领导下,充当了运动的骨干和先锋。沈雁冰也投入了这场轰轰烈烈的反帝爱国运动。1925年5月30日,沈雁冰和夫人孔德沚一起,随上海大学学生杨之华一起,跟着上海大学的学生宣传队,参加了示威游行。在示威游行的过程中,上海大学学生何秉彝、同济大学学生易洲贤、南洋大学附中学生陈虞钦等十几人被英国巡捕枪杀倒在血泊里的惨案给了沈雁冰极大的震惊和教育。但他没有畏缩后腿,第二天,也就是31日,他和夫人孔德沚又冒着危险跻身于游行队伍。后来,他在《暴风雨——

---

① 《人民文学》1981年第5期。
② 施蛰存著:《沙上的脚迹》,辽宁教育出版社1995年版,第150页。
③ 周启新:《上海大学始末》,载中国人民政治协商会议上海市委员会文史资料工作委员会编《文史资料选辑》,上海人民出版社1981年版,第124页。

五月三十一日》中记下了当时的感受。6月2日,由上海大学教职员发起,上海大学、上海法政大学、复旦大学、暨南大学、南洋大学、文治大学等35所学校,在西门江苏省教育会召开各校教职员联合会,讨论五卅惨案。会上上海大学代表韩觉民报告了会议召集的经过,提出组织上海各学校教职员联合会的建议。6月4日下午,由沈雁冰、韩觉民、侯绍裘、周越然、杨贤江、董亦湘、刘熏宇等30余人,发起成立上海教职员救国同志会,并发表宣言。6月6日,沈雁冰、杨贤江、侯绍裘发表谈话,批评江苏省教育会所发起的上海各学校教职员联合会专就补救学潮善后着想,且以学校为单位,认为这种主张太浅,范围太狭,因而发起教职员救国同志会,以教职员个人为单位,从事救国运动。并通过章程,决定联络全国教职员一致行动,与官厅交涉五卅善后事宜。9日,上海教职员救国同志会临时执行部作出决定,由沈雁冰、沈联璧负责起草宣言。宣言于15日刊登于上海《民国日报》上。上海教职员救国同志会当时还组织了讲演团,除应邀赴各学校团体讲演外,自6月16日起,借中华职业学校举行讲演会,沈雁冰的讲演题目是《"五卅"事件的外交背景》。自五卅惨案发生以后,由于受到当局的压制,上海各报都不能据实报道事实真相,也不准刊载反帝运动的消息。工部局还出版了制造谣言、挑拨工商团结的《诚言报》。在这样的情形下,中共中央于6月4日出版了《热血日报》,由瞿秋白任主编,沈泽民、郑超麟任编辑,商务印书馆则出版了《公理日报》,沈雁冰参加了编辑工作。这两张报纸连续报道五卅惨案的真相和后来日益高涨的运动情况。结果,《热血日报》于6月27日被当局封闭停刊,《公理日报》于6月3日创刊,到了6月24日就遭到当局压制而被迫停刊。

1925年9月,由中国共产党联络社会知名人士在上海发起组织"以救济一切解放运动之被难者,并发扬世界被压迫民众团结精神"为宗旨的中国济难会,沈雁冰和恽代英、杨贤江、郭沫若、韩觉民、陈望道、林钧等上海大学教师和学生等为济难会筹备委员会委员。12月7日,上海大学学生、工人运动领袖刘华被军阀当局秘密杀害,沈雁冰和蒋光慈、李季、周越然等上海大学教师,于1926年1月12日发表《人权保障宣言》,严厉谴责军阀当局杀害刘华的卑劣行径,疾呼保障基本人权。

沈雁冰是中国共产党早期党员,他在上海大学任教期间,还担负着

他们从 上海大学 走进新中国
(1922—1927)

党内职务,参加了党组织的活动。沈雁冰是1923年5月到上海大学任教的,从现存的档案来看,他从这一年的7月8日开始,一直到1924年2月21日,共参加了22次中共上海地委兼区委会议。在7月8日的会上,改选中共上海地委兼区执行委员会委员,他被选为执行委员,在第二天,也就是9日举行兼区委第一次会议上,讨论执委会分工,邓中夏任委员长,他任国民运动委员。到了9月27日,上海地委兼区委召开第十五次会议,传达了中央关于国民运动"包括一切运动者;一切运动皆属国民运动范围内事"的指示,改组了国民运动委员会,统一管理工人、农民、商人、学生、妇女各方面的运动。沈雁冰和向警予一起专任妇女方面的工作。8月5日,中共上海地委兼区委召开第六次会议,毛泽东以中央委员的身份出席了会议,在会上,毛泽东代表中央在会上提出,对提出退党的邵力子、沈玄庐、陈望道三人态度须缓和,并编入党的小组。会议委托沈雁冰去做这三人的思想工作。结果,除了陈望道还是坚持退党以外,邵力子、沈玄庐都接受了沈雁冰的意见,继续留在党内。1924年1月13日,上海地委兼区委召开会议,改选执委会,沈雁冰以16票,也就是最高票和沈泽民、施存统等5人当选为委员,在讨论分工时担任秘书兼会计的工作,协助委员长施存统工作。在这些重要的党的会议上,沈雁冰就党的组织建设、党费收缴、党的建设、党的统一战线等方面,都发表了很好的意见。

在中国共产党的领导下,商务印书馆举行罢工运动,并在罢工委员会内设立临时党团组织,由徐梅坤担任临时党团负责人,沈雁冰也参加了临时党团的工作,来领导商务印书馆的罢工斗争。1925年底,沈雁冰和恽代英等被选为国民党上海市党部代表,赴广州出席国民党第二次全国代表大会。会后,留广州工作,在毛泽东任代理部长的国民党中央宣传部任秘书。自此,沈雁冰正式离开了上海大学的教职。

1926年10月,北伐军占领武汉,成立国民政府。沈雁冰赴武汉,先任中央军事政治学校武汉分校教官,年底,出任汉口《民国日报》主编。从4月至7月间,为该刊撰写社论、述评30余篇。1927年7月,汪精卫公开叛变革命,沈雁冰撤离武汉,准备参加南昌起义,抵九江后因路途阻塞,经牯岭回上海。这时,又遭国民党反动派通缉。从此,他以茅盾为笔名,开始创作和其他文学活动。

1927年至1928年,沈雁冰以"五四"到大革命前后的社会斗争为背景,创作了中篇小说《幻灭》《动摇》《追求》,总称《蚀》三部曲,表现了知识分子在革命运动中的激情与苦闷。1928年夏离开上海到日本,同中国共产党失去组织关系。在日期间,继续从事创作,完成长篇小说《虹》。1930年回国,参加左联,并担任领导工作。1932年完成长篇小说《子夜》。此外还发表了《林家铺子》《春蚕》等小说及一些散文随笔。抗日战争全面爆发后,积极从事抗日救亡工作。1938年起主编《文艺阵地》和《立报》副刊"言林"。1938年底,去新疆学院任教并任新疆

茅盾作品《子夜》书影

各族文学联合会主席和新疆中苏文化协会会长。1940年,到延安参观和讲学。1941年皖南事变后不久,在香港创作长篇小说《腐蚀》,后到桂林、重庆等地。还写有长篇小说《霜叶红于二月花》和剧本《清明前后》等。

新中国成立后,除了任文化部部长以外,还当选为中国文联副主席和中国作家协会主席,历届全国人大代表、全国政协常务委员会委员和全国政协第四、第五届委员会副主席。主编《人民文学》和《译文》等刊物,撰写《夜读偶记》等文艺理论和文艺批评论著,为建设社会主义文化、团结壮大革命文艺队伍、促进中外文化交流作出了卓越贡献。

1981年3月4日,重病中的沈雁冰自知不起,给中国作家协会书记处留下遗书,将自己的25万元稿费捐献给作协,作为设立长篇小说文艺奖金的基金,以奖励每年最优秀的长篇小说作者。1981年3月27日,沈雁冰在北京逝世,终年85岁。1982年,根据沈雁冰的生前遗愿,由中国作家协会主办设立了由他的笔名"茅盾"命名的"茅盾文学奖"。这个文学奖至今仍是我国最具影响的文学大奖之一。

1981年3月31日,中共中央根据他的请求和一生的革命,决定恢复他的中国共产党党籍,党籍从1921年算起。

沈志远：
从上海大学附中副主任到中国科学院学部委员

沈志远

2021年2月3日，《文汇报》在"论苑"版用正版的篇幅，发表了该报记者撰写的题为《沈志远：忠于真理的马克思主义学者》。全文对沈志远在马克思主义理论的传播方面，尤其对马克思主义政治经济学的中国化方面作出的杰出贡献作了详尽的介绍。这对于我们今天的"四史"学习，更进一步了解马克思列宁主义在中国的传播是极有帮助的。

沈志远，原名沈会春，曾用名沈观澜，浙江萧山（今为杭州市萧山区）人，生于1902年。自幼进乡塾发蒙，后到位于杭州的浙江省立一中读书，因参与五四运动而被学校劝退。后到上海，考进南洋公学（今上海交通大学）附中。毕业后到绍兴一所中学任教，两年以后，也就是1924年，又到松江景贤女子中学任教。当时负责这所学校的是南洋公学毕业的高才生、共产党员侯绍裘。1925年3月，侯绍裘被上海大学附属中学聘为副主任，沈志远同时被聘为教员。1957年8月，沈志远在接受访问时称："我是1925年夏才进去的，在上大仅一年半。"沈志远的这个回忆是不确切的。3月2日的《申报》以《上大附中之进行》为题，明确记载了沈志远到上海大学附中任教的消息。与他同时应聘的还有曹聚仁、沈仲九、丰子恺、韩觉民、张作人、高尔柏、黄正厂等人。到了8月，侯绍裘担任附中主任。8月17日，《民国日报》发表关于上海大学附属中学的消息，称："主任侯绍裘对于聘请教师，极为注意。兹悉各级教员业已完全聘定。"报纸列举了"其重要者"16人,其中仍然包括沈志远(当时用名沈观澜)。1926年8月23日,《寰球中国学生会特刊》刊登"上海著名大学调查录",在上海大学附中部分称:"附属中学分高级中学、初级中学,共6班。附属中学主任侯绍裘,教务主任韩觉民,副主任兼事务主任沈观澜。"沈观澜即沈志远。1926年8月前后,侯绍裘因工作暂留在广州,校务工作曾由沈志远主持过一段时间。上海大学附中,党的力量还是很强的。1925年沈志远到上海大学不久,就由侯绍裘介绍加入了中国共产党,据他自己说,"当时我刚入党,仅在附中一个党小组过组织生活。大学部的党团组织生活我不参加"[1]。

在上海大学,沈志远还参加了其他活动。1925年4月3日,上海大学浙江同学会进行改选,到上海大学任教才一个月左右的沈志远,与施存统、朱义权等7人,被推选为执行委员。在执行中国共产党革命统一战线方面,沈志远也是很积极认真的。他和高尔柏等共产党员一起,很好地配合了侯绍裘搞好国民党上海执行部的工作,积极贯彻和维护中国共产党革命的统一战线工作。他根据中国共产党的决定,加入国民党,成为"跨党"党员。1925年5月4日,国民党上海执行部在上海大学成立第四区第二十二分部,即附中分部,沈志远主持了会议。通过选举,沈志远和高尔柏、秦治安当选为执行委员。会后,沈志远发表了演说,勉励与会者"须遵守总理遗嘱,奋勇革命云云"[2]。1925年3月12日,孙中山在北京逝世,4月24日,上海大学恽代英、杨贤江、董亦湘、施存统、侯绍裘等20名教师、学生在《民国日报》副刊《觉悟》上发起"孙中山主义研究会征求同志"活动,沈志远也以"沈观澜"的名字,列在发起人名单之中。

1926年12月,受党组织派遣,赴苏联莫斯科中山劳动大学学习。《申报》1927年2月14日在题为《上大附中添聘教职员》的报道中称:"原任英文教员沈观澜(即沈志远)已派往国外留学。"1929年,沈志远考取莫斯科中国问题研究所研究生,同时任共产国际东方部书刊编译,并参加《列宁选集》第六卷的翻译出版工作。1931年12月回国,曾担任社会科

---

[1] 《访问沈志远记录》,1957年8月1日,上海市档案馆馆藏档案,档号:D10-1-48。
[2] 《国民党又成立两分部》,《民国日报》1925年5月5日。

学家联盟(社联)常委。1933年至1938年,先后在上海暨南大学、北京大学、西北大学任教授,同时从事马克思主义政治经济学和哲学的著述和翻译。其成名之作《新经济学大纲》于1934年5月出版,他翻译的《辩证唯物论与历史唯物论》上册于1936年出版。同年,在上海参加救国会。1938年底到重庆,在邹韬奋主办的生活书店任总编并主编大型理论季刊《理论与现实》。1944年9月,以救国会成员身份经沈钧儒、马哲民介绍参加民盟。1945年10月,在民盟第一次全国代表会议上被选为中央委员并任救国会中央执行委员。1946年2月,民盟中央在沪委员举行茶会,宣布成立民盟上海市支部筹备委员会,沈志远和黄竞武一起被推为召集人;同年8月,民盟上海市支部成立,任支部执行委员。1948年1月,出席在香港召开的民盟中央一届三中全会,任民盟中央宣传委员会代理主任。1948年10月,到达东北。1949年6月,被选为《共同纲领》起草小组成员;9月21日,参加第一届中国人民政治协商会议。

新中国成立以后,担任中央人民政府教育委员会委员、出版总署编译局局长,还被聘为中国人民银行顾问。1951年调上海,任华东军政委员会任委员兼参事室主任、文教委员会副主任;10月,民盟上海市支部举行第一次盟员大会,被选为主任委员。以后又连任第二届支部主任

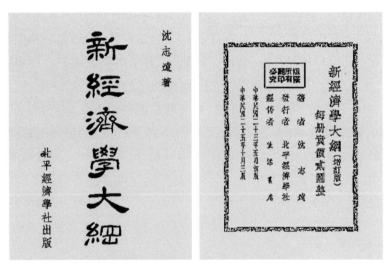

沈志远所著的《新经济学大纲》内封与版权页

委员和第三届民盟上海市委员会主任委员。1955年,中国科学院成立四个学部,沈志远当选为哲学社会科学部委员。1956年初,任中国科学院上海经济研究所筹备主任,后担任上海社会科学院经济研究所研究员。为上海市第一届政协副主席,第一、第三、第四届全国政协委员。平生著作100余种,其《新经济学大纲》被称为中国第一本马克思主义经济学著作。

1965年1月在上海病逝,终年63岁。2002年10月,民盟上海市委为纪念沈志远诞辰100周年举行座谈会。2007年秋在上海福寿园举行了沈志远塑像揭幕仪式。

施存统：
中国社会主义青年团中央第一任书记

施存统

1919年春，在浙江教育界曾发生过一起轰动全国的"一师风潮"流血事件。风潮的起因是因为浙江省立第一师范的学生施存统根据家里父母关系的实际情况，在《浙江新潮》上发表《非孝》一文，对中国封建社会历来提倡的"孝道"提出质疑，随即在浙江教育界引起轩然大波，浙江教育当局将此视为洪水猛兽，两次派员查办一师，责令校长经亨颐开除《非孝》作者施存统，还给施存统的老师陈望道等进步教师扣上"非孝""废孔""共产""共妻"等耸人听闻的罪名，要求将陈望道等予以撤职查办。校长经亨颐对教育当局的"查办令"给予坚决抵制，省教育厅恼羞成怒，进而作出撤换一师校长、改组学校的决定。结果学生发起"留经运动"，在寒假中纷纷赶回学校不让经亨颐离校，也拒绝新校长到任。惊恐万状的反动当局竟出动军警包围学校，强行让学生离校，从而酿成了轰动全国的"一师风潮"流血事件。后来在全国各地学校以及媒体的声援下，浙江当局才被迫收回成命。

施存统，又名施复亮，浙江金华人，生于1898年。中国爱国民主人士。自小受到粗通文墨的祖母教育，9岁入私塾，11岁入金华长山小学。1917年，考取位于杭州的浙江第一师范学校，受到校长经亨颐、国文教员陈望道的教诲。

施存统：中国社会主义青年团中央第一任书记

"一师风潮"以后，施存统离开一师来到上海。1920年5月，陈独秀在上海发起成立"马克思主义研究会"，施存统和俞秀松、李汉俊、陈望道等8人参加了这个研究会。同年6月，参加上海的中国共产党早期组织，成为中国共产党最早的党员之一。后又到日本留学，组织了旅日中国共产党早期组织。在日本期间，施存统深入研读马克思主义著作，马列主义水平有了很大提高，并翻译了《资本论大纲》和《社会进化论》等，受到读者赞赏。他还撰文参加了国内关于社会主义问题的论战，宣传马克思主义。1922年1月，施存统回到国内，参加了在广州召开的中国社会主义青年团第一次全国代表大会，当选为中国社会主义青年团中央书记，施存统也成为中国社会主义青年团中央第一任书记。施存统任团中央书记期间做了大量的工作，《共产国际给中国社会主义青年团书》中对施存统予以充分肯定。1923年8月，中国社会主义青年团第二次全国代表大会在南京市东南大学召开，施存统在会上以病力辞团中央的一切职务。后经大会讨论，同意了施存统的请求，于是施存统离开团中央，于1923年秋，受聘到上海大学担任教授。

1924年编印的《上海大学一览》，在教员之部"社会学系"一栏中记载："施存统：籍贯：浙江金华；入校年月：十二年（即1923年）秋季；教授学科：社会思想史、社会问题、社会运动史。"实际上，早在6月，上海大学已正式聘请了施存统来任教。《民国日报》1923年6月14日在题为《上海大学革新之猛进》的报道中称：其所聘新教员如"俞平伯、田汉、沈仲九、施存统、刘宜之、朱自清等，皆属海内知名之士"。可见施存统是和俞平伯、田汉、朱自清等一起接受上海大学聘请来任教的。

施存统从1923年秋正式到上海大学任教，到1926年下半年离开上海大学到广东中山大学、黄埔军校任职任教，在上海大学一共待了三年多的时间，对于上海大学的办学、人才培养和党组织的工作，都作出了重要的贡献。其主要表现在：

第一，是上海大学著名教授之一。作为社会学系的教授，施存统开设的课程有社会思想史、社会问题、社会运动史等。这些课程都编写了完整的讲义，1924年经上海社会科学会编辑，与上海大学教授瞿秋白、安体诚等人的教材一起，由上海书店以《社会科学讲义》之名出版，在社会上

引起很大的反响。关于施存统在上海大学上课的情况,阳翰笙在回忆中说:"施存统讲社会问题,工人、农民、妇女、青年等问题,从马列主义观点来讲。"[1]丁玲在回忆中也讲到施存统,而且还和施存统很熟,还敢和施存统开玩笑。上海大学中文系的学生施蛰存在《丁玲的傲气》一文中甚至说丁玲"崇拜的是施存统",并且"常常去他那里玩"[2]。可见施存统是一位受学生欢迎的教授。直到1926年4月,《寰球中国学生会特刊》在《上海著名大学调查录·上海大学》中,还介绍了社会学系教授施存统。作为教授,施存统热心参加上海大学的各种活动。1923年10月23日,上海大学举办学校成立一周年庆祝活动,施存统在庆祝会上发表了演讲。由于他是浙江人,上海大学的同学发起成立浙江同乡会,他不但欣然与会,还和另一名教师沈观澜一起接受推选,担任了由学生主导的执行委员会委员。施存统不但在课堂上认真讲授社会学专业课,还积极参加1924年暑假由上海大学作为主要发起和承办单位的上海夏令讲习会。他应邀在第一周和第四周分别作了"社会进化史"和"劳动问题概论"的讲座。1925年7月14日出版的《上大五卅特刊》第五期,刊登了他的《劳动问题演讲大纲》。作为教授,施存统还应邀承担上海大学中学部的社会科学选修课"社会运动史"和"社会思想史"。他还根据党组织的决定,在一个时期和瞿秋白、蔡和森、罗章龙每周六晚上轮流到商务部励志会演说。他还于1924年12月14日利用星期天受邀到松江初级中学作"国民会议"的演讲。

第二,参加学校和社会学系行政工作。1925年2月13日,在校最高行政机关行政委员会第18次会议上,他以社会学系系主任的身份和英文系系主任周越然、中文系系主任陈望道一起,被推定为学校整理图书馆委员会委员;4月3日,他和邵力子、陈望道、恽代英、沈雁冰等正式成为上海大学行政委员会委员,参与了学校的决策工作。1926年3月,上海大学行政委员会再次改选,施存统继续当选为委员。1924年"黄仁事件"以后,瞿秋白不再担任社会学系主任一职,经中共中央研究决定,由施存

---

[1]《20世纪20年代的上海大学(下卷)》,上海大学出版社2014年版,第1038页。
[2] 施蛰存著:《沙上的脚迹》,辽宁教育出版社1995年版,第106页。

统继任社会学系主任一职。社会学系是上海大学学生最多的一个系，也是在师生中共产党员最多的一个系。施存统在这个重要岗位上一直工作到1926年下半年因遭到军阀政府通缉离开上海为止，是上海大学社会学系主任任职时间最长的教授，对上海大学社会学系的教学、人才培养等作出了重要贡献。

第三，积极参加党的工作。施存统作为中国共产党早期党员，到上海大学任教以后，一直根据党的要求，积极参加党组织的活动。1923年9月12日，在中共上海地委兼区委第十二次会议上，讨论党员新编小组等问题，施存统被任命为第一组组长，其成员有瞿秋白、邓中夏、严信民、黄让之、王一知、邵力子、张人亚、刘拜农、向警予等。1924年1月13日，上海地委兼区委开会，改选地委执委会，施存统当选为执委会委员，参与了中共上海兼区委的领导工作。从会议记录档案看，在这次会议上，施存统作了发言，提出了六项提议，其中如"同志在上大的方针——同志在此中应作有系统的活动""广州办军官学校问题——希望多派同志去""上大组问题——旧组长辞职，新组长未派，似乎地方委员有疏忽"等。这些提议，既有对加强上海大学党组织建设和活动开展的建议，也有对上海大学在组织建设方面的批评。1924年1月20日上午，上海地委兼区委召开特别会议，讨论国民运动委员会问题及纪念"二七"活动安排，会议决定派施存统以马克思学说研究会的名义参加"二七"纪念筹备会并以马克思学说研究会的名义在纪念会上发表演讲。

第四，大力宣传马克思列宁主义。施存统作为中国共产党早期党员，在上海大学作出的另一个贡献就是积极有效地宣传马克思列宁主义。他通过讲课来宣传普及马克思列宁主义，在他讲的一些专业课如"社会思想史"中，明确提出，他讲的社会思想包含三种对社会发生的思想，其中第一个他就明确提出是马克思所主张的改造社会的思想；在讲"社会运动史"这门课的时候，他依据马克思主义的唯物史观，尤其是马克思的阶级斗争学说，把社会运动定义为"凡一切被压迫阶级对于压迫阶级的反抗或争斗都叫做社会运动"；社会运动史"就是阶级斗争史"，社会运动史的任务，就是"叙说阶级斗争历史的经过及其发生的原因"。他认为"资本主义已经替我们造成消灭阶级及阶级斗争的物质的条件了。无阶

他们从 上海大学 走进新中国
（1922—1927）

级、无阶级斗争的谐和一致的社会不久就会在我们人类社会中实现了"。他的"社会问题"课程，同样贯穿着马克思主义的观点。比如他强调，现代社会问题，"是资本主义的社会组织下面必然发生的事实和问题。资本主义发达到一定的程度，现代社会问题就自然而然地随着发生了"。对于社会问题的解决与救治，他提出了"改良"和"革命"的区别，"应急的、渐进的、妥协的方法"，是"改良"；社会主义则是用"根本的、激进的、彻底的方法"，"代以完全新的社会组织"；再明确讲，社会主义就是"否认现存私有财产制度而主张根本改造"。施存统宣传马克思列宁主义还包括根据党组织的决定，撰写有关文章，如1923年11月7日为俄国革命六周年纪念日，根据中共上海地委兼区委第二十次会议决定，他和刘仁静、陈独秀、沈雁冰一起接受任务，撰文在《民国日报》副刊《觉悟》的纪念专号上发表。1925年1月1日，他又在《民国日报》上发表文章，介绍瞿秋白的著作《社会科学概论》。根据中共上海地委兼区委第二十次会议决定，他除了和恽代英、瞿秋白每个月轮流到吴淞、高昌庙等工人集中区去作宣传马克思主义的演讲以外，自己还要到工人中去讲社会思想史，来提高工人的认识和觉悟水平。1924年12月25日下午，非基督教同盟假复旦中学举行反对基督教演讲大会，施存统以上海大学教授的身份在大会上发表了演讲。

第五，积极投身五卅反帝爱国运动。上海大学是五卅运动的策源地，上海大学的教师和学生，在中国共产党的领导下，担当了五卅运动的先锋和主力。正因为如此，上海大学在1925年6月被租界当局武力封闭。6月5日，上海大学在西门召开紧急会议，讨论应对措施。会议决定立即发表宣言，揭露帝国主义租界当局用武力封闭上海大学的真相，并推举陈望道、施存统两人负责起草这份宣言。6月15日，由上海大学学生会主办的《上大五卅特刊》创刊，施存统连续在这份特刊的第二期、第三期、第四期、第五期上，以"光亮"的笔名，发表《组织工会及罢工的自由》《只有前进，不能后退——我们的生死关头》《中国学生在民族革命中的地位与任务》《我们的战斗方略》等文章，充分肯定了中国学生、工人等在五卅运动中的表现，充分肯定了五卅运动反帝爱国斗争是"我们应走的康庄大道"，有力地驳斥了国家主义派等反对五卅运动的种种错误主张和论调。

针对全国各地教会学校因学生参加五卅运动而勒令学生退学这件事，8月18日，施存统、陈望道、周越然、侯绍裘和校长于右任共同署名，在《申报》上发表上海大学允许"特别转学"的通告，提出："本校行政委员会已通过上海学生联合会请求宽予收容此次'五卅'风潮而退学之教会学校学生之议案，凡属该类学生一经证实，即予免考收录。"这一举措，是对全国学生参加五卅运动的有力声援和支持。

第六，坚持革命统一战线，拥护孙中山先生，和国民党右派作斗争。1924年1月，国民党第一次全国代表大会的召开，标志着国共合作的正式形成。1924年1月23日，中共上海地委兼区委、青年团上海地委召开联席会议，讨论关于国民党委员会工作问题，施存统参加了这次会议。1924年11月，孙中山发表对时局的主张，提出召开国民会议。11月28日下午，上海大学代理校长邵力子召集教职员及全体学生会议，讨论孙中山先生对于时局的主张，一致赞成召集九团体之预备会议，产生国民会议之建议，议决发表宣言。在会上，施存统和邵力子、彭述之、张太雷、韩觉民、刘剑华、林钧等7人被推选为代表，负责与国内各大学联络，推动孙中山召开国民会议主张的落实。1925年1月1日，施存统在《民国日报》副刊《觉悟》上发表题为《新年的第一件工作努力促成国民会议》的文章，文章说："去年一年当中，帝国主义国内军阀加于人民的压迫虽然依旧而且加重，然而人民的觉悟和反抗，亦显然已经增进，'反对帝国主义及其工具军阀'这一个革命的口号，已将多数被压迫民众鼓舞起来了，国民革命的怒潮已涌现于全国了。"他认为，最近的国民会议运动，"是我中华民族不甘奴服的表现，都是解放运动中的好气象，亦是去年一年努力的成绩"。"只要我们努力宣传国民会议，努力做促成国民会议的运动，无论国民会议开得成功与否，都是于国民解放有利益的，都是接近国民解放的第一步"。1925年3月12日孙中山在北京逝世，施存统在上海参加了治丧活动。4月24日，他和恽代英、杨贤江、董亦湘、沈雁冰、沈泽民、沈观澜、侯绍裘、张秋人、高尔松、高尔柏、张琴秋等上海大学师生共20人一起在《民国日报》副刊《觉悟》刊登《发起孙中山主义研究会征求同志》启事。11月20日，上海大学中山主义研究会成立，施存统和国民党上海执行部宣传部代表刘重民、四川中法大学校长吴玉章、上海大学教授萧楚女先后在

会上发表演讲,施存统在演讲中表示"现在须找求一个真正的中山主义"。12月20日,在上海大学中山主义研究会主办的周刊《中山主义》第一期上,施存统又发表了《研究中山主义应取的方法》演讲稿。在坚定维护中国共产党革命统一战线,拥护孙中山正确主张的同时,施存统又旗帜鲜明地和反对国共合作的国民党右派作斗争。1924年10月10日,在国民党右派破坏国共合作的"黄仁事件"发生后,施存统即在《向导》1924年第87期上发表《林钧被打之报告(存统笔记)》一文,有力地揭露了国

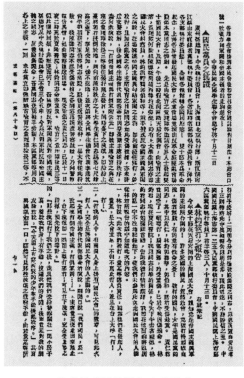

施存统《林钧被打之报告》
发表于《向导》第87期

民党右派童理璋之流依附帝国主义与军阀势力破坏国共合作的反革命嘴脸。针对国家主义派也即"醒狮派"反对革命的政治言论,施存统连续在《上大五卅特刊》第六期、第八期上以"光亮"的笔名发表《醒狮派底"排外主义"——"国家主义"的反动性》《醒狮派"革命"假面具揭穿了!》《排外与帝国主义走狗》的文章,揭露了"醒狮派"反对革命的反动本质,教育了广大青年更好地认清"醒狮派"的反动政治面目。

1926年下半年,施存统因遭到孙传芳军阀当局的通缉而离开上海大学。他根据党组织的安排,先到广东中山大学担任教授,后又到广州黄埔军校任政治教官,并到广州农民运动讲习所讲授政治经济学。1927年,任武昌中央军事政治学校教官、政治部主任。大革命失败后脱党。1928年,与许德珩等组织"本社",反对国民党专制独裁统治。曾先后任上海大陆大学、北平师范大学、广西大学教授、上海《文化战线》主编、南方印

刷馆总编辑、四川银行经济研究处处长。1926年在上海大学时，与来自四川江津的社会学系学生钟复光结婚，改名施复亮。从1929年到1931年，施存统和妻子钟复光合译的《近代社会思想史》《苏联经济政策及社会政策》等译著先后出版，在社会上产生一定影响。抗日战争全面爆发以后，施存统积极投身抗日救亡运动，为文化界救国会领导人之一。1945年参与筹建中国民主建国会，任常务理事。1949年出席全国政协第一届全体会议，被选为第一届全国政协常委。

新中国成立后，施存统任劳动部副部长，为第二、第三届全国人大常委，曾当选为民建中央常委和副主席、全国工商联常委等职。1970年11月29日在北京病逝，终年72岁。

施蛰存：
"我感觉到上海大学是有特殊的精神"

施蛰存

1923年10月23日，是上海大学成立一周年的纪念日，在这天的《民国日报》副刊《觉悟》上，刊登了一篇文章，题目叫《上海大学的精神》，作者是一个18岁的刚进上海大学一个多月的中文系学生施蛰存。这是在上海大学办学史上第一次提出"上海大学精神"这个概念。

施蛰存，名德普，字蛰存，以字行，浙江杭州人，生于1905年。施蛰存生肖属蛇，其字"蛰存"取之《易经》"龙蛇之蛰，以存身也"。6岁时，父亲为他举行了开蒙仪式，第二天就到私塾，启蒙读物为《千字文》。8岁时随家迁居江苏松江（今属上海市）。他的父亲为晚清秀才，施蛰存自幼随父读书，从《古文观止》到《昭明文选》，几乎读遍了父亲的藏书，受到中国古代文化典籍的熏陶和浸润，打下来深厚的基础。中学毕业于江苏省立第三中学（今松江二中）。在中学读书时开始写作和投稿，间或也有作品发表。江苏省立第三中学重视英文教学，因此，施蛰存在努力进行文学创作的同时，在英文的学习方面也下了功夫，取得了比较好的成绩。据施蛰存自己说，"我在十七八岁的时候，也就是在四年制中学第三四年级的时候，中、英语文阅读及写作能力，已有相当好的基础"[1]。

---

[1] 唐文一、刘屏主编：《往事随想·施蛰存》，四川人民出版社2000年版，第34页。

施蛰存《上海大学的精神》发表于
1923年10月23日《民国日报》副刊《觉悟》

与戴望舒、杜衡、叶秋原、张天翼等人在杭州组织过文学社团兰社。1922年,考入教会学校杭州之江大学。在之江大学,由于没有钻研中国文学的条件,将精力主要放在英国文学的研读上。在校期间,因为参加非基督教大同盟,为这所教会学校所不容,便自动退学。1923年9月,进入上海大学中国文学系。《民国日报》1923年9月3日刊登的《上海大学录取新生案》中载有"中国文学系一年级:施德普(杭州)",施德普即施蛰存。1924年4月编印的《上海大学一览》,在"学生一览表"的"中国文学系一年级"一栏中,有"姓名:施德普;年龄:20;籍贯:浙江;通讯处:杭州大塔儿巷十号戴朝寀转"。戴朝寀即戴望舒,是和施蛰存同一批进入上海大学中文系的。施蛰存的那篇《上海大学的精神》是在他进入上海大学一个多月以后写成发表的。

在这篇文章中,施蛰存首先讲了他在之江大学学习的感受:"今年暑假以前,我也曾在一所大学里做过学生。但我只觉得丝毫没有得到一点

他们从 **上海大学** 走进新中国
(1922—1927)

大学生的学问,也没有干过一些大学生应有的活动,我所得到的,至多只能说住过好些时的高大洋房,多记得几个英文名词罢了。"至于上海大学,施蛰存说:"我早在报纸上和上海大学教授的著作中,看出上海大学的精神,绝不是和旁的大学一样。我相信我自己的观察是不错的,于是我依然决然地进了上海大学,虽然有好多人劝我审慎,我总不信,现在上课一个多月了,就我的观察,愈使我感觉到上海大学是有特殊的精神。"接着,施蛰存又从"上海大学的学生""上海大学的教授""上大学生所做的"三个方面,来阐述他眼中的"上海大学精神"。在讲到上海大学的教授时,他说他们"主要不是以教授糊口的教授,他们很热心的聚集在上海大学,将他们所研究到的专长,指示给他们大学生。在别处学校里,我知道教授的面孔是冷的,而大学教授尤其应当庄严,即使这位教授生性和善,也不得不在授课的时候装几分的庄严。这样可笑态度,上海大学的教授中竟一位也找不出。"至于上海大学的学生,他说:"因此,我便知道,上海大学学生的精神。他们秉着刚毅不拔的勇气,从很远很远的地方赶到这上海大学来,不是来享福,不是来顶大学生招牌。他们是能忍苦求学,预备做建造新中国的工人的。"施蛰存终其一生,不是一个马克思列宁主义者,而是一个一心向学的学者。他关于"上海大学的精神",也是以一个求学若渴的学生角度来观察、来表述的。但是,正是这篇站在中性立场上来写的文章,让我们看到了上海大学在当时青年心目中的形象。

上海大学在施蛰存心中留下了深刻的记忆。60年以后,已经78岁的施蛰存在华东医院休养时回忆他在上海大学所听过的课还清晰如昨:"进上海大学,读中国文学系。陈望道老师讲修辞学,沈雁冰老师讲西洋文学史,俞平伯老师讲诗词,田汉老师讲欧洲浪漫主义文学。这些课程都对我有相当影响。"他还说:"俞平伯老师讲过《诗经·卷耳》,指导我研究《诗经》的路子。于是我找到一部方玉润的《诗经原始》,通读之下,豁然开朗,才知道古典文学研究的历史进程。"①

在上海大学,施蛰存和戴望舒、杜衡等一起,还于1923年的11月9日成立了文学社团"青凤文学会",发表成立启事曰:"我们很愉快很自由地

---

① 唐文一、刘屏主编:《往事随想·施蛰存》,四川人民出版社2000年版,第35页。

集合了,互助着研究我们所爱的文学,现在我们觉得我们正如凤鸟一样地在春木中燃烧。我们希望将来的美丽和永生,所以我们便以青凤作为我们的集合名字。我们也没有一定的组织,也没有章程,也没有什么宣言,我们只是很愉快地报告我们的同志道:我们的青凤文学会从今天起成立了。"而这个文学团体的通讯处则为"上海大学施蛰存转"。可见在上海大学青凤文学会,施蛰存是一名骨干成员。上海大学师生关系很融洽,丁玲、杨之华等同学都在回忆录中写过。这一点在施蛰存身上表现得尤其明显。施蛰存曾经到过好几位老师的寓所去拜访。他曾经通过孔另境介绍,几乎每星期到沈雁冰家做客,向沈雁冰老师求教;还经常和戴望舒到田汉寓所拜访,受到田汉的热情接待。俞平伯是施蛰存很敬仰的古代文学老师,他的《诗经》研究就得到过俞平伯的指点。他也去过俞平伯的寓所当面向老师讨教。有一天适逢俞平伯家中停电,他还上街买了蜡烛,就这样一向严肃而又寡言的俞平伯居然和学生施蛰存秉烛夜谈[①]。像施蛰存这样经常成为老师家中的不速之客,在上海大学的学生中间也是不多见的。

施蛰存在上海大学读书期间,在文学创作方面也颇有收获。他曾创作小说《残花》投给创造社,郭沫若阅后拟在《创造周报》上发表,便约他一谈。他则迟疑不决,生怕遭到退稿,未敢如约前去拜访。等到了那里,郭沫若已去日本。等郭沫若回国,《创造周刊》已停刊。他还在《半月》期刊、《时事新报》副刊《文学》上发表散文多篇。施蛰存在上海大学学习的时间不长,大约只有一年的光景,但上海大学却是施蛰存文学生涯的一个重要驿站。

1924年,施蛰存离开上海大学到大同大学学习英语,又到震旦大学学习法语。1926年3月,与戴望舒、杜衡一起创办《璎珞》旬刊。1927年,回松江任中学教员,1928年后,任上海第一线书店和水沫书店编辑,参加《无轨列车》《新文艺》杂志的编辑工作;1929年,由水沫书店出版《上元灯》。施蛰存在中国第一次运用心理分析创作小说《鸠摩罗什》《将军的头》,使其成为中国"新感觉派"的主要作家之一。1932年起,在上海主

[①] 张元隆著:《上海大学与现代名人(1922—1927)》,上海大学出版社2011年版,72页。

编大型文学月刊《现代》并从事小说创作。1935年,应上海杂志公司之聘,与阿英合编"中国文学珍本丛书"。抗日战争全面爆发后,相继在云南大学、厦门大学任教。1947年,回到上海,先后任教于暨南大学、大同大学、光华大学。

新中国成立后,先在沪江大学任教,从1952年起,一直在华东师范大学担任教授。1993年被授予"上海市文学艺术杰出贡献奖"。2003年11月19日,在上海逝世,终年98岁。

施蛰存博学多才,兼通古今中外,在文学创作、古典文学研究、碑帖研究、外国文学翻译方面均有成绩。施蛰存还被中国翻译协会表彰为匈牙利语、波兰语"资深翻译家"。有《施蛰存文集》行世。

施蛰存在上海大学学习的时间不长,但在他的晚年,对上海大学回忆的诗文却不少。1981年5月,他写了《怀丁玲诗四首》,其中第二首曰:"滔滔不竭瞿秋白,讷讷难言田寿昌。六月青云同侍讲,当时背影未曾忘。"在文字说明中,称:"一九二四年,我在上海闸北青岛路青云里上海大学中文系肄业,与丁玲为同级学生。瞿秋白先生上课,讲社会学,辞源俊发,田汉先生上课,讲外国文学,则讷讷不能言。当时男女同学,虽然都是革命青年,但还有一些封建拘束,课外绝少往来。上课时女同学坐在前排,男同学则坐在后排。我坐在丁玲背后,故整个学期,但见其背影。"[①]1982年12月,写了《怀孔令俊》,文中说了他自己和戴望舒在上海大学读书时,通过同级同学孔另境(即孔令俊)介绍,几乎每星期都到老师沈雁冰家拜访求教的经过。1983年12月,写了《南国诗人田汉》,回忆了他在上海大

施蛰存全集书影

---

① 施蛰存著:《沙上的脚迹》,辽宁教育出版社1995年版,第103—104页。

学学习时田汉在课堂上给他和中文系学生津津有味地讲雨果《悲惨世界》的经过,也记述了他和戴望舒晚上冒冒失失到田汉寓所拜访受到田汉热情接待的经过。1988年7月,写了《丁玲的"傲气"》一文,回忆了和丁玲在上海大学同堂听课的轶事。1990年1月30日,完成《浮生杂咏》80首,其中在第33首中的文字说明中称:"之江肄业未一年,辍学归。暑后,与望舒同入上海大学,亦仅一年。上大为政治宣传学校,气象虽新,实非学府。自愧不能参加革命行动,又去而就读于大同大学。望舒则入震旦大学读法文。"在第35首的文字说明中称:"上海大学同学皆各地维新青年,有经世之志。读书虽不多,而议论甚慷慨。一九二四至一九二六年间,上海群众爱国运动,皆有上大学生为指挥策划。"在第36首的文字说明中称:"丁玲晚年为文自叙,谓平生有傲气,此言不虚,在上海大学时,亦可见其落落寡合,不假言笑。"第39首诗曰:"田郎落落矜言笑,说到橙乡便矫情。维特、迷娘、莎乐美,眉飞色舞到三更。"在文字说明中讲了他与戴望舒夜访田汉的往事。这些文字篇幅虽小,却为我们了解和研究上海大学提供了很重要的文字依据。唯在前引《浮生杂咏》之第33首中的文字说明有"上大为政治宣传学校,气象虽新,实非学府"之说亦可看出,施蛰存入上海大学一个多月写出《上海大学的精神》,一年以后即认为"上大为政治宣传学校,气象虽新,实非学府",说明其思想已发生变化。

谭其骧：
上海大学大学部年龄最小的一名学生

谭其骧

张元隆在《上海大学与现代名人（1922—1927）》这本书中，讲到"上海大学的浙江籍师生"时称："在浙江籍的学生中，浙江嘉兴的谭其骧（1911—1992）可能是最为年轻的学生。"①根据目前所能够看到的资料，确实可以这样断定，谭其骧是上海大学大学部年龄最小的一名学生。

谭其骧，字季龙，浙江嘉兴人，生于1911年。幼入家塾开蒙，1918年，进嘉兴谭氏慎远小学。1923年，进嘉兴秀州中学，秀州中学是一所教会学校，谭其骧在这所学校因不满学校对学生的无理处置，高中未毕业就愤然离校。于1926年夏来到上海，考入上海大学社会学系。这一年，谭其骧按虚岁算，为16岁，按实足年龄算，也就15周岁。

在1925年7月10日修正通过的《上海大学章程》中，对于大学部的入学，只有学历方面的规定，并没有年龄的要求；在1924年4月编印的《上海大学一览》中，刊载了当时上海大学大学部各系的学生名单，大多数都有年龄记载，其中最年轻的是来自杭州的英国文学系二年级的"特别生"叶为耽，注明年龄为17岁，也就是说如果这位学生从一年级开始读起，也就是16岁，比谭其骧入学年龄还大一岁。至于和谭其骧同期进上

---

① 上海大学出版社2011年版，第182页。

海大学的学生,现在我们无从知道他们的年龄。在这里称谭其骧为上海大学大学部年龄最小的学生,大致是不错的。

谭其骧进入上海大学社会学系时,上海大学的办学已进入后期,校舍在闸北青云路的师寿坊,社会学系的系主任由施存统担任,施存统到广州以后,接任的为李季。教师包括杨贤江、蒋光慈、韩觉民、沈观澜(即沈志远)等。谭其骧入学不久即加入了共青团,除了学习以外,也参加了张贴标语、散发传单的社会革命活动。1927年3月,上海举行第三次工人武装起义,谭其骧在学长和老师的带领下也参加了攻打北火车站的战斗,参加了欢迎北伐军的群众大会;4月初,上海大学从师寿坊的临时校舍搬进位于江湾镇的新校舍,正当师生憧憬着上海大学在新的现代化建筑的新校舍更好发展的时候,蒋介石在12日发动了充满血腥的反革命政变;5月,上海大学即遭到国民党军队的占领和封闭。入学才半年多的谭其骧和上海大学所有的老师同学一起,被迫离开了上海大学。上海大学的学习生活也成为谭其骧求学生涯中的一段短暂的回忆。1983年,上海大学复校以后,身在复旦大学任教的谭其骧欣然提笔祝贺,他写道:"继承发扬老上海大学的革命传统,为建设祖国的现代化两个高度文明而奋斗!"这一题词,既体现了已72岁高龄的谭其骧教授对母校上海大学的深厚感情,又表达了他对上海大学继承老上海大学革命传统的热望。

1927年,谭其骧进入暨南大学,先后在中文系、外文系和历史系就读。作为共青团员,谭其骧开学到暨南大学报到后,并没有放弃和组织上接上关系的念头。有一次他偶然打听到上海大学一位同学的地址,估计此人与组织有联系,就给他写了信,却如

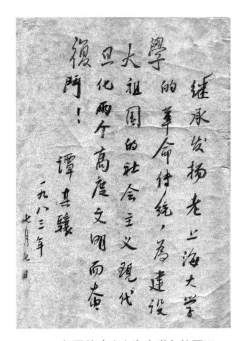

1983年谭其骧为上海大学复校题词

他们从 上海大學 (1922—1927) 走进新中国

谭其骧主编的《中国历史地图集》

石沉大海,杳无音讯。几个月下来,连熟人都遇不到一个,他绝望了。这样,他给自己短暂的革命生活画上了句号,走上了另一条道路。关于这一段历史,他的学生葛剑雄曾经在他的晚年有过一次对话,葛剑雄是这样记载的:谭其骧晚年曾与我谈及这段经历,我问他:"要是当时与组织接上来头,你会不会再干下去?"他说:"当然要干。""'四一二'后,蒋介石镇压共产党很厉害,共产党被抓被杀那么多,你就不怕吗?""当时一点也没有想过。"①

在暨南大学,他的才华受到社会学家潘光旦的赏识。1930年,从暨南大学毕业后,进入燕京大学研究生院,师从顾颉刚。在读研究生期间,进北平图书馆当兼职馆员,并在辅仁大学兼课,1932年获硕士学位。1933年,相继在燕京大学、北京大学等学校兼任讲师。1934年春,协助顾颉刚筹办禹贡学会、主编《禹贡》半月刊。1935年初,辞去北平图书馆职,专在大学教书。1935年秋,在广州学海书院任导师。1936年,任北平燕京大学、清华大学讲师,授沿革地理,兼授中国地理等课。1940年初,至贵州浙江大学史地系任副教授,1942年任教授。1946年,随校迁回杭州。1947年至1949年,同时任上海暨南大学历史系教授。

新中国成立后,于1950年任复旦大学历史系教授。1955年至1956年,在北京主编《中国历史地图集》。1957年,回校任系主任,1959年,兼任中国历史地理研究室主任。1980年11月,当选为中国科学院地学部委员。1981年任国务院学位委员会学科评议组成员。1982年任中国历史地理研究所所长。1983年,加入中国共产党。1990年,改选为中国科学院院士。先后任中华人民共和国国家历史地图集副主任委员、总编辑,中

---

① 葛剑雄著:《悠悠长水:谭其骧传》,广东人民出版社2014年版,第16页。

国历史大辞典编委会主任,中国史学会理事,中国地理学会理事。

1992年8月28日,在上海病逝,终年81岁。

谭其骧长期从事中国史和中国历史地理的教学和研究,他对中国历代疆域、政区、民族迁移和文化区域做了大量研究,对黄河、长江水系、湖泊、海岸变迁均有精辟见解,建树颇多。主要著作有《长水集》《长水集续编》等。他是中国历史地理学科主要奠基人和开拓者。2009年被评为上海市60年来最有影响的科学家之一。
2011年5月28日,复旦大学隆重举行谭其骧诞辰100周年纪念大会暨历史地理国际学术研讨会,深切缅怀这位中国历史地理学的先驱。

谭其骧塑像

田汉:
中华人民共和国国歌歌词的作者

田汉

1979年6月,施蛰存听到了有关丁玲的消息,既兴奋,又感喟,就写了四首绝句,记叙他当时的情绪。其中第二首是这样写的:"滔滔不竭瞿秋白,讷讷难言田寿昌。六月青云同侍讲,当时背影未曾忘。"在诗下面还有一段文字:"一九二四年,我在上海闸北青岛路青云里上海大学中文系肄业,与丁玲为同级学生。瞿秋白先生上课,讲社会学,辞源俊发。田汉先生上课,讲外国文学,则讷讷不能言。"[1]施蛰存的诗是写给丁玲的,但诗中也告诉读者他和丁玲等同学在上海大学读书时听瞿秋白、田汉讲课时的有趣情景。

田汉,原名寿昌,湖南长沙人,生于1898年。中国戏剧活动家、剧作家、诗人。1912年,在长沙师范学校读书。1916年,赴日本留学,考入东京高等师范学校。1919年,在东京加入李大钊等组织的少年中国学会,开始发表诗歌和评论。1920年,发表处女作《梵峨琳与蔷薇》。1921年,与郭沫若等组织创造社,倡导新文学。1922年回国,受聘于上海中华书局编辑所,并创办南国社,1924年,与妻子易漱瑜创办《南国》半月刊。

1923年8月,受聘担任上海大学教授。这一年的8月12日,《民国日

---

[1] 施蛰存著:《沙上的脚迹》,辽宁教育出版社1995年版,第103—104页。

田汉故居

报》《申报》刊登题为《上海大学之近况》的报道,称上海大学"鉴于整理旧文学、研究新文学及养成中学以上国文教师,均亟须培养专才,特创设中国文学系以应时代需要","已聘定田汉先生教授文学概论及西洋戏剧"。1924年4月编印的《上海大学一览》,在"教员之部"的"中国文学系"一栏中刊登了田汉的个人信息:"姓名:田汉;籍贯:湖南长沙;经历:少年中国学会会友、《南国半月刊》编辑;入校年月:十二年(1923)

田汉与南国社同仁

他们从 上海大學 走进新中国
(1922—1927)

秋季;教授学科:文学概论、近代戏剧;通讯处:哈同路民厚里四〇二号。"

田汉到上海大学任教授之时,年龄也只有25岁,但在当时的文化艺术界已享有很大的名声。《民国日报》等报纸对田汉等人应聘任上海大学教授作了高度评价,在报道中称"皆属海内知名之士","对于所教功课有专门研究者"。然而,田汉毕竟是个诗人、剧作家,一开始对于在课堂上讲课似乎并不是那么适应。他的学生,后来成为著名作家的丁玲在回忆录中说"田汉是讲西洋诗的,讲惠特曼、渥兹华斯,他可能是一个戏剧家,但讲课却不太内行"[1];同样是田汉学生,后来也成为著名学者的施蛰存,在《南国诗人田汉》这篇短文中回忆了他在上海大学听田汉上课时的感受,他说:"我倒是田汉的第一代学生,比南国剧社的学生还要老些。一九二四年,我在上海大学,田汉曾担任我们中文系的文学教授。那时他刚从日本回国,在中华书局当编辑,到上海大学来授课是兼任。他每星期来上课一次,讲的都是西欧浪漫主义文学,没有教材,每次讲一个作家或作品,至今还记得他津津有味地为我们讲雨果的《悲惨世界》。田老师年纪轻,比我们学生大不了多少,又是初次登讲台上课,还不老练,不敢面对学生,老是两眼望着空处,像独白似的结结巴巴讲下去。偶尔好像独有会心似的笑一下,也好像在自个儿笑,而不是在对学生笑。"正因为如此,过了55年,才有了他在给丁玲的诗中所写的"滔滔不竭瞿秋白,讷讷难言田寿昌",将田汉在课堂上"讷讷难言"和瞿秋白的"滔滔不竭"作了对比。田汉不善在课堂上讲课这是实情,但这并不影响施蛰存等学生对田汉等的崇拜和敬仰。施蛰存曾和同学、以后成为著名诗人的戴望舒去田汉家拜谒过田汉。尽管事先没有和老师相约,但田汉对这两位学生辈的不速之客表现出热情真诚的欢迎。施蛰存、戴望舒自觉"很后悔来得太鲁莽",可是田汉却满不在乎,坐下来和他们聊天,"绝没有憎厌的样子"[2]。田汉当时还在中华书局任编辑,自己又要操心南国社,出版《南国》半月刊,又不停地在创作作品。但是,他

---

[1] 许杨清、宗诚编:《丁玲自传》,江苏文艺出版社1996年版,第40页。
[2] 施蛰存著:《沙上的脚迹》,辽宁教育出版社1995年版,第120—121页。

对自己在上海大学教课这件事很认真。当《南国》半月刊出版后,他自己花钱单印几十份,带到学校里来分送给学生。他还在教室里给学生朗诵诗歌作品。另一个学生姚天羽1960年回忆在上海大学听课的情况时还把田汉和陈望道、沈雁冰、郑振铎、丰子恺等列为"受到同学们欢迎的好教师"之一。

田汉平时也热心参加学校的各种活动。1924年暑假,以上海大学为主主办的上海夏令讲学会,田汉应邀作了近代戏剧的演讲。1926年4月10日,上海大学的中国文学系、英国文学系举行"丙寅级"(丙寅即1926年)毕业聚餐会,田汉应邀出席,并发表了演说,对学生的毕业表示祝贺和勉励。席间,田汉还饶有兴致地和学生一起演唱京剧以助雅兴,受到师生的欢迎。

田汉在上海大学任课的时间还是比较长的。他从1923年8月受聘任教,一直到1926年还坚持在上海大学讲坛上。1926年4月,《寰球中国学生会特刊》刊登《上海著名大学调查录·上海大学》,其中还介绍了中国文学系教授田汉。1933年1月出版的第6期《上海周报·教育史料之一》,发表署名"章章"的题为《上海两个著名的党化学校·上海大学与大陆大学之回忆》,在"国共两党的杰出人才"这一部分,称田汉等著名学者分任各科教授。

1926年,田汉在上海与唐槐秋等创办南国电影剧社。1927年秋,到上海艺术大学任文学科主任、校长。从1929年冬开始,他在从事文艺活动的同时,积极参加政治活动;1930年任中国左翼戏剧家联盟执行委员会书记。1932年参加中国共产党,任中共上海中央局文化工作委员会委员,同时创作话剧、歌剧和电影剧本。抗日战争时期,参加郭沫若主持的国民政府军委会政治部第三厅,组织抗敌演剧队、抗敌宣传队,团结地方戏曲艺人,开展抗日宣传活动。抗战胜利后,在国民党统治区投身反美反蒋的爱国民主运动,并创作了揭露国民党黑暗统治的戏剧和电影剧本。

新中国成立后,田汉历任中国文联副主席、中国剧协主席、文化部戏曲改进局局长、艺术事业管理局局长等职。1968年12月10日在"文化大革命"中受迫害致死,终年70岁。

他们从 上海大學 走进新中国
(1922—1927)

田汉塑像

田汉毕生献身于革命的文化艺术事业,是中国话剧的开拓者,戏曲改革运动的先驱和中国早期革命音乐的、电影的组织者与领导人。其创作以具有鲜明的时代感、强烈的革命激情和积极的浪漫主义精神著称,写有话剧、歌剧、戏曲、电影剧本100余部,主要有《咖啡店之一夜》《获虎之夜》《名优之死》《丽人行》《关汉卿》《文成公主》《白蛇传》《谢瑶环》等,并写有大量诗歌和歌词,其中经聂耳谱曲的《义勇军进行曲》极大地鼓舞了全国人民的抗日斗志,后被采用为中华人民共和国国歌。生平著述颇丰,有《田汉文集》16卷行世。

万古蟾：
中国动画片事业的开拓者之一

在中国画坛上，有一对孪生兄弟，哥哥叫万籁鸣，弟弟叫万古蟾。他们同为中国动画片之父，为中国的动画片事业起到了筚路蓝缕的开创之功。其中，万古蟾曾担任上海大学的美术教授。

万古蟾

万古蟾，原名万嘉祺，字古蟾，以字行，江苏南京人，生于1900年。1919年考入上海美术专科学校西画科两年就完成学业，于1921年毕业留校任教。1923年任上海大学美术科教授。关于万古蟾在上海大学任教的记载，现在可以看到的如1923年6月8日的《申报》刊登题为《上海大学之校务会议》的报道，称："本埠之上海大学日昨（即昨日）开教职员会议，由教务长叶楚伧君主席。又该校图画教授万古蟾君，现为晨光美术会推任暑期学校主任，万君现并未兼南方大学教授云。"同年7月18日，《申报》又刊登题为《晨光美术展览会闭幕》的报道，称："晨光美术展览会已于昨晚九时闭幕。又闻该会附设之暑期学校即可于闭幕后第六日（7月23日）开课，主任由该会全体共推会员上海大学教授万古蟾君。学程分油画组、色粉画组、木炭画组、水彩画组、铅画组五组，由学者择一而习之。"以上两则消息表明，1923年上半年万古蟾一直在上海大学美术科担任教授，后又在南京美术专科学校西画科任教。

1925年，万古蟾进入上海商务印书馆影片部任美术设计，与哥哥万

籁鸣共同探索制作"卡通片"的奥秘,后来应商务印书馆活动影戏部之请,与万籁鸣以及弟弟一起摄制动画广告片《舒振东华文打字机》,这是中国第一部卡通广告片。1926年进入长城画片公司任美工,与万籁鸣合作摄制我国第一部动画短片《大闹画室》。这部片子以画人与真人合作,诙谐滑稽,令人观后捧腹不止,曾远销美国放映,受到欢迎和赞誉。1930年,万古蟾到大中华百合影片公司,又和万籁鸣一起拍摄动画短片《纸人捣乱记》,于1931年上映。1931年,万古蟾与万籁鸣一起为联华影业公司、明星影业公司制作了宣传抗日救国的《同胞速醒》《精诚团结》《民族痛史》《航空救国》等作品。1937年抗战全面爆发以后,万古蟾怀着强烈的爱国热情,辗转到武汉参加了由郭沫若领导的政治部三厅所辖的中国电影制片厂卡通室工作,参与制作了动画短片《抗战歌曲》(7集)和《抗战标语》(5集),用电影动画艺术来宣传抗日,起到了很好的效果。

除此以外,他还创作了以寓言故事为内容的《龟兔赛跑》等动画短片。1935年,制作中国第一部有声动画片《骆驼献舞》。1940年,任上海新华影业公司动画部主任,与万籁鸣共同制作中国第一部,同时也是亚洲第一部大型有声动画片《铁扇公主》。这部影片充分体现了中华民族特色,可以说是万古蟾动画艺术风格形成时期的重要代表作品。1945年后,万古蟾任北平中电三厂美工科科长、南京中华教育电影制片厂技术主任、上海中国电影制片厂布景师。1949年到香港,任长城电影公司美工科科长。

新中国成立后,万古蟾放弃了在香港的高薪,怀着满腔热情于1956年从香港回上海,任上海美术电影制片厂导演。在新中国,万古蟾的艺术才能得到充分发挥,他的创作进入一个高峰期。1958年,他与创作团队一起将皮影戏和剪纸艺术运用到美术电影中,成功地拍摄了第一部剪纸片《猪八戒吃瓜》,为美术电影增添了一个新片种。作为导演,他先后执导了《渔童》《济公斗蟋蟀》《猴龟分树》《人参

万古蟾作品《人参娃娃》

娃娃》等动画片，其中《渔童》获第二次全国少年儿童文艺创作二等奖，《人参娃娃》于1961年获民主德国第四届莱比锡国际短片和纪录片电影节荣誉奖，1979年获埃及第一届亚历山大国际电影节最佳儿童片奖。他和钱运达联合导演的《金色的海螺》于1964年获印度尼西亚第三届亚非电影节卢蒙巴奖。

万古蟾是上海市第五、第七届人大代表，担任过中国动画学会、上海美术电影制片厂顾问。1995年11月19日逝世，终年95岁。

王超北：
中国共产党秘密情报战线上的杰出战士

王超北

在2017年9月出版的《中国共产党人的故事》(第一辑)"严守纪律卷"中,刊登了一篇由杨忠虎执笔撰写的题为《身为共产党,私产有何用》的文章,介绍了"毁家纾难为革命"的王超北。文章一开始就说:"我党情报战线上曾有'南潘北王'的说法,'南潘'是潘汉年,'北王'就是王超北。"①

王超北,初名士奇,化名王祥初、庞智,陕西澄城人,生于1903年。1922年,从陕西省第一中学毕业考入私立南通医科专门学校。1923年,进入上海大学学习。当时上海大学已云集了邓中夏、瞿秋白、恽代英、蔡和森、施存统、沈雁冰等中国共产党早期领导人在学校任职任教。王超北在这所学校认真系统地学习了马克思列宁主义的理论,思想上有了很大的提高。1924年,加入了中国社会主义青年团。第二年,即1925年转为中国共产党党员。根据党组织的安排,1925年暑假,王超北离开上海大学回到家乡澄城,与陕西三原人张仲超一起,在澄城中学创建了共青团特支,又与张鼎安一起成立"澄城驱吴后援会"及"五卅惨案后援会"。张鼎安走后,他又发起"县政咨议会",在报纸上发表了《非驴非马的澄城议会》一文,在社会上引起很大反响。同年7月,根据党组织的

---
① 欧阳淞总主编,中国方正出版社出版,第78页。

决定和安排,王超北来到肤施(延安),以陕西省立延安中学训育主任的身份作掩护,秘密开展中国社会主义青年团在延安的基层组织建设活动。在他的努力下,肤施第四中学团支部正式成立,后改为肤施支部,王超北任支部书记。这是肤施地区团的最早的基层组织。

非基督教运动,是中国共产党领导的反对帝国主义进行文化侵略的革命运动。1925年12月,党组织根据形势的发展,领导陕西人民开展了一个大规模的反对基督教运动,并选择了12月25日即"圣诞节"前后作为"非基"运动周。为此党指示各地的党团支部和党团员,充分发动学生及人民群众,统一步调,一致行动,为收回教育权、取消教会学校、根本解除基督教之势力而坚决奋斗,以促进国民革命的成功。党的指示和号召,得到了西安、三原、延安等地的党团员和人民群众的热烈响应。在党团组织的领导下,非基督教运动在延安轰轰烈烈地开展起来,当地的人民群众也纷纷加入了学生反对基督教的游行队伍,王超北成为这场运动的领导和骨干。延安的非基督教运动,遭到了当地反动当局的镇压,王超北等十多人被抓捕入狱。在狱中,王超北等和反动当局展开了尖锐的斗争。最后,在党组织的营救下,反动地方军阀井岳秀迫于强大的社会舆论压力,不得不把王超北等释放出来。

大革命失败以后,王超北根据党组织的安排,回到上海,在上海中央局特科从事党的情报工作,正式成为党在秘密情报战线上的一名战士。他身衔重命,以国民军联军驻陕独立第二师政治处主任、第十七路军卫士团军需主任等职务为掩护,在西安从事搜集蒋介石部队的军事情报、筹集物质、支援陕北红军等工作。1935年夏,他几经转移,成功将一部电台送到陕北红军手里。1936年西安事变以后,他任八路军西安办事处总务科长。抗战全面爆发以后,王超北化名王祥初,以经商的身份为掩护,从事党的秘密情报工作,并克服重重困难,到上海、香港等地为延安采购运送大量物资和电讯器材。虽经手巨款,自己却一尘不染。1939年,党中央成立西安情报处,王超北被任命为处长。为了更便捷、更安全地向党中央传递准确的情报,在周恩来"可以把电台架设到敌人司令部"的指示下,王超北通过种种关系,在敌人的要害部门建立了八部秘密电台,在一段时期,为我党的情报工作发挥了重要作用。王超

北父亲一生经商,曾留有一笔巨款。经过党组织再三讨论,最后同意了王超北毁家纾难的建议,在家人的支持下,王超北用这笔钱在西安大莲华池街建立了拥有四个院落、面积达1 000多平方米的"西安情报处"。这个情报处的建成,开辟了两条通往延安的秘密联络线,一条是通过无线电波,一条是秘密交通线,天上地下,两条线互相配合,为党中央拍发递送了大量重要情报,为保卫延安、取得解放大西北的战争胜利,作出了令人惊叹不已的杰出贡献。在解放西安的过程中,王超北根据党的指示,参与了对国民党西安市最后一任市长、也曾是他在上海大学读书时的同学王友直的策反工作,为西安的解放和顺利接管,作出了贡献。

中共西安情报处交通联络站奇园茶社旧址纪念碑

对于王超北在党的秘密情报战线上的杰出表现,党中央给予高度肯定和评价。毛泽东曾赞扬说:"庞智(王超北化名)是无名英雄。"贺龙在一次会议上称赞王超北说:"他的一个情报,抵得战场上一个师。"习仲勋为王超北题词:"勤勤恳恳任劳任怨,默默无闻无私奉献。"全国政协原副主席马文瑞题词:"十年虎穴历尽艰辛,搜报敌情贡献卓著。"彭德怀还曾陪同过苏联一个代表团到西安大莲华池街7号,参观过王超北当年毁家纾难时建造的"西安情报处"的地道和秘密工作室,看到这个秘密情报点竟没有给敌人发现和破坏,苏联专家称此为"世界奇迹"①。

新中国成立后,王超北先后担任中国人民解放军西安警备区副司令员,西安市公安局副局长、局长,中国国际旅行社副经理,对外贸易部中国五金矿产进出口总公司顾问(副部长级待遇)等职。1985年10月1日病逝于北京,终年82岁。

王超北去世后党中央为他举行了隆重的追悼会,并对他一生为革命所作的贡献给予高度评价。叶剑英、习仲勋等中央领导同志送了花圈。

---

① 欧阳淞总主编:《中国共产党人的故事》第1辑"严守纪律卷",中国方正出版社2017年版,第81—82页。

王稼祥：
中国共产党内首次提出"毛泽东思想"科学概念者

王稼祥

1943年7月8日，延安《解放日报》头版刊载了一篇题为《中国共产党与中国民族解放的道路——纪念共产党廿二周年与抗战六周年》的文章。文章指出："中国民族解放整个过程中——过去、现在与未来——的正确道路就是毛泽东同志的思想，就是毛泽东同志在其著作中与实践中所指出的道路。毛泽东思想就是中国的马克思列宁主义，中国的布尔什维主义，中国的共产主义。""中国共产主义——毛泽东思想不仅在和中国民族解放的敌人的斗争中生长起来，并且是在和共产党内部错误思想的斗争中成熟起来的。""中国共产主义、毛泽东思想，便是马克思列宁主义与中国革命运动实际经验相结合的结果。"这是中国共产党首次提出"毛泽东思想"这一科学概念。而提出"毛泽东思想"这一科学概念的，也就是这篇重要文章的作者，就是王稼祥同志。

王稼祥，原名嘉祥，又名稼蔷，无产阶级革命家，安徽泾县人，生于1906年。1913年，进入本村柳溪小学学习，1919年爆发的五四反帝反封建的爱国运动给了王稼祥极大的影响，使还处在少年时代的他从此开始关心国家大事，向在城里学习的回乡学生了解反帝反封建的斗争情况。1922年到南陵乐育学校读书。在校两年时间，王稼祥读书异常用功，各门功课都很好，还练就了英语的口语能力。1924年，王稼祥以优异成绩被保送到芜湖圣雅各中学高中部。在校期间，他以"不愧做个20世纪的新青年"自勉，参加了旨在反对帝国主义奴化教育的进步社团"协社"，阅读了学校图书馆中所有关于社会科学的书籍以及当时在书店里能买到的《新青年》《向导》和《中国青年》等，思想上发生了急剧的变化。1925年3月12日，孙中山先生在北京逝世，圣雅各中学举行追悼孙中山先生大会，王稼祥在会上作了"三民主义与中国"的演讲，在演讲中，王稼祥说："创造这最适合中国的三民主义的孙中山先生，现在已经死了！实现三民主义和救中国危难的责任，已落到我们青年肩上了。诸君呀，最有希望、号称社会之花的青年呀！可知革命就是我们唯一的使命啊！"[①]那一年，王稼祥19岁，但已显示出他的革命热情和不凡的政治见解与演讲能力。

圣雅各中学是一所教会学校，为了反对帝国主义的奴化教育，收回教会教育权，5月，圣雅各中学初中部爆发学潮，很快得到高中部声援。第二天，高中部学生全体罢课。王稼祥在校内外奔走呼号，积极参加这次学潮。几天以后，上海发生五卅惨案的消息传到安徽，王稼祥又投身到安徽声援五卅运动的热潮中去。安徽的教会学校风潮以及声援上海五卅运动很快波及省内其他学校以及外省的教会学校，王稼祥原来就读的南陵乐育学校和江苏南通英化也都掀起了反对帝国主义的爱国热潮。安徽学校当局对参加学潮的学生做出退学和除名的决定。作为学潮运动的学生领袖之一，王稼祥和一大批学生都在除名之列。

安徽学生反对教会学校奴化教育的学潮运动和声援上海五卅运动而遭到学校当局除名的消息传开以后，受到省内外舆论的关注。在中国共产党的支持下，由五卅惨案安徽后援会出资在安庆、芜湖各办一所学校，以接纳教会学校退学的学生。上海大学对此也作出及时反应。7月24日，《民国日报》刊登《上海大学附属中学通告》，称对因此次风潮而退学之教会学校学生表示深切之同情，决定扩充学额，并针对安徽教会学校退学学生订有特别转学章程。8月12日，已迁入闸北师寿坊校舍的上海大学附属中学又在《申报》刊登通告，称"本校为应南通英化、南陵乐育

[①]《狮声》第1期，圣雅各中学编辑，1925年4月出版；中共中央文献研究室、中央档案馆《党的文献》1988年第5期重新刊载。

他们从 上海大学 走进新中国
(1922—1927)

等学校为爱国运动被迫离校学生之请,议决扩充名额"。18日,《申报》又刊登《上海大学暨附中招生广告》,明确提出:"'关于特别转学',本校行政委员会已通过上海学生联合会请求宽于收容此次五卅风潮而退学之教会学校学生之议案,凡属该类学生一经证实即予免考收录。"这样,在8月底,王稼祥就来到上海,进入上海大学附中高中三年级继续他的学业。

这一学年,上海大学附中来的学生比以往要多,新生的程度也高于往届。高三33名学生中,新生特别多,从教会学校转来的学生尤为活跃。在学习成绩和能力方面很突出的王稼祥进校不久,就被推选为高中三年级的学生代表、上海大学附中学生会主席。9月27日,王稼祥给堂弟王柳华写信,介绍了他在上海大学附中学习和生活的情况。信中说:

> 来沪即入上大附中,人地生疏,乏善可述。近闻吾弟赴(南)通纺织学校,欣喜之至。实业之发展,纺织之改良,吾弟应负一部分责任矣。久长来沪入大夏,通函可直(寄)上海胶州路大夏大学。上大为革命之大本营,对于革命事业,颇为努力。余既入斯校,自当随诸先觉之后,而为革命奋斗也。社会险恶,愿自珍重,书不尽意。①

王稼祥把上海大学称之为"革命之大本营",可以说是代表了当时追求进步的热血青年对上海大学作出的共同评价。"自当随诸先觉之后,而为革命奋斗也。"他是这样想的,同时也是这样做的。在入校一个多月后,即加入了共青团并开始阅读秘密材料。10月1日,在他给王柳华的信中又表示:"社会之腐败,至今日可谓登峰造极,我辈青年,置身斯中,不受其同化,不受其压制,盖亦难矣。欲解放青年,必自改革社会始。事理昭然,不可否认,愿你三复斯意,决定做一有用改造社会之青年。"② 在10月20日左右,王稼祥又给王柳华写了一封信,信中说:"我们跋涉千里到外面来读书,到底为的什么?是否只想借此弄寻一个饭碗,终身做个糊涂虫

---

① 中国革命博物馆党史研究室编:《党史研究资料(第三集)》,四川人民出版社1982年版。
② 中国革命博物馆党史研究室编:《党史研究资料(第三集)》,四川人民出版社1982年版。

呢？还是想为我们前途幸福计,去改造社会呢？欲明此理,我们必先要明白今日社会里面知识阶级(我们也在这个阶级)的地位。"信中说,"我们唯一的出路,只有帮助劳动阶级去打倒资产阶级,去解放劳动者,去解放自己。"在谈到"怎样才可以打倒帝国主义"这个问题时,王稼祥说:"我们必联合被压迫者,共同去革命。"关于"怎样革命才可实现"这个问题,王稼祥明确提出:"我们必须加入有组织的政党,以一定政策、一定的方法,群策群力,同去干国事才可。不然,徒然说要取消不平等条约,要关税自主,要打倒帝国主义和军阀,谁也不敢相信这是可能的。"[①]王稼祥在上海大学学习的情况,留下的史料不多,从他写给堂弟王柳华的信来看,他的思想认识提高得很快,对于自己出来求学和读书,对于中国社会和阶级,对于政党和革命等,都有着较为正确的看法。

当时担任上海大学附中部主任的是侯绍裘,事务主任是沈观澜(即沈志远),他们都是共产党员,对于王稼祥的表现,都看在眼里,也是满意的。10月28日,王稼祥和蔡和森、李立三、向警予等经过组织批准,离开上海到莫斯科中山大学学习。临行前,侯绍裘代表党组织找王稼祥谈话,征询王稼祥本人的意见,并告诉王稼祥苏联留学的生活将会很艰苦,要王稼祥作好充分的思想准备。这次谈话,给王稼祥留下了深刻的印象,也对他今后革命生涯产生了积极的影响。王稼祥在上海大学学习的时间总计只有两个月左右,但上海大学却给王稼祥留下了深刻的印象。1926年3月13日,已在莫斯科中山大学学习了三个多月的王稼祥,在给堂弟王柳华的信中称赞"上海大学是在中国的中山大学"[②]。正是在这座革命熔炉里,19岁的王稼祥在政治上得到升华,上海大学成了他日后成长为职业革命家的一个重要起点。

由于王稼祥具有比较好的英语会话基础,所以在莫斯科中山大学被编在第八班,也就是翻译班,既当学员,又当翻译员。1928年2月,转为中国共产党党员;9月,与张闻天、沈泽民等一起进入苏联共产党中央培养党的高级理论干部的最高学府红色教授学院。在中山大学和红色教授学

---

① 中共安徽省委党史工作委员会、安徽省档案馆编:《安徽早期传播马克思主义史料选》,1982年12月印。
② 徐则浩编著:《王稼祥年谱》,中央文献出版社2001年版,第27页。

院,王稼祥系统地学习了马克思列宁主义的思想和理论,从而为今后在党内军内从事马克思列宁主义理论的宣传和政治思想工作的领导打下了坚实的基础。1930年,根据王稼祥本人的请求,并得到共产国际东方部的批准,王稼祥于3月回到了中国,担任中共中央宣传部干事,开始了他长达44年的革命生涯。

1931年4月,王稼祥奉命到中央苏区,先后任中共苏区中央局委员、红军总政治部主任、中央革命军事委员会副主席。曾两次当选为中华苏维埃共和国中央执行委员兼外交人民委员。1934年1月,在党的六届五中全会上增选为中共中央委员、中央政治局候补委员。1934年10月,参加长征。1935年1月,在遵义会议上坚决支持毛泽东的正确主张,对确立毛泽东在中共中央和红军的领导地位起了重要作用。会后被增选为中央政治局委员;3月,在贵州苟坝召开的中央政治局会议上,又成立由他和毛泽东、周恩来组成的军事指挥小组,负责指挥全军的军事行动;9月,任红军陕甘支队政治部主任。1937年6月,赴苏联,任中共驻共产国际代表。1938年8月回国,任中共中央军委副主席、总政治部主任等职。1946年5月赴苏联治病。1947年5月回国,任中共中央东北局委员、城工部长、宣传部代部长。

新中国成立后,王稼祥担任首任驻苏联大使、外交部副部长、中共中央对外联络部部长。1966年3月,任中央外事领导小组副组长。为中共第八、第十届中央委员,第八届中央书记处书记,第二至第四届全国政协常务委员会委员。

在"文化大革命"中,他长期从事的外交工作被污蔑为"三和一少"的投降主义路线,从而遭到林彪、江青反革命集团诬陷迫害。1974年1月25日在北京猝然逝世,终年68岁。1月30日,王稼祥追悼会在八宝山革命公墓礼堂举行,王稼祥的骨灰盒上覆盖着中国共产党党旗,毛泽东和中共中央以及党和国家其他领导人送了花圈。周恩来参加了追悼会,邓小平致悼词。

1979年3月9日,经中共中央批准,中共中央对外联络部向各省、市、自治区党委和中央党、政、军、群各部门发出《关于为所谓"三合一少""三降一灭"问题平反的通报》。通报指出:"林彪、康生、'四人帮'

炮制的'三和一少''三降一灭'问题应予平反;强加在王稼祥同志和其他同志身上的一切诬陷不实之词,应该推倒。"

1981年7月1日,王稼祥被列入中国革命的38位杰出领导人之一。

1986年,在王稼祥毕业的芜湖圣雅各中学旧址上,建起了王稼祥纪念园。纪念园占地6 000余平方米,由王稼祥铜像、纪念碑、事迹陈列室、藏书室等组成。位于安徽泾县厚岸乡的王稼祥故居,现在是安徽省重点文物保护单位。

矗立于芜湖第十一中学校园里的王稼祥铜像

2006年8月16日,纪念王稼祥同志诞辰100周年座谈会在北京人民大会堂举行,会议称王稼祥同志为"中国共产党的优秀党员、忠诚的马克思主义者、杰出的无产阶级革命家、我党我军卓越的领导人、新中国优秀的外交家"。

王一知：
上海大学最早加入
中国共产党的学生之一

王一知

在电影《永不消失的电波》中由孙道临饰演的男主角李侠，其原型是烈士李白，这是大家都熟知的，而其中由袁霞饰演的女主角裘兰芬，其原型除裘慧英以外，另一个原型知道的人就少一点了，她就是老资格的中国共产党党员王一知。

王一知，原名杨代诚，湖南芷江人，生于1901年。1915年，考入湖南桃源省立第二女子师范学校。在学校里，她广泛阅读了卢梭的《民约论》、柏拉图的《理想国》、达尔文的《进化论》、克鲁泡特金的《无政府主义》等书籍，还非常喜欢读北京大学出版的《新潮》。五四运动的爆发，也波及湖南，王一知积极投身到这场反帝爱国斗争中去，她和进步学生一起上街游行示威，查烧日货，并和十几个女同学一起剪去长发，留起短发以明志。王一知的同学、后来成为作家的丁玲曾回忆道："五四的浪潮，也冲击到这小城市了。尤其是里面的一小部分同学，她们立刻成立学生会，带领我们去游街、讲演、喊口号。……慢慢我有了一个思想：'不能当亡国奴。'她们那时在学校里举行辩论会，讨论很多妇女问题、社会问题。……我很佩服其中的两个同学：杨代诚和王剑虹。"丁玲这里提到的同学杨代诚即王一知。

1921年，王一知从第二女子师范毕业以后，就到向警予创办的湖南溆浦小学做了教员。半年以后，1922年2月，和王剑虹、丁玲一起，来到上海进了由中国共产党创办的上海平民女校。她在高级班通过学缝纫等半工半读的方式上课。她和丁玲、王剑虹虽然是同学,但和丁玲、王剑虹一心想多正规读点书的想法不完全一样。她读书也同样努力认真,但同时关心政治、要求进步,热心社会活动。她参加了马列主义研究会,在刘少奇的指导下学习《资本论》《共产党宣言》,学习了辩证唯物主义的基本知识和俄国在列宁领导下首先取得社会主义革命胜利的革命道理,无论在思想认识还是理论修养方面都有了很大的提高。也正因为如此,她越来越感到自己革命生涯刚刚起步、对革命知识又知之甚少,于是将原名"杨代诚"改为"王一知"以自我鞭策。在这一年8月,也就是进入平民女校半年以后,经俞秀松、刘少奇介绍,王一知加入了中国共产党。

1922年12月,王一知随党中央和团中央机关迁往北京,在团中央妇委工作。在北京期间,王一知与李大钊、何孟雄、缪伯英、高君宇等一起过组织生活,经常聆听李大钊同志教诲。在李大钊同志的领导下,和缪伯英一起去女师大做学生工作。1923年夏,回到上海,进入上海大学学习。在上海大学,王一知更是系统地接受了马克思列宁主义理论的教育。1923年7月9日,中共上海地委兼区委召开第一次会议,决定将上海的党员按居住地编成五个组,其中第一组为上海大学组,党员11人,林蒸为组长,组员有严信民、许德良、瞿秋白、张春木(即张太雷)、黄让之、彭雪梅、施存统、王一知、贺昌、邓中夏。当时,王一知虽然是上海大学的学生,但她却与严信民、黄让之等同学一起,和邓中夏、瞿秋白等上海大学教授编在一个组。由于王一知是1922年8月加入中国共产党的,因此可以说她是上海大学中最早的一批学生党员之一。1923年9月27日,中共上海地方兼区委开会决定,将全市党员分成四个组,第一组依然为上海大学组,王一知担任了组长。

在上海大学学习期间,王一知还在向警予领导下从事妇女运动,受到向警予的影响和帮助很大。她曾回忆说:"警予同志对我们的鼓励与帮助是我终身难忘的。她是我最敬爱的人。我的思想毛病很多,惰性很大,但是,她不因此冷淡我,反而常常来看我,和我谈革命道理,批评我的缺点,还责成我写文章,限日亲自来取,有了,很高兴;没有,就要严肃批评。因此,我对警予同志交给的任务,总是尽力做到,她的诚恳和善意给我以很

他们从 上海大學 (1922—1927) 走进新中国

大的力量。"[①] 正如王一知自己所说,她在向警予的鼓励和帮助下,在《中国青年》等刊物上发表了一系列有关妇女问题的文章。1925年3月8日,在向警予的领导下,上海女界在上海大学召开联席会议,决定成立上海女界国民大会筹备会,王一知和张琴秋以上海女界国民促进会的名义参加了会议。会议还决定在筹备会之下设演讲股,王一知被推为委员。在读书期间,王一知还在党组织的领导下,积极贯彻党的国共合作的统一战线政策,参加国民议会促进会,努力做统战工作,打击国民党右派。在五卅运动中,她和上海大学的师生一样,积极投身这场伟大的反帝爱国斗争,参加了抗议日本资本家枪杀顾正红的抬尸游行。

1925年底,王一知受党组织派遣,正式离开上海大学来到广州,在邓颖超领导的广州妇女协会任宣传部主任,主编《光明》周刊,并协助广州国民政府苏联顾问鲍罗廷的助手张太雷开展工作。大革命失败以后,王一知转入上海中共中央机关工作,开始长期的白区城市地下斗争生涯。1938年初,根据周恩来的指示和安排,王一知和龚饮冰来到上海,领导设立秘密电台,收集日伪方面的情报,向延安报告。龚饮冰的公开身份是湖南万源湘绣庄总经理,王一知的公开身份是"全职太太"。龚饮冰和王一知在上海共建立、领导三个直接与延安通报的电台,即李白台、杨健生台和郑执忠台。王一知兼任三个台收送密电的秘密交通员。1942年,李白夫妇被日本军警逮捕,王一知和龚饮冰迅速撤离了所有地下电台,为党收回了大量宝贵的经费,并委托爱国人士成功营救了李白夫妇。1946年重庆谈判期间,毛泽东、周恩来接见了龚饮冰、王一知,周恩来同志代表党中央,表扬了王一知同志在上海地下电台工作中的成绩。后来,王一知和龚饮冰又回到上海。龚饮冰的身份是建业银行总经理,王一知还是"家属",做的工作仍是地下交通员。1949年5月,李白牺牲在上海解放的前夜。多年后,王一知写了《永不消逝的怀念——忆李白同志》。

新中国成立后,王一知先是在上海担任吴淞中学校长,一年多以后,又奉命到北京,在一零一中学任校长兼党支部书记,直到1982年离休。

[①] 王一知:《纪念向警予同志》,载中共湖南省委宣传部、中共湖南省委党史研究室、中共怀化市委编《向警予纪念文集》,湖南人民出版社2005年版,第255页。

1991年11月23日在北京病逝,终年90岁。

  王一知是1922年入党的老党员。《湖南日报》的一位记者,怀着对这位老资格的革命者的崇敬心情,到北京去采访。一位被采访者以王一知"不过是一个一零一中学校长"而"侧身而过"。我们常听说"以衣帽取人",而这位记者遇到的则是"以级别取人"。殊不知,这个"一零一中学校长"是王一知自我降格争取来的。早在1948年,毛泽东、刘少奇、周恩来等就在西柏坡接见王一知,建议她在新中国成立后进入政府部门工作。1949年,王一知参加

北京一零一中校园文化丛书
《王一知纪念文集》

了在北京召开的第一次全国妇女代表大会,邓颖超又代表组织动员她担任妇女领导工作,但她都拒绝了,她自愿选择了党的教育事业。这样,才有了王一知这样一个在新中国享有高级干部级别而甘愿在中学担任校长的教育家履历,而且一干就是30年,赢得桃李满天下。像王一知这样的老革命之初心情怀,确实不是那些专以级别、头衔甚至金钱取人的人所能理解的。

王友直：
国民党政权在西安市的
最后一任市长

王友直

1949年5月18日，一架飞机从西安升空。国民党在西安任命的最后一任市长王友直，根据胡宗南的要求离开西安，飞向汉中。两天以后，也就是5月20日，西安解放，这一座历史悠久的古城回到了人民的怀抱。关于自己在西安即将解放的前夜逃离西安，王友直后来说："我个人虽然还要浪迹外地，但西安终于从黑暗中迎来黎明。"①

王友直，号正卿，陕西韩城人，生于1902年。1924年7月，进入上海大学中国文学系学习。这一年的7月14日，《民国日报》刊登上海大学录取新生名单，其中"大学部文艺院中国文学系""正式生"中有"王友直"。在上海大学，王友直在学习专业知识的同时，也受到了马克思列宁主义的教育，参加了五卅运动。1925年3月12日，孙中山在北京病逝，由上海大学陕西同乡会主办的半月刊《新群》于4月6日出版第七期"纪念孙中山先生专号"，王友直发表长诗《悼孙中山先生》，全诗36行，诗中最后称："我们的领袖不死，我们的领袖精神永存！与我们暂别的，是我们领袖的躯壳；常伴我们的，是我们的领袖奋斗不挠的精神！攻击之动员令下了，冲锋之金鼓

---

① 王晓亮：《西安解放60年：国民党西安市长的"解放"历程》，《华商报》2009年5月19日。

雷鸣,同志哟同志! 赶快挥着武器,直向敌人火进未。"①王友直在上海大学加入了社会主义青年团。1926年底,根据党组织的安排,王友直被派到苏联莫斯科中山大学留学,在去莫斯科途中,王友直被批准加入中国共产党。在莫斯科中山大学留学期间,他和蒋经国同住一个宿舍。1931年,王友直奉命回国,担任中共上海浦东区委组织宣传部部长。1933年被捕,1934年出狱后,宣布脱离共产党,加入了国民党,参加了国民党中央训练团高教班第一期。1935年任国民党中央军校政训研究班政治总教官。后任陕西省动员委员会秘书处处长。1940年,任中央军事委员会天水行营政治部少将组长。1944年,任陕西省政府委员兼教育厅厅长。1947年7月,被他在莫斯科中山大学的同学蒋经国推荐任命为西安市市长。这也是国民党政权在西安的最后一任市长。

王友直虽然在1933年被捕后宣布脱离共产党并加入国民党,但在以后的生涯中,他一直坚持两条宗旨:一是绝不反共,二是不打内战。因此,对于这个在国民党内身居要职的"前共产党员",共产党的秘密战线一直没有放弃对他的策反工作。1941年冬天,周恩来途径西安时,曾单独找过王友直谈话,并给他捎来了他在苏联的夫人和女儿的家信,勉励他继续为党和人民工作。在中国共产党秘密战线的争取和不断工作下,1948年,王友直利用自己担任西安市市长这个职务,开始为西安的解放做工作。他将胡宗南为了加强西安的防御力量而成立的由2 000多人组成的"西安民众自卫总队"掌握在自己手中,自任总队长,推荐任命共产党的地下工作者、公开身份为国民党中央军校第七分校驻西安办事处主任的闵继骞为副总队长,党的地下工作者雷振山为直属大队的大队长。根据党组织的要求,王友直又完好无损地保护好了国民党政府在西安的所有档案卷宗,一直到西安解放被解放军顺利接管。按照党组织的意见,希望王友直能留在西安迎接解放,但是当时国民党特务对他的看守很严,他在胡宗南的胁迫之下,只能按照胡宗南的指令离开西安。临行之前,王友直给共产党地下组织留下一千块大洋、一部电台和一辆小汽车,并嘱咐代理市长坚守岗位,保护好政府财物。王友直离开西安以后,解放军一方

---

① 《20世纪20年代的上海大学(下卷)》,上海大学出版社2014年版,第548—549页。

面将其列为"战犯"通缉,另一方面则通过地下党组织加强对他家的警卫,确保他家人的安全。

王友直离开西安先到汉中,后来先后辗转到香港、成都,期间成功策动了他的学生、国民党新编第一师师长吴楷率部起义,由解放军十八兵团收编;还给国民党三十八军军长李振发密电,促其起义;国民党陕西省公路局南撤到四川后,从陕西带到四川很多辆汽车,王友直劝他们全部移交给进入四川的解放军。直到1949年12月成都解放,王友直见到了贺龙,才得以返回西安。

新中国成立以后,王友直先后任陕西省政协常委、民革中央监察委员、民革中央团结委员等职。1992年3月9日在西安病逝,终年90岁。

1989年,王友直曾在回忆录《西安在黎明到来之前》中这样写道:"我一生经历了不少坎坷之途,但始终坚信:在其他问题上,可容有糊涂之处,但在政治上必须精明。所谓精明就是要顺乎历史潮流而动,必须以民心所向为归宿。""关键时刻,何去何从,非功即罪,我必须作出慎重的抉择;而我也终于作出了正确的抉择。"①

---

① 王晓亮:《西安解放60年:国民党西安市长的"解放"历程》,《华商报》2009年5月19日。

吴梦非：
中国美学界奠基人之一

上海大学美术科是在原东南高等师范专科学校的美术专业的基础上建成的，主任由原来的负责人洪野续任，所聘教师不乏当时在音乐美术界深孚众望的艺术家，吴梦非就是其中一位杰出者。

吴梦非

吴梦非，乳名贻縠，学名翼荣，浙江东阳人，生于1893年。父亲为东阳民间艺人。吴梦非6岁入私塾开蒙，10岁进东阳官立高等小学堂读书，这是东阳县域唯一的一所新制小学。正是在这所小学，吴梦非才开始知道学校有图画、唱歌等艺术学科。1912年，吴梦非以第一名的成绩考入浙江省两级师范学堂图音手工专修科。第二年，跟随李叔同（弘一法师）学音乐、美术，打下了良好的音乐、美术基础。1915年毕业以后，经李叔同推荐，到上海城东女学任文艺专修科图画音乐教师，负责西洋画，兼授乐理、声乐与钢琴，兼任爱国女学图画课教师和爱群女学音乐课教师。后又在嘉兴浙江省立第二师范、上海江苏第二师范、上海南洋女子师范等校任音乐、图画教员，参加了黄炎培创办的"中华职业教育社"，并追随柳亚子、陈望道等参加了进步社团"南社"。1919年，在老师李叔同的支持下，在上海与丰子恺、刘质平等共同创办了上海专科师范学校，后改为上海艺术师范学校，任校长。同年又倡导成立中华美育会。1920年4月，创办了由李叔同题写刊名的机关刊物《美育》杂志并任总编辑。该刊明确将美育

界定为艺术教育,开展学校美育工作即为推进艺术教育运动。吴梦非在《美育》杂志创刊号发表题为《美育是什么》的文章,提出要以毕生精力"放胆为最合新思潮,最切新时代的艺术教育请命"。这本杂志从创刊到1922年4月第7期终结,共发表文章152篇,半数以上内容为探讨艺术教育。《美育》杂志的出版,推动了我国美育理论的发展,促进了我国近代艺术教育的全面开展。《美育》停刊后,1923年4月,应《民国日报》主编、上海大学教授邵力子之邀,吴梦非在该报副刊《觉悟》主编《艺术评论》周刊,前后共出了69期,力图打造一个"联络海内外艺术家与艺术教育家,共同宣传艺术与艺术教育"之阵地。也就是在这一期间,吴梦非受聘担任上海大学美术科教授。

前排左起:吴梦非、丰子恺、刘质平;后排左起:丰一吟、钱君匋

1924年4月编印的《上海大学一览》,在"教员之部"的"美术科"栏里,明确记载:"姓名:吴梦非;籍贯:浙江东阳;经历:上海艺术师范学校校长;教授学科:艺术教育;通讯处:本埠小西门福寿坊三号。"据不完全统计,上海大学的美术科,从1923年到1925年,连续招生毕业的学生近50名,这些学生应该也都从吴梦非的"艺术教育"这门课中学到了新的美育知识,确立了新的美育精神。1923年,以上海大学为主,联合其他学校举办"上海暑期讲习会",吴梦非也积极参加。在8月20日、21日、

22日连续三天上午,主讲"音乐大意",进行美育方面的教育,受到听众和学生欢迎。8月29日,吴梦非和沈雁冰、陈望道、何世桢、邵力子等上海大学教授一起,又应邀出席了由上海暑期讲习会召开的聚餐会,来庆祝这次"上海暑期讲习会"的成功举办。

1928年,应邀在江西庐山举行的中学校长会议上主讲艺术教育,在全国产生了一定的影响。1933年,出席教育部中学师范课程会议,翌年受聘为教育部中学师范课程标准起草委员会委员,与萧友梅共同负责起草中学音乐课程标准,出版中学音乐教材多种,如《和声学大纲》《中学新歌曲》(1930)、《初中乐理教本》《初中唱歌教本》(1932)、《风琴弹奏法》(1934)、四卷本《初级中学音乐》(1935)、四卷本《简易师范音乐》(1936)、《标准歌曲选》和《中学音乐教材》。1941年,主持浙江省第二届中学与师范音乐教师资格考试。历任上海艺术专科师范学校校长、上海美术专门学校教务主任、中央文化计划委员会专门委员、教育部中学与师范课程编订委员、浙江省教育厅督学等职务。

吴梦非是五四时期有影响的音乐教育家,中国美学界奠基人之一。他发起和主持的"中华美育会",对集结南方各省的艺术教育师资,共同切磋音乐、美术教学业务,起过积极作用。在上海艺术师范学校办学的七八年间,培养出一批音乐人才。他为小学、中学和师范学校编纂的歌唱、乐理等音乐教科书10余种,并著有《和声学大纲》(开明书店1930年版)等书,在20世纪20年代到30年代被学校广泛采用,产生过一定影响。此外,他还著有《西画概要》等美术教科书。

新中国成立以后,吴梦非被推选为全国音乐家协会杭州分会执委兼秘书主任。1954年,担任浙江省文联组织部副部长,当选浙江省人民代表大会代表。1958年,任上海音乐学院教务处副处长,编著《初中乐理》《西画概要》《中学新歌曲》及教科书《初中音乐》《简师音乐》《师范音乐》等。1959年退休后,从事《中国音乐史》及回忆录的撰写,并有《五四运动前后的美术教育》等文问世。1979年10月15日病逝,终年76岁。

谢雪红：
台湾民主自治同盟的创立者与第一任主席

谢雪红

1947年11月12日，台湾民主自治同盟在香港正式成立。但鉴于当时的政治环境，这个组织并没有完全公开，也没有建立组织机构。到了1948年8月，在中国人民解放军即将取得决定性胜利之时，台湾民主自治同盟才在香港宣布正式成立，并组成了总部组织机构，由谢雪红任主席。

谢雪红，原名谢阿女，又名谢飞英，祖籍福建泉州，1901年生于台湾彰化。12岁时父母因病双双病亡。第二年，13岁的谢雪红就给人家做了童养媳。1917年，16岁的谢雪红生活中发生了重大变化。她离开彰化，到台南的一家糖厂做了一名女工，正式成为一个职业女性。1917年，她随张树敏来到日本神户经商，三年后回到台湾，在台中独自经营一家洋服店"嫩叶屋"并参加了抗日组织"台湾文化协会"。作为最早的成员，文化协会给她留下了深刻影响。她后来回忆说：在文化协会里，"开始学习了许多新知识，同时对祖国的革命有了热烈的向往"。1924年，谢雪红来到上海，参加了上海台湾自治协会。6月17日，上海台湾自治协会在务本英文专门学校举行反对台湾"始政"纪念日集会，谢雪红在集会上发表了关于"妇女也得参加革命运动，支援男人的运动，才容易成功"的主张，引起大会的共鸣和支持。同年，谢雪红进入上海总工会和赤色救济会工作。1925年6月，在安存真（即安体诚，共产党员，上海大学教授）、宣中华(国民党浙江省党部负责人之一,共产党员)两人介绍下,谢雪红加入了中国共产主义青年团。经过斗争的锤炼,1925年8月,在黄中美的介绍下加入了中国共产党。同年9月,党组织推荐她进入上海大学学习。对此,谢雪红在自己的回忆中有详细的记载。她说:"黄中美又来找我,告诉我,党要我进上海大学。我吃了一惊,对他说,我没有半点文化怎能进大学。……他对我说:'党正是要培养像你这样穷苦人出身、文化很低的党员。'我同意了就去考试,……投考上海大学当初,我的志愿只是想考社会科的旁听生,但报纸上发表录取名单时,竟然'谢飞英'三个大字堂堂上榜了,我自己心里有数,这完全是我按党的指示去做了工作的缘故,……于是,我正式进入上海大学社会科学习了。"[1]根据《民国日报》的记载,谢雪红的这段回忆还是比较准确的。1925年9月5日,《民国日报》刊登了题为《上海大学录取新生布告》,其中明确记载谢雪红以"谢飞英"之名被录取为上海大学社会学系一年级的"特别生"。和她一起被录取的台籍青年还有林木顺。

在上海大学,以翁泽生、许乃昌、谢雪红、林木顺、洪朝宗、蔡孝乾等为代表的台湾籍进步青年,一方面系统地学习马克思列宁主义理论,另一方面在党组织的领导下,不但投身像五卅运动这样大的革命斗争和活动,直接接受这场反帝反封建革命风暴的洗礼,还积极参加台湾地区在上海组织的各种进步团体和革命活动。谢雪红等在这些斗争的洗礼和考验中,提高了马克思列宁主义的思想和理论水平,逐渐成熟起来,成为台湾进步青年中最早接受共产主义思想和理论指导的先进青年。

共产国际为了推动共产主义运动的发展,要求各国共产党推荐骨干分子去苏联学习。中国共产党为了进一步加强党的干部队伍建设,也分批选派了不少干部到苏联学习深造。谢雪红是在上海大学读书几个月以后,与林木顺一起到苏联留学的。根据谢雪红的回忆,1925年11月,共产党员黄中美向谢雪红和林木顺宣布中共中央的指示:"党命令你们赴苏联莫斯科东方大学学习,党派你们赴苏学习是为了培养干部,考虑将来

---

[1] 谢雪红口述,杨克煌笔录:《我的半生记》,台北杨翠华出版1997年版,第183页。

他们从 上海大學 (1922—1927) 走进新中国

1925年11月中共上海地下组织派谢雪红（前排右二）、林木顺（前排右一）等赴苏联留学前欢送合影（图片来源：徐康著《台籍革命伉俪》，台海出版社2018年版，第5页）

帮助台湾的同志在台建党。"① 谢雪红和林木顺于1925年12月8日到达莫斯科进入东方劳动者共产主义大学学习（简称东方大学）。在东方大学，谢雪红被分配在日本班学习。学习的课程有历史、党史、西洋史、东洋史、世界劳动运动史、社会发展史、哲学、政治经济学、列宁关于民族问题的学说、农民问题、共产国际的战略和策略、殖民地问题，还有军事训练和俄语等。除了课堂内学习这些课程以外，1927年夏天，谢雪红还在莫斯科郊外的营地接受了军事方面的培训。通过培训，她掌握了射击要领、投掷手榴弹的技术、使用爆破装置的方法，还学习了基本的战术。可以说谢雪红和林木顺在苏联学习期间，初步得到苏联布尔什维克的政治培训，掌握了一些军事技能②。另外，谢雪红在东方大学学习的两年期间，受到向警予的影响和帮助很大。她回忆和向警予在一起的学习生活时说："我们两

---

① 谢雪红口述，杨克煌笔录：《我的半生记》，台北杨翠华出版1997年版，第183页。
② 〔俄〕郭杰、白安娜：《台湾共产党和共产国际（1924—1032）研究·档案》，台北"中央研究院"台湾史研究所2010年版，第41—43页。

人躺在床上,她讲了很多道理给我听。记得,她说过在资本主义社会,人与人的关系都是金钱的关系,不管是父子、兄弟等关系都是如此。因此,人的一切思想和感情都受物质经济利害关系支配,也随着物质的变化而变化。"①

关于谢雪红和林木顺在东方大学学习的情况,谢雪红在东方大学的同学、张国焘的夫人杨子烈有一段回忆说:"日本学生在东方大学不过数十人,谢雪红是由上海到海参崴转莫斯科的,她是台湾人,瘦长的个子,嘴里镶了一颗金牙,另外还有一个男子跟她一道,说是她表弟……他们会说国语,日本话讲得更好,到了莫斯科,她就入日本学习班上课。日本班那时没有一个女生,她是非常受欢迎的。"②日共党员风间丈吉在《莫斯科共产主义大学回忆》一书中,也提到谢雪红。他说,当时在东方大学和日本人在一起读书的来自中国台湾的只有两人,"其中一人叫谢飞英(当时是一位二十四岁的妇人),现在听说在台湾是一位有力的领导者……我们与这两人极为亲密,从未有过任何争论"③。

谢雪红和林木顺到苏联东方大学去学习,对共产国际来说,这样安排还有一个目的是要他们学成回台湾组建共产党。对于这一点,谢雪红在赴苏联学习时黄中美就给她讲清楚了。于是,根据共产国际的安排,1927年11月13日,谢雪红和林木顺来到上海,开始了台湾共产党的筹建工作。1928年4月15日,台湾共产党在上海法租界霞飞路(今淮海路)一家照相馆楼上正式成立,谢雪红被选为中央候补委员。1928年6月10日,台湾共产党第一届第二次中央委员会在台北召开,谢雪红被增补为中央委员。1929年2月,谢雪红在台北以开办国际书局为掩护,开展地下活动。1934年,谢雪红被台湾当局抓捕,台湾共产党被彻底破坏。

同年6月,谢雪红被判处13年徒刑。到了1939年,因病被保释出狱。1947年2月28日,因台北缉私警察殴打一名烟贩并枪杀一名平民而引发了台湾人民为争取民主自由、反对国民党独裁统治的"二二八"起义。3

---

① 谢雪红口述,杨克煌笔录:《我的半生记》,台北杨翠华出版1997年版,第196页。
② 张传仁著:《谢雪红与台湾民主自治同盟》,广东人民出版社2004年版,第20页。
③ 引自张传仁著:《谢雪红与台湾民主自治同盟》,广东人民出版社2004年版,第20—21页。

月2日,台中召开市民大会,谢雪红被推举为大会主席,会后率领群众游行并成立了"台中地区治安委员会作战本部",与国民党当局展开了武装斗争,终因寡不敌众而结束斗争。1947年5月,谢雪红和杨克煌来到香港,积极联系在香港的进步人士成立了台湾问题研究会,成立新台湾出版社,出版《新台湾丛刊》。在香港,谢雪红同所谓"由联合国托管台湾"的分裂论调和行径作坚决斗争。1947年11月12日,在中国共产党的指导和帮助下,台湾民主自治同盟在香港正式成立。1948年5月2日,《人民日报》在头版头条刊发了《中共中央纪念"五一"劳动节口号》,在第五条中提出:"各民主党派、各人民团体、各社会贤达迅速召开政治协商会议,讨论并实现召集人民代表大会,成立民主联合政府!"5月7日,台盟在香港《华商报》发表《告台湾同胞书》,积极响应中共中央纪念"五一"劳动节的口号。1949年9月21日,中国人民政治协商会议第一届全体会议在中南海怀仁堂隆重开幕,谢雪红以台盟主席的身份参加了会议,并被选入大会主席团,参加了《共同纲领》的制定。9月30日,大会选举出由毛泽东任主席的中国人民政治协商会议第一届全国委员会,谢雪红当选为委员;同日,谢雪红作为台盟代表,同毛主席一起执锹铲土,参加了人民英雄纪念碑奠基典礼。10月1日,谢雪红作为台盟代表和其他代表一起登上天安门城楼,出席了开国大典。

新中国成立后,谢雪红历任政务院政法委员会委员和民族事务委员会委员、华东军政委员会委员、全国人民代表大会代表、全国民主青年联合会副主席、全国妇女联合会执行委员等职。1957年以后,谢雪红受到不公正的批判,被开除党籍,撤销台盟主席职务。在"文化大革命"中受到迫害,于1970年11月5日在北京含冤病逝,终年69岁。1980年,中共中央为谢雪红平反。1986年9月15日,台盟总部在北京举行仪式,将谢雪红骨灰由人民公墓移到八宝山革命公墓,中共中央统战部和全国人大常委会有关领导出席仪式,统战部领导在仪式上介绍了谢雪红的生平,对谢雪红的一生作了高度评价。

薛尚实：
上海大学"是我一生接受革命锻炼的起点"

1926年春季的一天,在南方读书的薛尚实和他的同乡暨同学陈志莘、张西孟在宿舍里用打气炉子烧饭吃,边吃边谈,谈到了今后读书的问题,陈志莘突然谈到了上海大学,薛尚实、张西孟就追问上海大学究竟办得怎样,陈志莘回答说:"上大办得好,是制造炸弹的!"这句话说得很新奇,陈志莘解释说所谓制造炸弹就是培养革命干部的意思。陈志莘对上海大学的了解,是从他在上海大学读书的亲戚那里获得的。上海大学"是制造炸弹的"这句话,在薛

薛尚实

尚实、张西孟心中顿时激起层层涟漪。原来他们三个穷学生在学校读书正读得心乱如麻,正在为今后的出路发愁,现在听到上海大学的消息,就像在黑暗中见到一丝曙光。张西孟还自告奋勇地到上海去了一次,回来介绍上海大学的情况比陈志莘还要详细。于是,薛尚实他们决定下学期转学上海大学。

薛尚实,原名梁华昌,别名梁化苍、杨良,广东梅州人,生于1902年。父亲是新加坡的一名旅馆职员。1921年,薛尚实进入由美国教会主办的广益中学读书,由于他不堪忍受学校的奴化教育,就改入由梅州本地人开办的学艺中学读书。然而这所学校也不是薛尚实和他的同学心目中理想的学校。1926年秋天,他和张西孟便正式考进了上海大学。

当时的上海大学,经过五卅运动,原来在西摩路(今陕西北路)的校

他们从 上海大學 走进新中国
(1922—1927)

舍已被租界当局动用全副武装的海军陆战队武力封闭,校方毫不屈服,克服种种困难,又在闸北青云路师寿坊建立了临时校舍,挂起了校长于右任亲自题写的"上海大学临时校舍"的牌子。虽然这时的上海大学可以被称为弄堂大学,但是对初进学校的薛尚实,有两件事给他留下了深刻印象:一是在庶务科的门口,挂有一大幅红布,上面贴着各式各样纸头上写的文章、诗歌、学习心得和漫画等,右角上写着"上大学生墙报";二是在收发室的客堂里摆了一个书摊,《向导》和《新青年》合订本、《中国青年》以及各种社会科学书籍、文艺书籍等摆得很多。原来这是上海书店在学校里所设的书摊。在薛尚实看来,这是别的大学里没有的。

薛尚实在上海大学,系统地学习了马克思列宁主义和社会科学理论。根据他自己的回忆,学习过的课程包括社会科学、社会进化史、马克思主义、哲学、政治经济学。其中社会科学由施存统主讲,内容有社会科学史、从第一国际到第三国际等;哲学主要讲辩证法唯物论,由萧朴生主讲;马克思主义和政治经济学都由李季主讲,马克思主义是按照《马克思及其生平著作和学说》一书讲解,政治经济学的课本则是用德国博洽德著的《通俗资本论》译本;社会进化史这门课是用蔡和森的《社会进化史》为课本,由李俊主讲;英文课本是《进化与革命》,又名《达尔文主义与马克思主义》。外文学习除了英文以外,还有俄文、德文和日文。在学校里,薛尚实除了上这些正课以外,还听了许多讲座。这些讲座内容都是报告政治形势和解答一些对时局的疑问。每当这些讲座一开设,"听众极多,各系的学生都有,校外的人也有,常常满座"[①]。薛尚实在上海大学学习理论和马克思主义思想可以说是如饥似渴。他在1926年的下半年,就读完李达著的《新社会学》、蔡和森著的《社会进化史》、漆树芬著的《帝国主义铁蹄下的中国》、熊得山著的《科学社会主义》、安体诚著的《社会科学十讲》,还有《马克思传》《通俗资本论》。

薛尚实在认真上课和勤学理论之余,也积极热情地参加各种社会活动和革命工作。他参加了学校组织的反对帝国主义文化侵略的非基督教运动;到电影院去散发批判反动当局对共产党造谣污蔑的传单;还参加

---

① 薛尚实:《回忆上海大学》,载《文史资料选辑(第2辑)》,上海人民出版社1979年版。

济难会工作,到工人夜校上课。1927年3月下旬,上海举行第三次工人武装起义,在党组织的领导下,薛尚实参加了上海大学学生军,与工人纠察队并肩战斗。薛尚实在上海大学的学习,一直坚持到1927年蒋介石发动"四一二"反革命政变以后,他目睹了上海大学在江湾镇西面的新校舍是怎样被荷枪实弹的国民党军队占领、封闭的,也亲眼看到上海大学新校舍被打上了"国立劳动大学"的黑招牌。从1926年秋天到1927年5月,薛尚实在上海大学学习连一年都不到,但是在他的记忆中,这一段学习生活却是永恒的,他在回忆中是这样写的:"我在上大接受革命教育的时间虽然短暂,但在这里却是我一生接受革命锻炼的起点。"①

大革命失败以后,薛尚实南下参加了广州起义。起义失败以后,他来到上海。1928年2月,在刘啸甫的介绍下,薛尚实加入了中国共产党。从1928年到1937年,先后任中共江苏省秘书处秘书、上海总工联党团书记、全国总工会华北办事处党团书记等职。抗战全面爆发后,曾任中共福建省委、浙江省委组织部部长、中共中央东南分局党校校长、苏中区党委各界抗日联合总会主任、中共阜东县县委书记、苏北区党委敌工部部长等职。1939年3月17日至4月6日,中共中央军委副主席周恩来以国民政府军事委员会政治部副部长的身份视察浙江,4月5日在金华召集中共浙江省委秘密开会,分析抗战形势,提出了争取东南抗战胜利的措施,并指出浙江党的工作要继续巩固和发展,要本着互尊互信互让的原则,加强抗日民族统一战线工作,薛尚实和刘英等省委领导都参加了这次重要的会议。从1945年到1949年,薛尚实又历任苏北盐阜地委宣传部部长、华中分局宣传部部长、北线后勤部司令部副部长、山东胶东区委宣传部部长兼秘书长、青岛市委副书记等职。

新中国成立以后,薛尚实历任中共青岛市委书记、上海市委委员。从1953年1月到1959年5月,任同济大学党委书记,1953年1月到1958年3月,还兼任同济大学校长。1958年,被错划为"右派分子",1959年被错定为"薛刘反党集团"并被开除党籍,撤销党内外一切职务,干部级别由8级降为11级。后调至上海社会科学院历史研究所工作。1961年,被摘

---

① 薛尚实:《回忆上海大学》,载《文史资料选辑(第2辑)》,上海人民出版社1979年版。

掉"右派分子"帽子。在"文化大革命"中，又受到连续批斗，受尽折磨，身心受到极大损害。1977年10月在上海逝世，终年75岁。1978年12月27日，中共上海市委决定为薛尚实平反，推倒一切不实之词，恢复党籍。1979年1月，同济大学在龙华革命公墓为薛尚实举行骨灰安放仪式。

薛尚实在同济大学担任主要领导前后六年，为同济大学的发展打下了坚实的基础。同济大学有一个著名的景点叫"三好坞"，是当年薛尚实组织劳动建校时与师生改造洼地而成，中国著名园林艺术家、同济大学教授曾有诗曰："三好坞中千尺柳，几人知是薛公栽。"随着岁月的流逝，薛尚实在同济人的心中，不但不会被忘却，反而更多人会在三好坞睹柳思人，念及薛尚实这位革命家对同济大学作出的贡献。

严信民：
中国农工民主党的一位重要领导人

2012年3月21日，中国农工民主党在中央机关召开"纪念严信民同志诞辰110周年座谈会"。陈宗兴常务副主席、刘晓峰副主席出席座谈会，严信民的家属代表、机关老同志代表，及部分中央机关工作人员参加了座谈会。在座谈会上，刘晓峰副主席作了总结讲话，他回顾了严信民对祖国、对人民作出的重要贡献，对他为中国革命和建设事业所作的辛勤工作，给予了高度的评价。

严信民

严信民，陕西澄城人，生于1902年。1912年春，进入家乡寺前镇济群小学学习，受到良好的启蒙教育，后入陕西省立第一师范学习。1919年到北京求学，深受五四运动的影响，次年到上海联系赴法勤工俭学，参加了由陈独秀等领导的研究社会主义的进步团体"SY"，协助李启汉筹办劳工半日学校，筹建印刷工人工会。1922年，由李启汉、雷晋笙介绍加入中国共产党，并与雷亚笙一起编辑《秦》《新时代》等刊物。1923年前后，进入上海大学社会学系学习。

关于严信民在上海大学学习的记载资料很少。1924年4月编印的《上海大学一览》，在"学生一览表"中记载了严信民是以"特别生"的资格进入上海大学的，在"社会学系"的"特别生"一栏中称："姓名：严信民；年龄：23岁；籍贯：陕西；通讯处：橙城寺前镇。"中国共产党在上海大学建立基层组织始于1923年。这一年的7月9日晚上，中共上海地委

兼区委召开第一次会议,决定将上海的党员按居住地分组,第一组为上海大学组,组长为林蒸,组员有严信民、许德良、瞿秋白、张春木(即张太雷)、黄让之、彭雪梅、施存统、王一知、贺昌、邓中夏等10人。其中,已成为上海大学学生的共4人,即严信民、黄让之、王一知、贺昌。其中黄让之、贺昌都是1923年加入共产党的,严信民和王一知则是1922年加入共产党的,因此,可以说严信民和王一知是上海大学学生中最早的一批共产党员。

1924年1月,严信民根据党组织的决定,赴苏联莫斯科东方大学学习。根据档案记载,1923年11月1日,中共上海地委兼区委召开第二十次会议,其中议决的第二项内容为:"严信民自费赴俄留学,请本委员会转呈中央请求批准。"会议经过研究通过了这一议程[①]。由此可见,严信民在1923年是在上海大学社会学系学习。时间虽然不长,但是由于当时邓中夏、瞿秋白、蔡和森、施存统等早期共产党员都在上海大学任教,张太雷当时虽然还没有到上海大学担任教授,但党的组织活动和严信民在一个组,因此,这些对于严信民来说,无论在思想上还是在理论上带来的帮助都是巨大的。

严信民在莫斯科东方大学学习了一年半左右的时间,于1925年秋奉命回国,即由李大钊派往河南国民军二军担任联络工作。1927年初,由中共陕西省委派往西安中山学院任教,同时兼任国民革命军驻陕总司令于右任秘书。大革命失败后与党中央失去联系。1928年,赴德国入法兰克福大学学习,参加了反帝同盟。1933年回国,曾任国民党政府监察院秘书、第六战区长官司令部参议。抗日战争全面爆发后,严信民坚决拥护中国共产党的抗日民族统一战线政策,在汉口积极从事抗日救亡的文化活动,参加以团结抗日为主旨的《大团结》杂志工作,为宣传中国共产党的抗日主张做了大量的工作。1942年夏,在重庆加入中华民族解放行动委员会(中国农工民主党的前身),坚持同中国共产党亲密合作,先后参加《中华论坛》和《人民时代》的编辑工作,为争取团结和抗日民主进步做出了显著成绩。同年加入中国民主政团同盟。1946年夏,国民党当局悍然发动全面内战,严信民辗转进入陕甘宁边区,毛泽东、周恩来等中

[①] 中央档案馆、上海市档案馆:《上海革命历史文件汇编》,1989年10月印,第40—41页。

严信民：中国农工民主党的一位重要领导人

1949年9月，出席中国人民政治协商会议第一届全体会议的农工党代表合影（前排左起：李士豪、李健生、郭冠杰、彭泽民、王一帆、郭则沉；后排左起：杨子恒、杨逸棠、严信民、王深林、张云川、何世琨）（图片来源：中国农工民主党官方网站）

共中央领导多次与他晤谈，使他受到深刻影响和教益。1947年2月，中国工农民主党召开第四次全国干部会议，严信民被选为中央执行委员。同年春，他前往香港，热情宣传中国共产党的政策，多次撰文介绍解放区的情况，在革命的关键时刻为争取、团结广大爱国民主人士、发展人民民主统一战线作出了重要贡献。同年秋重返华北解放区。1949年1月22日，与中国农工民主党领导人章伯钧、彭泽民等以及各民主党派和无党派民主人士的代表联名发表《对时局的意见》，庄严宣布接受中国共产党的领导，将革命进行到底。同年2月，任北平市人民政府研究室主任；9月，作为中国农工民主党的代表，出席中国人民政治协商会议第一届全体会议。

新中国成立之后，严信民历任政务院参事，中央民族事务委员会参事室主任，中央民族学院副院长，中国农工民主党中央宣传部部长、组织部部长，中国农工民主党中央副主席，全国人大代表，全国政协常委。1988年8月15日在北京逝世，终年86岁。

阳翰笙：
新中国文艺界的卓越领导人

阳翰笙

1983年5月，国家教育部批准由复旦大学分校、华东师范大学仪表电子分校、上海科学技术大学分校、上海外国语学院分院、上海机械学院轻工分院与上海市美术学校合并组建上海大学。9月，上海大学正式开学。9月2日，位于凯旋路30号的上海大学总部收到阳翰笙从北京发来的电报，电文称："上海大学全校同志们，欣闻母校重建，不胜快慰，特向同志们表示热烈的祝贺。上大是第一次国共合作时期我党所领导的第一所培养革命干部的大学，在漫长的革命征途中，上大的师生们作出过卓越的贡献，也遭受过重大的牺牲。值此母校重光之际，热望同志们继承和发扬革命的光荣传统，培养出大批德才兼备的人才，为开创社会主义现代化建设的新局面做出更重大的贡献。原上大社会学系学生阳翰笙敬贺。"这是1983年上海大学组建之时，所收到的1922年10月23日成立的上海大学学生的贺信之一。

阳翰笙，原名欧阳本义，字继修，笔名杨剑秀、华汉等。四川高县人，生于1902年。中国电影剧作家、作家、戏剧家。1915年，就读于高县城关第一高等小学堂。1918年，在叙府联中写了他的第一篇小说《竹村烈女》。1920年，进入成都省立第一中学学习。在校期间，受十月革命和五四运动的影响，与李硕勋等自发组织社会主义青年团，领导学潮，反对尊孔读经和军阀委派的官僚校长。学潮失败后，被开除学籍并被政府通缉。1922年，与童庸生等人在望江楼公园开会，决定成立四川省社会主义青年团，又在成都成立学生联合会；9月，执导话剧《塔》。1924年，插班考取上海大学社会学系。1924年9月22日的《民国日报》刊登《上海大学录取新生》广告，记载"社会科学院：社会学系：二年级（特别生）欧阳继修"。可见阳翰笙是于1924年秋季插班进入社会学系的。由于是插班，不考数理化，考试的题目是"对时局的看法"，是从政治上来考他的。

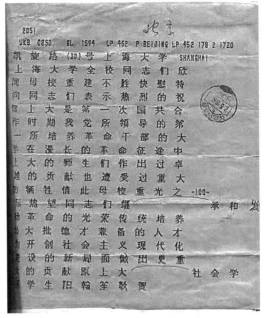

1983年9月2日阳翰笙祝贺上海大学重建的电报

在进上海大学之前，阳翰笙就已经懂得一点马克思列宁主义，也具有一点革命思想，但"毕竟是很肤浅的，半懂不懂的"。到了上海大学社会学系以后，系统而又完整地听了瞿秋白、蔡和森、张太雷、安体诚、施存统、恽代英、邓中夏、任弼时、蒋光慈等早期中国共产党领导人和马克思主义者的课程，对马克思列宁主义理论的认识和掌握非昔日可比。对此，他在半个多世纪以后回忆在上海大学的学习时说："在社会学系，从马列主义哲学、政治经济学、社会发展史，一直到工人运动、青年运动、帝国主义侵略中国史等等，都是以马列主义为中心进行系统的教育。因此我到'上大'才知道，以前读过一些马列主义的书，看来都是一知半解、似懂非懂的，实际上就是不懂。到了'上大'觉得一切都非常新鲜，许多理论和道理是闻所未闻的，所以就拼命地学习、研究。"① 阳翰笙的这一说法，可以说代表了当时大多数进上海大学想学习马克思列宁主义的进步青年的真

---

① 阳翰笙：《回忆上海大学》，《新文学史料》1984年第2期。

实体会和想法。

由于阳翰笙在成都时曾自发组织过社会主义青年团,觉悟比较高,因此,进上海大学以后不久,就加入了社会主义青年团。在学习理论和专业知识的同时,阳翰笙积极参加学校活动。1924年10月13日,上海大学成立学生会,阳翰笙被推选为候补委员。阳翰笙还根据党团组织的要求和安排,参加了工人夜校的教育工作和工人运动。无论在工人夜校还是参加工人运动,他在上海大学的同学刘华和杨之华都给他留下了深刻印象。在他的眼里,刘华在男工中威望最高,在女工中威望最高的则是杨之华。在沪西工人夜校讲课,阳翰笙一方面是四川话口音,另一方面用阳翰笙的话来说有些"教条",工人听不懂,或者说不喜欢听。杨之华直截了当地批评阳翰笙:"这不是给大学讲课,是给工人讲课,大学那一套怎么行?"她告诉阳翰笙,要讲工人的生活,把理论和工人的实际生活结合起来,工人就会感到亲切,容易理解。刘华则对阳翰笙说,和工人上课一定要深入浅出,反复讲,不能急躁。要使工人感到你是他们的朋友,好像亲人一样,他们才接近你,有了问题才跟你说。阳翰笙在工人那里搞工作搞了好几个月,一直到1925年二月罢工胜利以后才离开。他和工人的感情很深,交了一些工人朋友。他说"后来女工也不怕我们了,把我们当成先生和朋友看待"[①]。阳翰笙和工人相处的经历对他日后的成长很有帮助,也对他后来的电影剧本、话剧和小说的创作起到了一定的作用。

在二月罢工中,阳翰笙在刘华的领导下,深入到工人家里,说明罢工的意义,书写标语散发传单。五卅运动爆发以后,他和李硕勋一起受党组织的指派,到上海学联总会工作,同时筹备全国学生联合总会代表大会。后又代表全国学总参加工商学联合会,帮助萧楚女办会刊。这一年,阳翰笙加入了中国共产党。五卅大罢工结束以后,阳翰笙被党组织调回上海大学,担任中共上海大学特别支部的支部书记。到了10月底,被中共上海地委任命担任闸北区委书记。1926年1月,根据党的指示,阳翰笙正式离开上海大学,来到广州,在黄埔军校担任政治教官、国民革命军政治部秘书。大革命失败以后,阳翰笙参加了南昌起义。同年,来到上海,参加

[①] 阳翰笙:《回忆上海大学》,《新文学史料》1984年第2期。

了创造社。20年代末,参与发起成立左联,先后担任左联党团书记、中共中央文委书记和中国左翼文化总同盟党团书记。1933年,为明星影片公司编写电影剧本《铁板红泪录》。抗日战争全面爆发后,曾任国民政府军事委员会政治部第三厅主任秘书、文化工作委员会副主任委员,先后创作和改编《八百壮士》《青年中国》《塞上风云》和《日本间谍》等电影剧本及《李秀成之死》等话剧剧本。抗日战争胜利后,参与组建联华影艺社和昆仑影业公司,并创作《万家灯火》《三毛流浪记》等电影剧本。1949年7月,第一次"文代会"召开,阳翰笙为南方代表团第一团代表,被选为大会主席团、常务主席团成员,章程及重要文件起草委员会委员。

新中国成立后,阳翰笙担任中华全国电影工作者协会主席,政务院文教委员会副秘书长,总理办公室副主任,文化部电影指导委员会委员,全国文联副主席、秘书长、党组书记、常务副主席,中国科学院哲学社会科学学部常委会委员,中国人民对外文化协会副会长、党组书记,全国政协常委,中国作协理事、顾问,全国第一届人大代表,中共八大列席代表、十二大代表等。1993年6月7日在北京逝世,终年91岁。

杨明轩：
从上海大学中学部主任到
新中国全国人大常委会副委员长

杨明轩

1964年12月21日至1965年1月4日，第三届全国人民代表大会第一次会议在北京举行。会议选举了朱德为第三届全国人大常委会委员长，彭真、刘伯承等18人为副委员长。这18人中，有曾在上海大学担任过中学部主任的杨明轩。

杨明轩，原名荃骏，字明轩，后以字行，陕西鄠县（今户县）人，生于1891年。6岁入私塾。1907年，考入本县高等小学堂读书，在学校里，由于蒲城县知县李体仁以"革命党"罪名迫害县立高等小学堂教习常明卿及40余名师生，引起了陕西全省学堂的罢课运动，杨明轩参加了这次运动，受到了教育与锻炼。他后来回忆这段经历，说这次活动"因而动摇了我的封建忠君观念，启发了我的爱国、仇洋、反清思想，鼓动了我外出升学、励志上进的决心"[①]。1913年初，杨明轩考入三秦公学留学预备班。同年秋天，被推荐公费留学日本东京同文书院。由于身受种种歧视，愤懑不已，次年夏天即回国，参加了反对日本侵华群众运动。1915年秋，考入国立北京高等师范学校（北京师范大学前身）数理部。这期间，杨明轩开始阅读《新青年》《每周评论》等进步刊

---

① 杨明轩：《自传》，转引自胡华主编《中共党史人物传》第18卷，陕西人民出版社1984年版，第70页。

杨明轩：从上海大学中学部主任到新中国全国人大常委会副委员长

物，接受了民主与科学的口号，组织成立"少年中国会"，1918年以后，又以少年中国会为核心，成立"同言社"与"工学会"，出版《工学》期刊，创办平民学校，宣传教育救国论。五四运动爆发后，杨明轩积极参加示威游行和痛捣赵家楼的行动，结果和其他一些同学共32人被反动军警逮捕。经过社会各界营救获释后，于6月3日继续在西城区街头进行爱国宣传，再次被捕，于次日被释放。1919年7月，杨明轩从北京高等师范学校毕业，回陕从事教育。1921年5月，担任陕西省立第一师范学校校长，其间因向广大青年传播新思想、反对军阀克扣教育经费等原因，于1923年6月被陕西教育当局免职。

1924年1月，杨明轩接受上海大学校长于右任的聘请，来上海大学中学部担任主任；3月，正式到任，主持上海大学中学部工作。《民国日报》在1924年1月31日和3月17日先后报道了杨明轩就任上海大学中学部主任一事，除介绍杨明轩的履历以外，还称杨明轩"此次任事，对于该部力求改进，各种计划均已拟定，不久即可发表"，其"富有教学经验，国文、英文、数学三科皆设专任教员"。1924年4月编印的《上海大学一览》，在"教职员一览表"的"教员之部"栏中介绍："姓名：杨荃骏（即杨明轩）；籍贯：陕西鄠县；经历：陕西省渭北中学校第二中学教务主任，陕西省立第一师范学校校长；入校年月：十三年（即1924年）春；职务：中学部主任。"杨明轩在上海大学任职的时间仅半年左右，但这半年时间对于杨明轩的思想影响却是很大的。当时，中国共产党的早期党员、早期领导人邓中夏、瞿秋白、蔡和森、张太雷、恽代英、施存统等都在上海大学任职任教，上海大学也成为中国共产党早期发展时期一个宣传马克思列宁主义的重要基地。当时，校长于右任曾向杨明轩提出，介绍他加入国民党；邓中夏根据杨明轩的表现，也想介绍他加入共产党。当时杨明轩并未完全摆脱他那套"教育救国论"的想法，因此，都婉言拒绝了。但是，杨明轩在邓中夏等共产党人的耐心帮助与教育下，在上海大学这个充满马克思列宁主义学习氛围的影响下，还是认真学习了马列著作，阅读党的刊物《向导》，对共产主义的思想和理论有了初步的认识。可以说，上海大学是杨明轩接受共产主义思想和理论的一个起点。

1924年下半年，杨明轩应陕西地区中国共产党组织创始人之一的李

子洲邀请,到李子洲任校长的陕西省立绥德第四师范学校任教务主任。在这所学校里,杨明轩进一步接触和学习了马克思列宁主义,并且参加了一些革命活动。1926年12月,杨明轩加入中国共产党。此前,他根据我党的意图,为了方便工作,也加入了国民党,并担任了国民党陕西临时党部执委会委员。国民军联军驻陕总司令部成立后,杨明轩任教育厅厅长,抓全省教育。他按照国民革命的需要,对陕西教育从课程设置、教学内容到办学方法,都进行了重大改革。1927年4月12日,蒋介石在上海发动反革命政变。同月25日,杨明轩与曾在上海大学担任过校务长的刘含初等共产党员一起,利用国民党陕西省临时党部执行委员会的名义,通电声讨蒋介石叛变革命的行径。5月,国民党反动集团罢免了杨明轩的国民党西北临时政治委员会和陕西省党部执行委员的职务,开除了杨明轩的国民党党籍,并下令通缉他和中共北方党组织的负责人刘天章、魏野畴等人,杨明轩被迫离开西安去武汉,不久又奉党的指示秘密回到户县老家养病。1928年初,杨明轩被捕,在狱中他严守党的纪律和秘密,坚持斗争,保持了共产党人的崇高气节。1929年8月,被教育界保释出狱。但是出狱以后与党组织失去了联系。

1936年7月,杨明轩在党的抗日民族统一战线政策的影响下,回到西

1937年杨明轩在世界学联代表会上发表演说

安,主动与党组织取得联系,积极参加抗日救亡运动,担任西北各界救国会交际部部长和农民训练班主任。西安事变爆发的当天,他主持18个救亡团体召开紧急会议,一致决议并通电全国拥护张学良、杨虎城二将军的八项主张;12月16日,又主持西安各界群众大会,在会上痛斥蒋介石"攘外必先安内"的反动方针,会后组织声势浩大的示威游行,支持张、杨二将军的爱国行动。1937年1月,西北教育界抗日救国大同盟成立,杨被选为"教盟"执委会主席。1937年夏,陕西省政府任命杨明轩为教育专员,派赴欧洲各国考察教育,并出席在巴黎召开的世界学生联合会代表大会。杨明轩利用这个机会,在欧洲各国广泛接触中国留学生,向他们阐明西安事变的真相,宣传中国共产党的抗日民族统一战线政策。年底回国不久,林伯渠通知杨明轩,中共中央已批准恢复他的党组织生活。而后,杨明轩根据中共组织指示,以学者和民主人士的身份,开展抗日救亡和爱国民主运动。1941年,中国民主政团同盟成立(后改组为中国民主同盟),杨明轩与杜斌丞等于次年共同开始筹备政团同盟西北地方组织。1945年2月,民盟西北总支部正式成立,杜斌丞任主任委员,杨明轩任执行委员,分管组织,先后在陕西、甘肃、宁夏等地发展了不少盟员,并建立了一些基层组织。1946年,杨明轩被国民党当局列入黑名单,8月,中共党组织秘密将他护送到延安。1948年3月,杨明轩被增选为陕甘宁边区政府副主席。1949年5月,在延安成立民盟西北临时工作委员会,杨明轩被推选为主任委员,为联络国民党统治区民盟地下工作人员,发展地方武装,迎接西北解放,做了大量工作。1949年5月,西安解放,杨明轩任人民解放军西安市军事管制委员会委员。

1949年8月,杨明轩作为西北解放区代表,由西安赴北平出席中国人民政治协商会议第一届全体会议,并被选为政协第一届全国委员会委员。

新中国成立以后,杨明轩于1950年后任西北军政委员会委员兼文教委员会主任、党组书记、西北行政委员会副主席等职。1950年8月,中国民主同盟西北地区第一次盟员代表大会在西安召开,杨明轩当选为中国民主同盟西北工作委员会主任委员。1958年11月,在中国民主同盟第三次代表大会上被选为民盟中央副主席。1963年,沈钧儒逝世后,杨明轩接任民盟中央主席。为第一、第二届全国人大常委会委员,1965年在第

三届全国人民代表大会第一次会议上,当选为全国人大常务委员会副委员长。杨明轩还兼任光明日报社社长、中央社会主义学院副院长等职。1967年8月22日在北京病逝,终年76岁。

1962年毛泽东主席在接见孔从洲时,曾高度评价和赞扬魏野畴、杨明轩是"西北地区共产主义新思想启蒙运动中""最先进最英勇的战士和旗手",是"陕西青年的伟大导师"[①]。

---

① 《1962年毛主席接见孔从洲同志谈话》,陕西人民出版社《编辑工作动态》第3号(1979年9月14日)。

杨之华：
中国妇女运动的杰出领导人

1946年，国共两党在重庆谈判，蒋介石迫于压力，同意释放在新疆被军阀盛世才囚禁的共产党员，并指示张治中负责办理此事。临行前，周恩来请张治中务必救出被关押的这批难友，并将他们安全送到延安。周恩来还特地对张治中说："这里头有杨之华，是你认得的，到迪化时可和她联系了解一下情况。"①张治中没有辜负以周恩来为代表的共产党人的重托，他自己在回忆录中称，到了迪化（今乌鲁木齐）以后"随即通知被囚中共人员，他们派了六位

杨之华

代表来见我（其中有杨之华、高登榜等。杨当时化名杜宁，她是瞿秋白先生的夫人，也是我在上海大学的同学），我招待他们吃饭谈话，温言安慰，并说一定派员护送大家回延安"②。后来，张治中派得力人员，克服重重困难，历经一个月的艰苦跋涉，最终将杨之华等被盛世才关押数年之久的共产党员及其家属等100多名蒙难人员送抵延安。

杨之华，又名杜宁，浙江萧山人，生于1901年。1919年，就读于浙江女子师范学校，投身于五四运动的浪潮，接受了新思想的洗礼。1920年

---

① 余湛邦：《由新疆护送中共人员回延安的经过》，《文史资料选辑》合订本，第21卷，中国文史出版社2011年版，第96—97页。

② 张治中著：《张治中回忆录》，中国文史出版社1985年版，第457页。

他们从上海大学(1922—1927)走进新中国

杨之华、瞿秋白和瞿独伊

初,来到上海,在《星期评论》工作;当年6月,《星期评论》停刊,她曾到一所教会学校任教。1921年1月,回到家乡同萧山衙前镇的沈剑龙结婚,她也到衙前镇小学任教,于11月5日生一女,取名晓光,后来改名为瞿独伊。在衙前镇小学任教期间,她和浙江进步青年宣中华一起从事当地的农民运动,并于1922年加入了中国社会主义青年团。1923年,又来到上海,于1924年1月考入上海大学社会学系。1924年1月23日的《民国日报》和《申报》都刊登了上海大学录取新生10名的消息,杨之华名列其中。1924年4月编印的《上海大学一览》,在"学生一览表"中的"社会学系"一栏中,记有:"姓名:杨之华;年龄:24;籍贯:浙江;通讯处:萧山衙前。"

杨之华在上海大学学习期间,中国共产党的早期领导人和早期党员如邓中夏、瞿秋白、蔡和森、张太雷、恽代英、任弼时、沈雁冰、施存统、萧楚女都在上海大学任教,并从事革命工作。在这样的环境下,杨之华系统地学习了马克思列宁主义、历史唯物主义,接受了马克思主义理论的教育,接受了共产主义的信仰。上海大学的这些中国共产党的早期领导人,给她留下了终身难以磨灭的印象。在她的回忆中,说邓中夏"是学校的总务长,经常在办公室里认真地工作着","他和同学们很亲近,常常给我们讲李卜克内西、卢森堡等共产党人的故事";"张太雷同志愉快活泼,教我们的政治课。蔡和森同志严肃庄重,讲授恩格斯的《家庭、私有制和国家的起源》。恽代英同志和萧楚女同志是出色的宣传鼓动家,分析问题一针见血,讲起话来诙谐幽默,常常引起同学们的哄堂大笑。"杨之华还说:"这些教师的年纪和同学们差不多,甚至比有的学生还年轻些,但他们讲课时知识渊博,在政治斗争中机智勇敢,所以他们在学生中威信很高,成为同学们学习的光辉榜样。"[①]正是在这样一个充满革命气氛的环境中,

---

① 杨之华著:《回忆秋白》,人民出版社1984年版。

杨之华无论在政治思想理论还是在参加革命活动方面，都进步很快。

在杨之华的政治发展道路上，瞿秋白和向警予对她的帮助极大。杨之华进上海大学之时，瞿秋白正担任教务长兼社会学系系主任。当时，瞿秋白在进步青年的心目中，已经备受敬仰。杨之华到了上海大学，在课堂上聆听了瞿秋白的课，又在革命工作和学校各项活动中经常见到和接触到瞿秋白，深深地感到瞿秋白既严肃又热情，不仅马克思列宁主义理论水平高，而且工作负责，充满革命激情，看问题站得高、深刻。针对学生在学习上的一些想法和出现的问题，他告诉学生"为什么革命学校的教学方针和革命学生对待学习的态度，都应该贯彻理论联系实际的原则"；对于社会学系和其他系同学的关系，他告诫社会学系的学生"不要自以为进步而看不起人家，而应该主动去团结人家。革命靠少数人是不行的，应该带动广大群众去干"等等，这些都使得杨之华在思想认识上有了很大的提高。他还当面鼓励杨之华，作为靠近党的积极分子，"只要努力学习马克思列宁主义，并且把学习理论和实际工作结合起来，就一定能够更快地进步"。向警予虽然不是上海大学的教师，但由于担任中共中央妇女部部长，也经常到上海大学开会，深入到上海大学女生宿舍，教育和动员知识妇女到工农妇女中去，领导上海的妇女运动。向警予对杨之华很关心，从各方面对杨之华进行教育和帮助，领导她参加妇女运动，让她在实际斗争中得到锻炼和提高。1924年，在瞿秋白和向警予的介绍下，杨之华加入了中国共产党。

1924年1月，瞿秋白与上海大学中文系的学生王剑虹结婚。但半年以后，王剑虹不幸患肺病去世，致使瞿秋白一段时间沉湎于失去爱妻的痛苦之中。后来在和杨之华的接触当中，与杨之华之间产生了感情。1924年的11月，在双方家庭开诚布公的共同努力之下，杨之华和丈夫沈剑龙妥善地办好离婚手续，正式与瞿秋白结婚，所以才有了1946年周恩来面嘱张治中到新疆营救杨之华、张治中见到杨之华即开口叫"师母"的这段故事。杨之华和瞿秋白成婚以后，没有再生孩子，而是将杨之华与沈剑龙的独生女儿沈晓光改名瞿独伊而加以抚养，瞿秋白对瞿独伊视若己出，瞿独伊则称瞿秋白为"好爸爸"。瞿秋白于1935年在福建长汀英勇就义后，杨之华终身未嫁，更让人唏嘘不已的是，杨之华怀着对瞿秋白的爱，保

存了当年瞿秋白和王剑虹往来的信件,2018年11月,瞿独伊和女儿李晓云编注的《秋之白华》由人民文学出版社出版,其中收录了瞿秋白和王剑虹往来信件36封。这些虽然是后话,但可以让我们看到杨之华对瞿秋白深沉而又无瑕的革命感情。

在上海大学求学期间,杨之华以她的炽烈的革命热情和非凡的工作能力,参加了大量活动和工作,给党组织和同学、同志留下了深刻印象。主要表现在以下几个方面:

第一,积极参加上海大学的学生工作。1924年5月,上海大学成立浙江同乡会,杨之华和老师施存统及同学朱义权等被推选为执行委员。半年以后,到了11月16日,江浙同乡会举行改选,杨之华又获得连任。1924年10月13日,上海大学成立第一届学生会,选出委员10人,其中正式委员7人,候补委员3人。杨之华当选为正式委员。当时杨之华还只是社会学系一年级的学生。

第二,参加平民学校和工人夜校工作。开展平民教育是当时中国共产党和国民党共同致力的一项工作。1924年4月15日,上海大学成立了平民学校,杨之华担任教员,每周有两个课时的国文课,还担任二级四班甲组的指导员。为了启发工人觉悟,在邓中夏、李立三的领导下,党组织在工人居住区办起补习班,并在这个基础上成立了沪西工人俱乐部。上海大学的学生刘华和杨之华在里面主持工作。在杨树浦工人居住区域,杨之华还担任了党创办的民智平民学校负责人,她经常给工人上课,传授知识,启发工人觉悟,有时还为工人演唱《国际歌》。她用通俗的语言、生动的事例为学员讲解,很受工人的欢迎。正如杨之华的同学阳翰笙在回忆文章中讲到的,"女工中最有威望的是杨之华","杨之华会说上海话,工人听得懂,也有经验,工人的痛苦她知道,还可以用工人的语言来说话,所以工人非常拥护她"[①]。

第三,在党组织的领导下,开展革命工作。1924年10月10日,在北河南路(今河南北路)的天后宫举行庆祝辛亥革命13周年国民大会,国民党右派喻育之等一手制造了"黄仁事件",上海大学学生黄仁被国民党右

---

① 阳翰笙:《回忆上海大学》,《新文学史料》1984年第2期。

派指使的流氓殴打致死。杨之华根据党组织的指示与一批同学参加了这次会议。在黄仁被殴受伤以后,杨之华和同学一起将黄仁送到宝隆医院,当晚又根据党组织的指示,留在医院看护黄仁。午夜,瞿秋白来到医院看望黄仁,黄仁已进入弥留状态。瞿秋白对悲愤不已的杨之华说:"不要气,只要记。"这使杨之华对国民党右派的反革命嘴脸有了新的认识。1925年2月2日,上海内外棉八厂发生了日本领班毒打一个女童的事件。2月9日,内外棉八厂全厂工人为此而罢工,其他五厂、七厂、十二厂的工人也跟着罢工。一万多名工人在潭子湾空地上举行抗议集会,白布大旗上写"反对东洋人打人"。邓中夏和杨之华在集会上发表演讲。当大家知道杨之华是上海大学学生时,立刻对她表示热烈欢迎。在上海大学教授、中国早期共产党人沈雁冰的眼里,杨之华无论在学校中的活动还是参加工人运动,"都显示出了她非凡的活动能力和卓越的组织才能"[1]。震惊中外的五卅运动爆发以后,杨之华和上海大学的师生一起,参加了宣传队,上街游行,经历了血与火的斗争考验。1926年2月2日,上海反对日本出兵行动委员会召集各团体代表举行成立大会,出席会议的有100多个团体、200余人,杨之华被推选为主席。作为瞿秋白的妻子,在瞿秋白遭到反动当局通缉、转入地下斗争以后,杨之华根据党的指示积极做好了配合工作,协助瞿秋白开展革命工作。

第四,在向警予领导下从事妇女运动。在杨之华眼里,向警予"是一位很有学问、很有能力的革命活动家,是一个立场坚定、埋头苦干、以身作则的优秀的党的领导干部"[2]。在上海大学,杨之华和同学张琴秋、王一知、钟复光等都在向警予的直接领导下从事妇女运动,她从向警予身上学到了许多东西。1925年6月5日,上海各界妇女联合会诞生,杨之华被选为主任。1925年10月,受中共中央派遣,向警予和蔡和森、李立三等一起到苏联莫斯科学习。临行之前,向警予对钟复光说:"我不久要到苏联去学习了,党中央妇女部的工作,由杨之华同志负责。她很能干,又热心,常穿着工人的服装在工人区工作,你是知道的,今后你在她领导下要努力工

---

[1] 茅盾:《我走过的道路》,转引自《20世纪20年代的上海大学(下卷)》,上海大学出版社2014年版,第1113页。
[2] 杨之华著:《回忆秋白》,人民出版社1984年版。

他们从 上海大学 走进新中国
(1922—1927)

1930年7月,杨之华和瞿秋白在莫斯科合影

作。"① 这是钟复光在1985年6月29日写的一篇纪念向警予的文章中记下的一段话,通过这段话我们可以看出向警予对杨之华的高度评价。

1925年1月,杨之华在中国共产党第四次全国代表大会上当选为中央妇女部委员;同年10月,接替向警予任中共中央妇女部代部长,并兼任中共上海地委妇女部部长,当选为上海各界妇女联合会主任;同年12月,创办《中国妇女》旬刊。1928年去莫斯科,参加中共六大和共产国际第六次会议。此后,瞿秋白留在莫斯科,担任中共驻莫斯科代表,杨之华也进入莫斯科中山大学特别班学习,担任党小组组长。

1930年,杨之华和瞿秋白一起回国,仍担任中共中央妇女部委员,并在上海协助瞿秋白进行"反文化围剿"的斗争。1934年初,杨之华调任上海中央局组织部秘书。1935年,瞿秋白在福建长汀英勇就义后,杨之华被党中央安排去苏联参加第七次共产国际代表大会,曾任国际红色救济会常委,后进入东方大学中国部边工作边学习。1941年回国途中在新疆被军阀盛世才扣押,在狱中关押了整整四年。杨之华和战友们在狱中互相砥砺,坚持斗争,表现了中国共产党人不屈不挠的革命意志和崇高气节。1946年,中国共产党委托张治中解救出狱后抵达延安,受到毛泽东、周恩来的接见。不久,杨之华任晋冀鲁豫中央局妇委书记,并赴晋西北参加土地改革工作。

新中国成立后,杨之华担任全国妇联副主席、中华全国总工会女工部

---

① 钟复光:《妇女运动的杰出领袖》,载中共湖南省委宣传部、中共湖南省委党史研究室、中共怀化市委编《向警予纪念文集》,湖南人民出版社2005年版,第269页。

部长。1962年,在中共八届十中全会上当选为中央监察委员会委员、候补常委。在"文化大革命"中受到迫害,被长期关押,1973年10月20日在北京逝世,终年72岁。1977年7月,中共中央为杨之华平反昭雪,并举行骨灰安放仪式和追悼会。

俞平伯：
一位在家里与来访学生秉烛夜谈的大学教授

俞平伯

1923年7月30日，已受聘担任上海大学教授的瞿秋白致信胡适，谈到自己如何办好上海大学的问题。在信中，瞿秋白说："既就了上海大学的事，便要用些精神，负些责任，我有一点意见已经做了一篇文章寄给平伯（即俞平伯），平伯见先生时，想必要谈起的。我们和平伯都希望上大能成为南方的新文化运动的中心。"①信中所说的文章，是指瞿秋白写于7月23日的《现代中国所当有的"上海大学"》，这是瞿秋白之所以先将文章寄给俞平伯，是为了征求他的意见。

俞平伯，取名铭衡，字平伯，后以字行，原籍浙江德清，出生于江苏苏州，生于1900年。作家，古典文学研究家。曾祖父俞樾，号曲园，为清末大学者，章太炎、吴昌硕等皆出其门下。父亲俞陛云，为近代知名学者。他4岁时即开卷读书，由其母教读《大学》，5岁时开始学习外文。6岁入家塾，随曾祖父俞樾习字。1915年，进入苏州平江中学读书，半年以后考入北京大学文科国文门。五四运动爆发以后，俞平伯参加了北京大学学生会新闻组的活动，接受了五四反帝爱国斗争与新文化运动的洗礼。1919年12月，俞平伯从北京大学毕业，获文学士学位。

---

①《胡适往来书信选（上）》，中华书局1979年版，第214页。

俞平伯：一位在家里与来访学生秉烛夜谈的大学教授

1923年6月，俞平伯接受上海大学校务长兼历史学教授邓中夏聘请，任上海大学中国文学系教授，讲授诗歌和小说，拟于秋季开学上任。而7月中旬，他应瞿秋白之请，陪同瞿秋白拜访正在杭州烟霞洞疗养的胡适。这样，我们就可以了解为什么瞿秋白会将他写的《现代中国所当有的"上海大学"》一文事先征求俞平伯的意见，并在他7月30日致胡适的信中称："我们和平伯都希望上大能成为南方的新文化运动的中心。"

俞平伯与父亲俞陛云、祖父俞樾在一起

这一年的8月12日，上海《民国日报》《申报》刊登题为《上海大学之近况》的报道，称上海大学"鉴于整理旧文学、研究新文学及养成中学以上国文教师，均亟须培养专才，特创设中国文学系以应时代需要"，"已聘定俞平伯先生教授诗歌、小说、戏剧"。1924年4月编印的《上海大学一览》，在"教员之部"的"中国文学系"一栏中刊登了俞平伯的个人信息，称："姓名：俞平伯；籍贯：浙江；经历：北京大学文学士；入校年月：十二年（即1923年）秋季；教授学科：诗歌、小说。"

俞平伯对于到上海大学任教很重视，为了准备讲稿，他于8月5日致信周作人，称"下半年拟在上海大学教中国小说。此项科目材料之搜集颇觉麻烦"，希望周作人能见赐一份鲁迅先生所编的《中国小说史》讲义；周作人6日即给俞平伯回信；13日下午，俞平伯又同江绍原一起去拜访了周作人；9月2日，俞平伯又致周作人信，向他辞行，并告知《小说史讲义》已从鲁迅先生处借阅，觉得条理很好，原书仍交孙伏园奉还；9月，俞平伯正式到上海大学中国文学系任教，讲授诗歌和小说，时住闸北永兴路的小楼上，自署室名"茸芷缭衡室"。①

---

① 孙玉蓉编纂：《俞平伯年谱》，天津人民出版社2001年版，第71页。

他们从 上海大学 走进新中国
(1922—1927)

  俞平伯在上海大学上课的情形,我们可以从他的学生丁玲的回忆中了解到一些。丁玲说,她的同班同学,也是她的闺蜜王剑虹,最欣赏俞平伯在课堂上讲的宋词,"俞平伯先生每次上课,全神贯注于他的讲解,他摇头晃脑,手舞足蹈,口沫四溅,在深度的近视眼镜里,极有情致地左右环顾。他的确沉醉在那些'独倚望江楼,过尽千帆皆不是……'既深情又蕴蓄的词句之中,他的神情并不使人生厌,而是感染人的。剑虹原来就喜欢旧诗旧词,常常低徊婉转地吟诵,所以她乐意听他的课,尽管她对俞先生的白话诗毫无兴趣"[①]。俞平伯的另一位学生施蛰存,也是一位古典文学的爱好者。他在没有进上海大学之前,就对俞平伯充满着敬仰之情,在他的眼里,在20世纪20年代,俞平伯与鲁迅、周作人、叶绍钧、朱自清、谢冰心一样,"都是异军突起的第一代新文学家。他们大多是不到三十岁的青年,精力充沛,意气风发,每一本著作,都是新文学史的奠基作";对于俞平伯,他说:"我是他们的读者,还是平伯先生的学生,当时才二十岁,平伯先生的著作,我总是一出版就去买来读,因此,印象极深。《燕知草》和两本《杂拌儿》,我尤其喜欢,因为它们是有独特风格的新散文。"[②]俞平伯到上海大学中国文学系任教后,施蛰存自然是喜出望外。他曾去过俞平伯的寓所当面向老师讨教。有一天适逢停电,他上街买了蜡烛,就这样,施蛰存和他所敬仰的老师俞平伯秉烛夜谈[③]。一直到晚年,施蛰存回忆起俞平伯在古典文学上对他的耳提面命,依然感激不尽:"俞平伯老师讲过《诗经·卷耳》,指导我研究《诗经》的路子。于是我找到一部方玉润的《诗经原始》,通读之下,豁然开朗,才知道古典文学研究的历史进程。"[④]俞平伯可以说是施蛰存古典文学研究的引路人。

  俞平伯在上海大学任教期间,并没有放下他自己对中国古典文学的研究。他的《拟重印〈浮生六记〉序》发表在1923年10月29日《时事新

[①] 徐杨清、宗诚编:《丁玲自传》,江苏文艺出版社1996年版,第40页。
[②] 施蛰存:《重印〈杂拌儿〉题记》,载施蛰存著《往事随想》,四川人民出版社2000年版,第158页。
[③] 张元隆著:《上海大学与现代名人(1922—1927)》,上海大学出版社2011年版,第72页。
[④] 施蛰存:《我治什么"学"》,载施蛰存著《往事随想》,四川人民出版社2000年版,第35页。

报》副刊《文学周刊》上,《〈浮生六记〉新序》则写于1924年2月。这都是俞平伯在上海大学教课之余写成的作品。俞平伯在上海大学中国文学系任教的时间不长,约有半年时间。1924年2月初,就辞去上海大学教职,回到杭州。

1925年以后,先后任教于燕京大学、北京大学、清华大学。抗日战争期间,俞平伯以满腔爱国激情投入抗日救亡运动,在《中学生》月刊上发表文章,告诫青年们:要信自己的力量可以救中国,应当救中国,同时,要积极创造救国的条件。"不存此心,不得名为中国人"[①]。抗日战争胜利以后,俞平伯任北京大学教授,加入了进步团体"九三学社"和"中国民主同盟"。1947年,为了抗议北平当局宪警夜入民宅肆行搜捕事件,俞平伯和其他教授联名发表了著名的"十三教授《保障民权宣言》";同年5月,又与北大31名教授联合发出《北京大学教授宣言》和《告学生与政府书》,对各地青年学生反内战、反饥饿以及要求教育改革的运动表示同情和支持。1949年5月4日,在《人民日报》上发表《回顾与前瞻》纪念文章;7月11日,又在《人民日报》上发表新诗《七月一日红旗的雨》,表达他与中华全国文学艺术工作者一起参加中国共产党建党28周年庆祝集会的感想。

新中国成立以后,俞平伯历任北京大学教授、中国社会科学院文学研究所研究员。1986年1月20日,中国社会科学院文学研究所为俞平伯从事学术活动65周年举行庆祝会,院所领导和同事、学生、家属等200余人参加了庆祝活动。在会议召开之前,俞平伯重新书写了他作于1963年1月的诗《九三学社开会席上赋》:"江湖终古流苍茫,哪怕乌云遮太阳。和劲东风吹百草,春深大地遍红装。"1990年10月15日在北京逝世,终年90岁。

1983年5月,经国家教育部批准,上海大学成立,俞平伯为上海大学的恢复重建欣然题下了"青云发轫"四个大字。这四个字可谓言简意赅。"青云"是指1922年成立的上海大学第一个校址在闸北青云里;"发轫",指一项事业的开始。俞平伯希望新成立的上海大学要牢记具有革命传统

[①] 孙玉蓉编纂:《俞平伯年谱》,天津人民出版社2001年版,第143页。

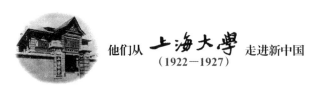

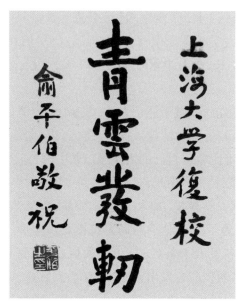

1983年俞平伯为上海大学复校题词

的红色上海大学是从"青云里"走来,并必将在新的起点上继承老上海大学光荣革命传统而走向未来。

张崇文：
中国共产党临海县特别支部的创建人

张崇文少将

1924年夏天的一天，正在浙江临海老家度暑假的浙江法政专门学校学生张崇文，收到他的老师安体诚6月30日从杭州的来信。安体诚曾是张崇文在法政专门学校的老师，后来到上海大学任教。这封信是安体诚对张崇文25日来信的回复。张崇文给安体诚去信，主要是想了解一下上海大学的情况。安体诚在回信中说，知道张崇文已抽空到上海大学去"探问一切"，他告诫张崇文："你的活泼精神，我很佩服，但我对于活泼的人总愿请其加以'深沉''坚忍'，以便尽美而且尽善！对你也愿如此。"[1]其实，安体诚与张崇文之间的通信，早在1923年就开始了。当时正在杭州浙江法政专门学校任政治经济系教员的安体诚，有一天从报上看到一位名叫张崇文的青年学生写的短文《人生的意义是什么？》。文章在揭露和控诉军阀混战、社会动荡、民不聊生的黑暗现实的同时，也流露出"人生莫测，前路茫茫"的消极悲观情绪。安体诚并不认识张崇文，但他敏锐地觉得，张崇文这篇短文实际上反映了相当一部分要求进步青年的思想苦闷。于是，他便以公开信的方式回应了张崇文这篇文章。针对张崇文的疑惑和茫然，安体诚

---

[1] 中共浙江省委党史资料征集研究委员会、浙江省档案馆编：《浙江革命烈士书信选》，浙江人民出版社1986年版，第5—6页。

他们从 上海大学(1922—1927) 走进新中国

以马克思主义的立场和观点论述了社会发展的客观规律,指出人类社会的进步与发展是不可抗拒的。人生的意义就在于要顺应历史的大潮,自觉地推动历史的发展,为人类社会的进步作出贡献。安体诚的这封公开信,是用崭新的马克思主义观点和理论,高屋建瓴地阐述了人生的意义,对类似张崇文这样追求进步又一时不知前途在哪儿的青年们真如醍醐灌顶,思想为之豁然开朗。就这样,张崇文和老师安体诚认识了。现在,张崇文又接到老师这封语重心长的短信,对他的人生发展提出了新的要求和告诫。后来虽然安体诚作为共产党员在1927年蒋介石发动"四一二"反革命政变时被秘密杀害于龙华,但张崇文一直没有忘记烈士对他的教诲,他一直将这封信当作个人品德意志修养的座右铭。

张崇文,浙江临海人,生于1906年。父亲张纯志,字镜潭,参加过辛亥革命,是江浙地区知名的民主人士。张纯志生有四个儿子,分别取名崇道、崇德、崇文、崇章,号分别为平欧、福亚、振中、建华。寓意在家庭风气方面,崇尚"道德文章";对孩子的培养,希望他们长大以后能够赶平欧洲,造福亚洲,振兴和建设中华,以此来激励孩子发愤图强,追求上进。可惜,老大崇道、老四崇章因病夭亡,只留下老二崇德、老三崇文来承继着父亲的愿望和梦想。

张崇文在临海省立第六中学读书时,因家境贫困而辍学。1923年,考入杭州法政专门学校商科学习,以兼学校藏书楼管理员来进行半工半读。1925年五卅运动爆发后,他的哥哥、上海大学学生张崇德到杭州揭露帝国主义屠杀中国同胞的罪行,使张崇文听了以后深受教育,于是他在杭州投入了这场反帝爱国运动。通过与杭州各大专学校、中学联系,成立了"五卅运动后援会",黄玠然担任主席,张崇文作为工作人员参加这一工作。后又建立"杭州中学以上学生联合会",张崇文担任该会宣传部部长,领导参加了学生联合抵制日货,开展反对日本帝国主义的斗争。1925年6月,被选为杭州学生代表赴上海出席全国第七届学生代表大会。大会结束后,根据大会决议,张崇文回到杭州传达会议精神,但这时法政学校的学生会已被浙江军阀解散,那些深受学生欢迎的教员也被赶走,校长凌士钧甚至扬言要驱逐进步学生。张崇文就一边传达第七届全国学生代表大会决议,一边发动学生反对凌士钧,包围了浙江省议会,要求解决杭州法政专门学校镇压学生运动的大问题。凌士钧为了对抗学生运动，擅自宣布学校提前放假，并以浙江教育厅厅长计宗型的名义，宣布将包括张崇文、黄玠然、周泽在内的13名学生开除。张崇文立即向全国学联负责人李硕勋报告此事。李硕勋立即回信，并以全国学生联合会的名义，介绍了张崇文、黄玠然、周泽等进入上海大学学习。1926年1月，张崇文、黄玠然、周泽正式进入上海大学社会学系学习。

对于在上海大学的学习生活，1984年12月，78岁高龄的张崇文在北京曾接受王家贵、蔡锡瑶的采访。在采访中，张崇文回忆说："上大的生活是清苦的，但大家精神十分愉快。因为来这里求学的，都是倾向革命的穷学生，其中不少跟我们一样，是由于参加爱国运动被开除出校的。共同的经历，共同的追求，使大家心气相通，感情融洽。学习的条件很差，但大家学习的劲头十足。我们社会学系的课程，记得有社会科学概论、通俗资本论、马克思传、哲学等。这一些新鲜的课程内容，强烈地吸引着我，使我如饥似渴地学习。再加上我早就爱读《向导》《中国青年》等革命刊物，这里都有，更使我欣喜若狂。""但是，上大是反对读死书和死读书的。学校十分强调参加社会革命活动，结合实际来学习。老同学大多兼有平民夜校、工人学校义务教员的职务，我们新来的，暂时没有兼职，但重大的革命宣传活动都必须参加。记得刚入校不久，三月十八日段祺瑞执政府在北京枪杀请愿学生，造成流血惨案。消息传来，上大的同学立即出动，深入厂区、街市发传单，作讲演，组织抗议声援。随后，五卅惨案周年纪念，我又跟同学一道，参加了声势浩大的宣传活动。"①

在张崇文进入上海大学之前，他的哥哥张崇德已在1924年考入上海大学英国文学系就读，同时，兼任附中部的英语教员，并于五卅运动后加入了中国共产党。张崇文进上海大学以后，各方面表现都很突出。1926年10月，由他的哥哥张崇德和同学戴邦定介绍，加入了中国共产党。10月24日，张崇文在上海大学党组织的领导下，参加了第一次上海工人武装起义，担任起义的散发传单和宣传演讲工作。11月，上海大学党组织

---

① 王家贵、蔡锡瑶编著：《上海大学（1922—1927）》，上海社会科学院出版社1986年版，第118—119页。

他们从 上海大學 (1922—1927) 走进新中国

根据中共上海区委("江浙区委")关于"浙江之湖州、萧山、台州、海门、处州等地,当于最短期内发展我们的组织"的指示,决定提前放寒假,要求党员学生利用假期到各自家乡建立组织、发展党员,开展革命活动,迎接北伐军的到来。张崇文受此重任,回到家乡临海。此时分别在上海震旦大学、广州中山大学学习的共产党员张伯炘、陈赓平也根据党组织指示返回家乡临海。张崇文和张伯炘、陈赓平三人经过一段时间的筹划酝酿,于12月在张崇文岳父杨哲商家成立了中共临海县特别支部,张崇文任书记,张伯炘、陈赓平为委员,并与上海大学党组织发生联系。特别支部成立后,在城关工人中发展了朱月升、施玉镯、许仲仁为第一批党员。中共临海县特别支部在组织上受上海区委领导,是当时浙江地区在上海中共组织的领导下最早建立的13个中共组织之一。中共临海县地方组织的建立,使临海人民革命斗争有了领导核心。这是临海现代史上的一件大事,临海人民的革命斗争进入了一个新阶段[①]。他在党组织的领导之下,借成立木匠、水泥、裁缝、理发等行业工会的机会,发展共产党员,建立共产党支部。

1927年,蒋介石发动"四一二"反革命政变前夕,张崇文根据党组织的决定,离开了上海大学,调任中共杭州中心区委工作;6月,他任中共杭州中心区委书记。到任后,他立即着手调整和恢复工专、医专、安定、铁路、武林铁厂、丝绸厂、印刷工会、闸口电厂等单位的基层党组织,并对各党支部的党员进行坚定革命信念的教育,他的活动引起了国民党当局的注意,因此转移去武汉;8月,又奉党组织之命,到苏联莫斯科中山大学学习。1930年10月回国,担任杭州中心县委组织委员;同年11月,因叛徒出卖遭逮捕,被国民党被反动派判处无期徒刑,关押在浙江陆军监狱长达七年之久。他在狱中面对酷刑和死亡,坚贞不屈,大义凛然,保持了共产党员的革命气节。他担任狱中特别支部委员、支部书记,领导教育难友对敌人作斗争。

1937年,抗日战争全面爆发以后,在国共两党合作,成立抗日民族统

---

① 王荣福主编:《新民主主义革命时期临海党史图志》,浙江大学出版社2011年版,第6页、第50—51页。

一战线的形势下,于8月24日被党营救出狱。在长期遭受摧残,身体十分虚弱的情况下,又满腔热情地投入了革命斗争,11月,担任中共浙江省临时工作委员会宣传部部长。又受党组织委派,回到临海重建临海党组织,任中共临海临时工作委员会书记。由于处在国共合作时期,在临海,张崇文又根据党的指示,帮助国民党临海县政府举办临海抗日干部训练班,当选为临海县抗日自卫会训练委员会常委,领导和发动临海人民开展抗日救亡活动。1938年2月,中共浙江省工作委员会正式成立,由顾玉良任书记,邢子陶任组织部部长,张崇文任宣传部部长;4月,奉命到达皖南新四军军部,正式参加了新四军,历任新四军教导总队政治部主任教员,江南指挥部、苏北指挥部宣传科长、部长,新四军一师宣传部部长,抗大九分校政治部主任,苏浙军区政治部宣传部部长。解放战争时期,任华中野战军随营干校校长,雪枫大学副校长,华东军政大学教育长,华东野战军第七纵队政治部副主任、主任,二十五军政治部主任,第三野战军军政干部学校副校长,上海市军管会训练部副部长,华东军政大学政治部副主任。他随军转战大江南北,出生入死,参加了黄桥、莱芜、孟良崮、淮海、渡江、解放上海等战役。

新中国成立以后,张崇文历任华东军政大学政治部副主任,第三高级步兵学校副政治委员,总高级步兵学校政治部副主任,国防科学委员会副秘书长,铁道兵政治部副主任、顾问。1955年,被授予少将军衔,获二级独立自由勋章、一级解放勋章。1988年,被授予中国人民解放军一级红星功勋荣誉章。为第五届全国政协委员。1983年离休,1995年9月1日在北京逝世,终年89岁。

张琴秋：
文武双全的红军高级将领

张琴秋

1979年4月,在中共中央组织部部长胡耀邦的直接过问下,强加在纺织部副部长张琴秋头上的一切诬陷不实之词被推翻,张琴秋得到平反昭雪。纺织工业部党组拟以该部的名义为张琴秋召开追悼大会,由党组书记、部长钱之光主持大会,党组副书记、副部长胡明致悼词。报告送到胡耀邦那里,胡耀邦作了批示:"徐向前元帅对琴秋同志很了解,也一直很关心。因此,悼词和追悼会的参加者,均须请向前同志核定。如果向前同志愿意主持这个追悼会,则改由他主持,并相应改由钱之光同志致悼词。"这份报告转到徐向前那里,徐向前完全同意胡耀邦批示的意见,同时还在报告提出:"沈雁冰(茅盾)是否需要参加追悼会,请考虑。"6月23日,张琴秋追悼大会在八宝山革命公墓礼堂隆重举行。据《人民日报》报道,追悼会由徐向前主持,钱之光致悼词,党和国家领导人李先念、王震、余秋里、陈锡联、胡耀邦、谷牧、宋任穷、康克清、荣毅仁、黄火青、薄一波等参加了追悼会。沈雁冰也来为张琴秋送行。为什么胡耀邦要请徐向前出面主持张琴秋的追悼会?徐向前又为什么提出要沈雁冰参加追悼会?这是与张琴秋特殊的人生经历紧密相连的。

张琴秋,又名张梧,浙江桐乡人,生于1904年。童年时和哥哥一起在私塾读书。后进入家乡石门镇的振华女校,学习了八年,获得高小毕业文凭。在读期间,五四运动的浪潮也冲击了石门镇,张琴秋作为振华女校的学生代表到县里参加了游行集会,接受了最早的政治斗争洗礼。1920年,进入杭州女子师范学校学习,但两年以后,即到了1923年春插班到上海爱国女校,半年以后就正式毕业了。张琴秋在振华女校读书的时候,有个很要好的同学叫孔德沚,嫁给了沈雁冰,正居住在上海。张琴秋在爱国女校读书期间就到孔德沚家去串门,在那里,她认识了沈雁冰和沈雁冰的弟弟沈泽民。张琴秋从小能歌善舞,又喜欢绘画,在沈雁冰的支持下,她考取了南京美术专科学校。沈雁冰、沈泽民兄弟是中国共产党早期党员,当时党组织决定沈泽民以担任建邺大学教授的名义到南京去开展党的工作,于是,在沈雁冰、孔德沚夫妇的叮嘱下,张琴秋和沈泽民结伴来到南京。不想张琴秋入学不久就因严重的伤寒病辍学而回到家乡,在母校振华女校做了一名代课教师。在张琴秋思想陷于苦闷之时,沈泽民通过写信开导了她,并且给她寄去了《新青年》《妇女之声》《社会科学概论》等进步书刊。张琴秋从中开始接触马克思列宁主义,对人生有了新的认识。不久,沈泽民奉党组织之命回到上海,在上海大学担任教授,在沈泽民的建议下,张琴秋于1923年底辞去教职,再度来到上海,考进了上海大学。

根据杨之华在《回忆秋白》一书中所记,张琴秋是和她同一批进入上海大学的,即1923年春季入学。关于张琴秋在上海大学的情况,1924年4月编印的《上海大学一览》,在"学生一览表"的"社会学系"一栏中有明确记载:"姓名:张琴秋;年龄:21;籍贯:浙江;通讯处:长安转石湾南市。"而且正好排在杨之华的下面。在进上海大学之前,张琴秋就通过沈泽民初步接触了进步思想和马克思列宁主义。进了上海

张琴秋与沈泽民新婚合影

他们从 上海大學 (1922—1927) 走进新中国

大学以后,更是通过课堂系统地学习了马克思列宁主义的理论,逐步确立了共产主义的世界观,又根据学校党组织的安排,参加了各种革命实践活动,使自己在各方面得到锻炼和提高。1924年4月,也就是在张琴秋入学不久,由杨之华和徐梅坤介绍加入中国社会主义青年团,同年11月,转为中国共产党正式党员。也是在这期间,她和沈泽民结为夫妇。这样,她也就成为沈雁冰的弟媳妇。这也是1979年4月徐向前元帅建议沈雁冰出席张琴秋追悼会的原因。

沈泽民不但是张琴秋生活中的伴侣,更是张琴秋政治上的引路人。沈泽民于1933年11月20日,病逝于鄂豫皖根据地,一直到1940年,张琴秋在延安写自传时,还饱含深情地记叙了沈泽民对她的关怀和帮助。她说:"泽民同志是我一生中的良师益友。通过他,使我找到了党。从此,把我引上了革命的道路,救出了我这只温柔的、又好似迷途的羔羊。否则,像我这样的人,至多不过当一名贤妻良母罢了。没有党的引导和帮助,绝不会走上革命的征程。这是我永远忘怀不了的。"①

张琴秋在上海大学学习的时间从1923年春到1925年10月底赴苏联莫斯科学习,一共有两年半多。在这期间,她根据党组织的安排参加了大量的革命工作。主要包括:

一是参加平民学校工作。张琴秋像杨之华一样,在进上海大学之前便有教书的经历,在上海大学成立平民学校以后,张琴秋和杨之华都担任了平民学校教员。张琴秋一方面担任二级四班的班主任,同时还担任音乐教员,负责教学生唱歌。在平民教育中,张琴秋曾独当一面,根据组织安排,她于1924年下半年,来到沪东杨树浦平凉路、滔明路之间的惟兴里办了一所平民学校,在那里当校长。这所学校名义上是由国民党上海市党部举办的,实际上是中国共产党在上海沪东最早创办的一所工人学校。根据张琴秋自己回忆:"办这种学校的目的,是为了发展党团员,扩大我们的力量,进行革命宣传,扩大党的政治影响;同时也帮助工人群众提高文化。""当时我们确实在夜校里发展了党员,如朱阿毛、施小妹等。经

---

① 谢燕著:《张琴秋的一生》,浙江人民出版社2018年版,第11页。

常到校的学生有二三百人,其中党员就有三四十个,团员就更多了。"①后来成为陈赓妻子、1939年牺牲于抗日战场的王根英烈士,参加了平民学校的学习,并由张琴秋介绍加入了中国社会主义青年团。1924年9月,平民学校第一期学生举行毕业典礼,沈泽民以中共上海地方兼区委委员的身份参加了毕业典礼并发表演说。由于上课主要是利用晚上的时间,白天张琴秋就到工人家里访贫问苦,了解工人生活的实际情况,这对于张琴秋了解中国社会底层的现状、进一步提高自己的政治意识是有极大帮助的。张琴秋曾对她的好友陈学昭谈到过自己在平民学校工作的感受,她说:"她们的苦,是如我们的一天没有黄包车钱的着急的苦所能梦想得到的么?!在这些时候,我开始满足,我觉得我再也不能吝啬我微小的力量了,我应当的是牺牲,在那里,见到了世界的全体,发现了人类最伟大的力量、向上心和革命精神。"②从上海大学和自己的家到杨树浦,路很远,工作很辛苦。当有人劝告张琴秋注意身体健康时,张琴秋回答说:"疲倦,疲倦,可是我也乐意,这样我的心才安。"③

二是在党组织的领导下参加革命斗争。1925年2月2日,上海内外棉八厂发生了日本领班毒打一个女童的事件。当工人们向日本资本家提出抗议时又遭无理开除,日本资本家勾结外国巡捕房抓走了6名工人代表。中共中央和中共上海地委决定抓住这个事件发动全市日本纱厂工人举行罢工。张琴秋根据罢工指挥部的指示,到工人居住区找到了被日本领班毒打的女童,向她表示了慰问,并鼓励她起来大胆揭发控诉日本资本家的罪行。2月9日,大罢工正式开始,一万多名工人在潭子湾空地上举行抗议集会,白布大旗上写"反对东洋人打人"。上海大学学生、罢工前沿总指挥之一的刘华主持会议,向大家介绍了领导这次大罢工的领导人李立三、邓中夏,还介绍了杨之华和张琴秋,受到工人的欢迎。李立三、邓中夏和杨之华还在集会上发表了演讲。二月罢工是上海工人在中国共产党的领导下第一次举起反帝国主义的大旗而发动的工人运动,对亲身参

---

① 张秋琴:《关于上海大学的回忆》,1959年7月,载张腾霄主编《中国共产党干部教育研究资料丛书》第2辑,中国人民大学出版社1989年版,第361页。
② 谢燕著:《张琴秋的一生》,浙江人民出版社2018年版,第19页。
③ 胡华主编:《中共党史人物传》第22卷,陕西人民出版社1986年版。

加了这次工人运动的张琴秋来说,留下了深刻的印象,接受了一次革命教育。后来在延安,张琴秋在向中国女子大学的学员讲授"工人阶级的历史使命"一课时,回忆说:"我目睹了这一伟大斗争的全过程。工人阶级不畏强暴,不讲价钱,响应党的号召,与外国资本家斗争的革命气概,深深地感动了我,教育了我,使我认识到工人阶级只要团结起来,在共产党的领导下,就能战胜一切强大的敌人。"①5月15日,共产党员、日商内外棉七厂工人顾正红被日本资本家枪杀,24日,由内外棉七厂工会出面,在潭子湾空地上召开追悼大会,一万多人参加了会议。张琴秋一身纺织女工打扮在会场忙碌着,并接待了前来参加追悼大会的沈泽民、王若飞和郑超麟。张琴秋的表现给当时在中共中央机关工作的郑超麟留下了深刻印象,他说:"她在这种场合,显然得到罢工工人的充分信赖。"②5月30日,张琴秋参加了上海大学组织的游行示威和演讲活动,目睹了帝国主义残杀中国学生、工人、市民的暴行。第二天,也就是5月31日,又根据党组织安排,带领女工上街游行示威。五卅运动使张琴秋在政治上越来越走向成熟。她后来在回忆中说:"1925年'五卅'大罢工时,我居然能在成千上万的群众大会上演讲,胆量比过去大,劲头比过去足,这不仅是克服了小资产阶级意识,主要是说明自己的思想已在工人群众中得到初步改造,能站在工人阶级立场,为工人阶级利益进行斗争。"③

三是在向警予领导下从事妇女运动。向警予虽然不是上海大学的教师,但她的革命经历和能力,在张琴秋、杨之华、钟复光、王一知等上海大学女学生心里,有着极高的威望。在向警予的领导下,张琴秋和杨之华、钟复光都投身到妇女运动中去,成为我们党妇女运动的前驱。1925年3月8日,在向警予的领导下,上海女界在上海大学召开联席会议,参加会议的有30多人。向警予介绍了会议的宗旨。经过讨论,决定成立上海女国民大会筹备会,张琴秋和王一知以上海女界国民促进会的名义参加了

---

① 谢燕著:《张琴秋的一生》,浙江人民出版社2018年版,第25页。
② 谢燕著:《张琴秋的一生》,浙江人民出版社2018年版,第28页。
③ 张琴秋:《当我第一次深入工人中的时候》,载中国湖南省委宣传部、中共湖南省委党史研究室、中共怀化市委编《向警予纪念文集》,湖南人民出版社2005年版,第258—259页。

会议。会议还决定在筹备会之下设演讲股、庶务股、交际股等，张琴秋在其中都担任了工作。1925年6月5日，在向警予的领导下，上海各界妇女联合会在勤业女子师范学校成立，杨之华被选为主任，张琴秋等当选为委员。上海各界妇女联合会成为动员上海各界妇女支援五卅罢工运动的核心。张琴秋还和向警予一起创作了短剧《顾正红之死》，以上海各界妇女联合会的名义在街头演出，收到很好的宣传效果。

1925年11月，在党组织的安排下，张琴秋赴苏联到莫斯科中山大学留学。1930年秋学习期满回国。1931年4月，张琴秋被党派到鄂豫皖苏区工作。之后，参加了举世闻名的长征。她在鄂豫皖苏区时曾任彭杨学校政治部主任、苏维埃学校校长、红四方面军七十三师政治部主任等职。在第四次反"围剿"红四方面军战略转移时，任红四方面军总政治部主任。到达川陕苏区后，任四川红江县委书记，后方医院政治部主任，妇女独立团政委、团长，西路军政治部组织部部长等职。在抗日战争时期，先后担任安吴青训班生活指导处处长、抗大女生大队大队长、中国女子大学教务处处长等职务。解放战争期间，担任中央妇女委员会委员，曾出席国际民主妇联第二次代表大会。1947年至1948年，深入雁北、冀中、渤海等地，参加土改运动。

新中国成立以后，张琴秋担任纺织工业部党组副书记、副部长。1968年4月22日，由于林彪、"四人帮"的迫害含冤逝世，终年64岁。

1979年6月23日，张琴秋追悼大会在八宝山革命公墓礼堂隆重举行，纺织工业部党组书记、部长钱之光在悼词中有这样一段话：张琴秋"对敌斗争坚决，作战英勇，既能做政治工作，又能指挥战斗。在宣传群众、组织群众、建立和巩固革命根据地等方面，做了许多出色的工作，深得广大红军指战员的爱戴"。在红四方面军，张琴秋曾担任过总政治部主任，是红四方面军的领导人之一。因此，张琴秋完全称得上是一位文武双全的红军高级将领。

张庆孚：
新中国开国上将宋时轮的入党介绍人

张庆孚

长津湖战役是抗美援朝战争中发生在朝鲜长津湖地区的一场战役。此次战役，中国人民志愿军第九兵团在艰难困苦的条件下，与武器装备世界一流、战功显赫的美军第十军，进行了直接较量，创造了抗美援朝战争中全歼美军一个整团的纪录，迫使美军王牌部队经历了有史以来"路程最长的退却"。这次战役，收复了三八线以北的东部广大地区。此次战役的前线指挥是第九兵团司令员宋时轮。宋时轮湖南醴陵人，生于1907年，1926年考入黄埔军校第五期，1927年1月加入中国共产党。他的入党介绍人是张庆孚。

张庆孚，江苏江阴人，生于1901年。其父为清末秀才，张庆孚自幼随父读书习文，有着较好的蒙学基础。1916年，考进江苏省立第三师范学校。在这所学校里，张庆孚接受了新思想的影响。他阅读了社会发展史和文史类的书籍，有了忧国忧民之念。1923年前后，考进上海大学英国文学系学习。根据张庆孚自己的回忆，在上海大学"使我有很多机会看到进步书籍及马列主义书籍。《向导》和《新青年》等进步刊物对我启发很大"[①]。1924年1月，上海大学社会学系无锡籍学生安剑平、糜文浩成立社团"孤星社"，以"研究学术，讨论问题，彻底了解人生，根本改进社会"

---

① 张庆孚：《我的革命生涯》，《中共党史资料》第40辑，中共党史出版社1992年版。

为宗旨,并出版《孤星》旬刊,张庆孚也参加了这个学生社团的创建并在这个刊物上发表文章。1925年5月27日,安剑平、张庆孚等还以"上海大学孤星社"的名义致函国民党领导人汪精卫,要求国民党本部能每月给予《孤星》津贴30元,并表示"推举代表安剑平、张庆孚二君专程趋谒,以便先生咨询一切"①。1923年4月23日,上海大学组织全体校役成立校工团,张庆孚还和另外两个同学应邀在这个会上发表演说。1925年,在家乡江阴,与上海大学教师周水平以及钱振标、茅学勤、孙逊群、朱士能等创办进步社团"星社",其宗旨为"提高邑民常识,促进江阴社会生活",还创办《星光》旬刊。

五卅运动爆发以后,张庆孚在上海大学积极投身这场运动。他回忆说:"1925年上海发生的'五卅'惨案,这血淋淋的事实使我进一步地认识到,只有在无产阶级的政党中国共产党的领导下,坚决开展反帝反封建的斗争,中国革命才能胜利。我积极要求入党。"②6月,张庆孚来到江阴,参加江阴各界有5 000多人参加的五卅惨案烈士公祭大会,张庆孚在会上反表了悲壮激昂的演讲。经过斗争考验,经恽代英介绍,张庆孚于1925年在上海大学加入了中国共产党。入党以后,张庆孚还担任过上海平民学校校长,给学员讲授马克思列宁主义的理论。

1926年8月,根据党组织的安排,张庆孚离开上海大学,来到广州,到黄埔军校第六期入伍生第一团四营担任政治教官。这个营驻扎在虎门。也就是在这一时期,张庆孚介绍宋时轮加入了中国共产党。后来,宋时轮也成为张庆孚的党内联系人,每周要向张庆孚汇报这个营左派发展情况。在黄埔军校,共产党和国民党右派之间的矛盾和斗争还是很激烈的。在一次纪念孙中山的大会上,张庆孚在发言中充分揭发了黄埔军校中违反孙中山联俄、联共、扶助农工三大政策的行为,坚决捍卫中国共产党的革命统一战线方针。

1927年4月12日,蒋介石发动反革命政变,张庆孚几经周折由广州绕道香港来到上海。后又根据党组织的安排,来到武汉担任国民革命军

---

① 《20世纪20年代的上海大学(上卷)》,上海大学出版社2014年版,第198—199页。
② 张庆孚:《我的革命生涯》,《中共党史资料》第40辑,中共党史出版社1992年版。

他们从 上海大學 走进新中国
(1922—1927)

第三十五军政治部主任兼军部、师部党团书记，后又到新编第四十七军担任师政治部主任兼党团书记。在此期间，张庆孚结识了爱国将领杨虎城，并在革命军中积极开展党的工作，建立了党的地下组织。1928年，奉党的指示撤出第四十七军秘密回到上海，先后以在华德小学、群治大学、上海法政学院教书为掩护，从事党的地下工作，并担任了中国左翼社联党团书记。1932年，加入"中央特科"，在潘汉年等人的领导下从事情报的搜集工作。1934年10月，奉命撤离上海到达陕北，同刘志丹、习仲勋等一起积极开展陕北根据地建设。从1936年到1945年，张庆孚先后在红军大学、抗日军政大学、军政学院任政治教员。在解放战争时期，先后在中国人民解放军东北军区总后勤部任秘书长、东北军区军需学校任政治委员、党委书记，在东北军区、中南军区军需部任政治部主任。

新中国成立后，张庆孚于1950年2月任中央人民政府林垦部办公室主任，同年8月任林垦部党组副书记，1956年8月，任国家林业部副部长。为中共八大代表，第三、第四届全国政协委员。1968年8月在北京逝世，终年61岁。

张治中：
对瞿秋白夫人杨之华口称"师母"的国民党上将

1941年6月，苏德战争爆发，中共中央决定部分留苏人员回国参加抗日战争。瞿秋白的妻子杨之华携女儿瞿独伊等一行根据中央统一安排，离开莫斯科取道新疆回国。不料到达迪化（今乌鲁木齐市）后，杨之华一行即被已经投靠蒋介石进行反苏反共的新疆军阀盛世才投入监狱。同杨之华一行一起被关进大牢的还包括应盛世才之邀从延安来在新疆帮助工作的一些共产党员和在新疆养病的红军伤残员共150人。受中共中央派遣来新疆工作

张治中

的陈潭秋、毛泽民、林基路也惨遭杀害。1946年，国共两党在重庆谈判，蒋介石迫于压力，同意释放在新疆被囚禁的共产党员，并指示张治中负责办理此事。临行前，周恩来请张治中务必救出被关押的这批难友，并将他们安全送到延安。周恩来还特地对张治中说："这里头有杨之华，是你认得的，到迪化时可和她联系了解一下情况。"[1] 张治中没有辜负以周恩来为代表的共产党人的重托，派得力人员，克服重重困难，历经一个月的艰苦跋涉，最终将这批被盛世才关押数年之久的共产党员及其家属等送抵延安。张治中在见到杨之华时，开口就叫"师母"。原来，张治中曾

---

[1] 余湛邦：《由新疆护送中共人员回延安的经过》，《文史资料选辑》合订本，第21卷，中国文史出版社2011年版，第96—97页。

在上海大学读过书,和杨之华是同学。他在上海大学学俄文,而担任俄文教师的就是杨之华的丈夫、中国共产党早期领导人、上海大学教授瞿秋白。

张治中,原名本尧,字文白,安徽巢县(今巢湖市)人,生于1890年。中国爱国民主人士。6岁入私塾,读书十年,又考过秀才。因家境贫寒,曾到离家乡90里以外的一家商铺"吕德盛号"当学徒,写字记账。后到扬州盐务缉私营充过备补兵,又到安庆巡警局当过备补警察,受训3个月后成为正式警察。1911年辛亥革命爆发,张治中在扬州参加了反清起义,次年进入陆军第二预备学校,期满升入保定陆军军官学校第二期步兵科。1916年12月,正式从保定军官学校毕业,被分派到安徽"安武军"中当见习生,时年26岁。1917年,到广东参加护法运动,历任驻粤滇军旅警卫队队长、连长、营长,川军第五师少校参谋,第三独立旅参谋长。1921年春,川军内部发生"宣汉事变",张治中侥幸脱险,辗转回到家乡巢县。1923年,又从福建来到上海。此前投身戎行,不得安宁,这次到了上海,挈妇将雏,干脆在法租界租赁住屋,准备在上海多住一段时间。当时,上海大学成立已将近一年,邓中夏、瞿秋白等中国共产党早期领导人已在上海大学任教,以瞿秋白为主任的社会学系业已办起来。对上海大学来说,还有一个引人瞩目的就是开设了俄文课,这在当时的大学几乎是绝无仅有的,而正是这俄文课程,把张治中吸引到上海大学来了。

张治中虽然是军校出身,又在行伍混迹多年,但他并非一介武夫。他早年读过梁启超的《饮冰室文集》,深受其影响。五四前后风起云涌的"新文化运动""民主与科学运动"对于他的思想变化起了决定性的作用。他觉得当时传播新思想、新文化甚至是革命思想的《新青年》《新潮》《向导》一类杂志,很合他的胃口。他在保定求学时期,偏重读科学与军事方面的书刊,个人英雄主义思想非常浓厚,但出校以后,他的思想渐渐起了变化。在他第一次出川时,思想就很激进了。他还在一位北京朋友的介绍下到上海拜见过陈独秀,陈独秀和他有过一次谈话,这对张治中的思想产生一定影响。作为军人,他曾经向往到德国去留学,所以曾花过力气学习德文。而现在则对十月革命的故乡苏联极有兴趣,因此,他决心到上海大学读书,除了选修一些课程外,主要是学习俄文。

上海大学的俄文教师是大名鼎鼎的共产党人瞿秋白。求知若渴的张治中还找瞿秋白认真地谈过一次话。他在报名进上海大学的时候,就已经知道这所学校是染着"红色"的。据张治中本人回忆:"有一次,'上大'开纪念苏联十月革命的会,我听到于右任的讲演、瞿秋白的讲演,都是推崇社会主义苏联的话,更使我心向往之。"[1]张治中的英文已有相当的基础,俄文是从头学起,虽然困难重重,但是一心要到苏联去的念头使他不畏困难地坚持学下去。张治中在上海大学学习的时间大致是在1923年下半年到1924年初,当时在学校担任教授的共产党人除了邓中夏、瞿秋白、蔡和森、张太雷、恽代英、施存统等也已先后来到上海大学任教,张治中在选修其他课程的过程中,也同时从这些老师的课堂上受到马克思主义思想的影响,并同这些老师结下了深厚的师生之情。23年以后,张治中见到杨之华,一声"师母"脱口而出,正是这种师生情谊真实而又自然的流露。张治中身为国民党的高层,担任过国民党军队的集团军总司令,坚持不与共产党的军队兵戎相见,坚持国共合作、国共谈判,三到延安,被共产党誉为"和平将军",最终走上革命新路,这和他在上海大学这段短暂而又重要的学习阶段是分不开的。

1924年初,张治中离开了上海大学,但他与这所大学的缘分并没有结束。1927年5月,上海大学被国民党当局封闭,近两千名学生在就业、晋升等方面受到不公正待遇。1936年3月,上海大学老校长、时任国民党中常委和监察院院长的于右任为争取上海大学的大学学籍资格,与国民党当局一再交涉,在国民党中央常务委员会第八次会议上,通过"追认上海大学学生学籍,与国立大学同等待遇"的决定。11月17日,在上海大学同学会第一次理事会上,张治中被推选为监事会监事长。对于此事,张治中在回忆录中称,他虽曾一再辞谢,但最后不得不接受,"真是有点'却之不恭,受之有愧'了"[2]。

黄埔军校筹建伊始,张治中奉命抵广州参与军校的筹建,被蒋介石聘为黄埔军事研究委员会委员。1925年1月,任黄埔军校第三期入伍生

---

[1] 张治中著:《张治中回忆录》,文史资料出版社1985年版,第53页。
[2] 张治中著:《张治中回忆录》,文史资料出版社1985年版,第53页。

他们从 上海大學 走进新中国
(1922—1927)

总队副总队长、代理总队长兼任第二师参谋长、广州卫戍司令部参谋长等职。在黄埔军校,张治中和任政治部主任的周恩来一见如故,在张治中眼里,周恩来"为人很热情,谈吐、风度、学养,都具有很大吸引力"[1]。这时,原来在上海大学任教的共产党员恽代英、安体诚、高语罕、萧楚女、张秋人也先后来到黄埔军校任职。这一时期,张治中与周恩来及来自上海大学的教师恽代英等共产党人过从甚多,在思想上又一次集中受到共产党的影响,被国民党右派目为"红色教官""红色团长",用他自己的话来说,"我已完全同情共产党这一边,我的言论和态度,都大为右派所看不惯"[2]。他甚至动了参加共产党的念头。1926年7月,北伐战争开始后,张治中任总司令部副官处处长、黄埔军校武汉分校教育长等职,后曾一度到欧美进行考察。1928年起,任第五军军长、第四路军总指挥、中央军官陆军学校教育长。抗日战争期间,任京沪警备司令和第九集团军总司令,积极主张对日作战。1937年8月13日,上海抗战爆发,张治中率部与日军进行了英勇的战斗,在收复罗店时,冒着弹雨前往火线指挥作战。后先后任湖南省政府主席、国民政府军事委员会政治部长、三民主义青年团书记长。抗战胜利后,张治中积极主张国共两党和平共处、和平建国,曾代表国民党三次赴延安,为争取和平往返奔波,做了大量工作,被誉为"和平将军"。1946年1月,代表国民党参加军事调处"三人小组",主张和平解决国内问题;同年3月,任西北行辕主任兼新疆省政府主席。根据周恩来的嘱托,释放了被盛世才关押的100余名中共党员和其他爱国人士。1949年,任国民政府和平谈判代表团首席代表,到北平同中国共产党代表谈判,双方议定了《国内和平协定》八条二十四款。此协定遭国民党政府拒绝后,接受毛泽东、周恩来等中国共产党领导人的真诚劝告,留住北平(今北京),并于6月26日发表对时局的声明,投向光明;同年8月,张治中应邀参加中国人民政治协商会议第一届全体会议;9月,他参与策动西北国民党军队起义,促成新疆和平解放。

新中国成立后,张治中任西北军政委员会副主席、全国人大常委会副

---

[1] 张治中著:《我与共产党》,文史资料出版社1980年版,第1页。
[2] 张治中著:《我与共产党》,文史资料出版社1980年版,第2页。

1946年3月"三人小组"在北平军调部门前合影。前排左起为张治中、郑介民、马歇尔、周恩来，后排左一为叶剑英（图片来源：《张治中回忆录（上）》，文史资料出版社1985年版）

委员长、国防委员会副主席、民革中央副主席。1969年4月在北京病逝，终年79岁。

张治中热爱祖国，追求进步，反对内战，终其一生，为民族的解放和人民解放事业、为促进民族团结和社会主义建设事业，作出了贡献。1983年9月，时任全国政协主席的邓颖超在《张治中回忆录》"序"中说："为人民做过好事的人，人民是永远不会忘记他们的。文白先生为中国民主革命和社会主义建设事业作出的重要贡献，将世世代代为中国人民所纪念。"

张仲实：
杰出的马列主义经典著作的翻译家

张仲实

在我国马克思列宁主义的传播史上，涌现出了一大批杰出的传播者，其中，张仲实堪称是这个群体中最重要的代表之一。

张仲实，原名张安人，笔名任远、实甫等，陕西陇县人，生于1903年。2岁丧母，父亲长年在外打工，主要依靠伯母抚养长大。10岁时入私塾学习，12岁时陪塾师的儿子进县城高级小学读书，1920年底毕业，因成绩优异而被学校破格留下任见习司书生，负责抄写课本。正是在这一时期，张仲实有机会阅读了大量的进步报刊，接触了五四以来的新思想、新文化与科学道理和知识。1922年初，进冯玉祥的"新军"，后因身体不适离开该军。这一年夏天，考入陕西省立甲种工业学校纺织专业学习。在学习之余，张仲实阅读了大量进步报刊和文章，如《新青年》、北京的《晨报》、上海的《民国日报》以及中共中央的机关刊物《向导》等，还阅读了马克思主义的著作《共产党宣言》《共产主义ABC》以及《科学与人生》等。

1924年8月，正在上海大学社会学系读书的陕西三原籍学生、共产党员李秉乾根据中国社会主义青年团中央的决定，利用暑假回家乡发展团的组织。在李秉乾的工作下，张仲实和三原十几位青年加入了青年团并成立了青年团三原特别支部，张仲实任特支干事。渭北学生联合会成立后，张仲实被推选为主席，成为渭北学生运动领袖。1925年1月，张仲实经吴化之介绍加入中国共产党,在上级党组织的领导下成立中共渭北特别支部,由张仲实担任书记;10月,张仲实作为陕西省学生代表,参加了在北京召开的全国学生联合会代表大会。1926年,张仲实在组织学生运动的同时,组织开展反对陕西军阀刘镇华运动,并于6月初为《向导》写了一篇通讯《刘镇华治下之陕西现状及农民的反抗运动》,揭露了刘镇华的种种罪行。不久,张仲实遭到刘镇华的通缉,便离开三原,辗转来到上海并考入上海大学社会学系。

张仲实在上海大学社会学系学习只有几个月的时间。当时在社会学系担任系主任的是李季。李季是中国马克思列宁主义的早年传播者,他的译著《社会主义史》《通俗资本论》等在社会上曾产生重要影响。张仲实在社会学系学习的时间虽短,但不能不受到作为教授和系主任的李季的影响。1926年10月10日,根据党组织的安排,张仲实赴苏联东方劳动者共产主义大学学习(简称东方大学)。在东方大学,张仲实学习刻苦,成绩优异,任教务班长。1928年经组织决定转入中山大学学习。他在中山大学,被安排在翻译班,与张闻天、伍修权等在一起,在完成自己学习任务的同时,又从事马克思主义理论著作和教材讲义的翻译工作。在苏联留学的四年里,他如饥似渴地学习俄文,为日后翻译马列主义的经典著作和理论研究打下了深厚的基础。

张仲实在苏联留学时之所以那么刻苦,他有一个清晰的目标,就是希望回国以后能为党的思想宣传工作作出贡献。在俄罗斯国家社会政治历史档案馆中保存着张仲实的档案,他在"回国工作的方向"一栏中,填写了"回国后愿做党的宣传工作"。在"其他"一栏中,他填写了"回国以后,听候党的支配,如不回时,希望转入列宁学院学习,军事政治学院更好"[①]。

1930年8月,张仲实结束了在苏联的留学生涯,奉命回国。他先是到唐山任中共京东特委宣传部部长,后到天津,从事工人运动。1931年到上海,开始从事进步文化活动和马克思主义理论传播工作。1935年2月,经胡愈之介绍和推荐,进入邹韬奋创办的生活书店工作,担任《世界知

---

① 杨金海:《马克思主义传播者的杰出代表——张仲实》,《传记文学》2015年第12期。

他们从 上海大學 走进新中国
(1922—1927)

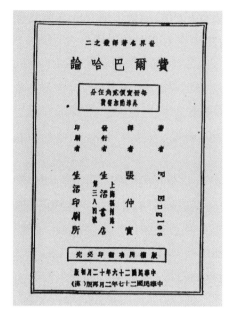

恩格斯著、张仲实翻译的《费尔巴哈论》版权页(1937年初版,1938年再版)

识》杂志主编。在任主编期间,他团结了一批进步文化人士,当时的文化名人钱俊瑞、钱亦石、夏衍等经常为杂志撰稿,张仲实自己也亲自撰写国际评论。9月,张仲实和钱俊瑞、薛暮桥等发起成立了新知书店,出版《中国农村》杂志。11月,应邹韬奋之请,担任了生活书店总编辑。1936年2月,邹韬奋被迫流亡香港,张仲实当选为生活书店临时委员会主席。在他的主持下,出版的"青年自学丛书"风靡一时。这套丛书的编辑出版,团结了一大批知识分子,也影响和培养了一大批进步青年。张仲实还以"世界学术名著"的名义,出版了一大批马克思主义的经典著作如恩格斯的《社会主义从空想到科学的发展》(吴黎平译)、马克思的《雇佣劳动与资本》(沈志远译)、列宁的《帝国主义-资本主义的最高阶段》(王唯真译)、恩格斯的《费尔巴哈论》(张仲实译)等八部著作。这是马克思主义传播史上的重要一页。

抗战期间,张仲实积极投身抗日宣传活动,撰写了大量宣传抗日的文章。1939年1月,和茅盾等一起赴新疆开展文化工作。张仲实从苏联回国以后,曾一度与党组织失去联系,1940年5月以后到达延安,经中央组织部批准,重新回到党的队伍之中。6月,到马列学院担任编译部主任,领导马列著作编译部的同志,在十分困难的条件下,翻译了大量马列主义著作,其中包括"马恩丛书"10卷、《列宁选集》20卷。1941年7月,任中央研究院国际问题研究室主任;同年9月,任中央政治研究室国际问题研究组组长。1943年,任中央宣传部出版科科长,后又任党的教育科科长,主管马列主义经典著作的翻译、出版和宣传工作。新中国成立前夕,党中央为提高全党的马列主义理论水平,决定编辑一套"干部必读"丛书,张仲实承担了这项工作,拟定了12种书目,获党中央批准,毛泽东还亲自审阅书目并题写"干部必读"丛书名。其中包括《政治经济学》《共产党宣言》《帝国主义论》《思想方法论》等。张仲实亲自编译了其中的《列宁斯大林论中国》《列宁斯大林论社会主义建设》和《社会发展简史》。这套"干部必读"出版后影响很大,仅1949年6月到1950年6月,发行量就达到300多万册,在相当长的时间里一直是党员干部学习的理论读物。

新中国成立后,张仲实先后担任中宣部出版处处长、国际宣传处处长,中苏友好协会总会副总干事兼党组副书记、宣传部主任,中共西北局宣传部副部长,中央编译局副局长、顾问。1964年,当选为第四届全国政协委员。

1984年8月13日,中共中央编译局、中国马列著作研究会、中国翻译工作者协会和中国出版工作者协会,在人民大会堂联合举办座谈会,庆祝张仲实从事马列著作翻译、研究和出版工作50周年,表彰他在马克思主义理论研究和宣传方面作出的贡献,党和国家领导人以及首都思想理论界、新闻出版界等200多人到会祝贺。

1987年2月13日张仲实在北京逝世,终年84岁。

张作人：
上海大学附属中学的最后一位负责人

张作人

上海大学附属中学自成立以来,担任主任的前后有陈德徵、杨明轩、刘熏宇、侯绍裘、张作人等五人。1927年3月30日,共产党员、上海大学附属中学主任侯绍裘遵照中共上级组织的决定,率领国民党江苏省党部人员去南京办公,正式辞去在上海大学的工作,从而结束了他在上海大学附属中学长达两年多的工作。上海大学经过讨论,特聘请附属中学教师张作人代理附属中学主任。为此,1927年的《民国日报》和《申报》都报道了此事:"上海大学附属中学主任侯绍裘因公私事繁,不能兼顾,聘请该校教员张作人代理。"并称:"闻张君已于四月二日起到校就职。"

张作人,江苏泰兴人,生于1900年。幼承庭训,5岁时随祖父、父亲读《古文观止》等典籍,对草虫鱼鸟怀有兴趣。10岁时考上泰兴县高等小学。1913年,进南京一中学读书,1917年,考入北京高等师范学校博物部,1921年毕业后,即由泰兴县出资去日本东亚高等预备学校读书,但他到了日本以后经过短期考察,认为日本在科学理论方面多模仿欧美一套,自我创新不多,与其这样,不如直接去欧洲留学,于是当年便毅然离开日本回国,并先后在淮安江苏第九中学和海州江苏第八师范任博物教员,以筹措赴欧留学经费。1923年到上海公学任教。1925年2月,则来到上海大学担任教授。

1925年3月2日的《申报》，在题为《上大附中之进行》的报道中称：上海大学"已聘定刘熏宇为主任，侯绍裘为副主任"，又称"其他教员亦均已请齐，如曹聚仁、季忠琢、汪馥泉、沈仲九、丰子恺、韩觉民、张作人、高尔柏、黄正厂、沈观澜、黄鸣祥等"。8月17日，《民国日报》又报道了上海大学附中的消息，这时侯绍裘已接替刘熏宇任上海大学附中的主任，报道称"主任侯绍裘，对于聘请教师，极为注意，兹悉各级教员业已完全聘定，其重要者如周天僇、张作人、钟伯庸、朱复、韩觉民、沈观澜"等。张作人和他们一起都成为上海大学附中的骨干教师。上海大学附中学生周文在是1924年春天入学的，在他的记忆中，"教生物学的是张作人"[①]。一直到1927年的2月14日，《申报》还报道了张作人和杨贤江、冯三昧等被上海大学附中续聘的消息。张作人自接任侯绍裘担任上海大学附中代理主任，实际任职时间只有一个月。4月12日，蒋介石发动反革命政变，5月2日下午，国民党龙华司令部派兵荷枪实弹将已搬迁至江湾新校舍的上海大学包围并进行了武力查封。5月26日下午，上海大学召开行政委员会会议，讨论上海大学被封以后的善后事宜。这样，上海大学附属中学便随上海大学一起停办，张作人也结束了他在上海大学的任教生涯和上大附中短暂的使命。

1927年，张作人得偿夙愿，赴欧洲留学。先在法国学习法语，同时在巴黎自然博物馆研究鸟类分类。1928年，去比利时布鲁塞尔大学动物研究所留学，于1930年获得科学博士学位。同年夏天，他去法国奥斯科夫海洋生物研究所，仅用两个月时间就完成了一篇高质量的论文。之后转到斯特拉斯堡大学生物研究所工作并攻读博士学位，1932年，获得法国自然科学博士学位。1932年，张作人受中山大学生物系主任罗宗洛电邀回国，被聘为中山大学生物系教授，1937年起，兼任生物系主任。1948年，出任中山大学训导长。此后张作人因保护进步学生、营救教师，于1949年7月被捕入狱，关押50余天。释放后，他避居香港。在香港时，越南、新加坡、美国先后以高薪聘他，但他怀着报效祖国的希望，一一谢绝。

[①]《20世纪20年代的上海大学（下卷）》，上海大学出版社2014年版，第1103页。

他们从 *上海大學* 走进新中国
（1922—1927）

新中国成立后，应上海市市长陈毅电邀，张作人于1950年回到上海，任同济大学教授兼动物系系主任。1951年秋，同济大学动物系和植物系并入华东师范大学生物系，他便随任华东师范大学生物系教授，1976年任生物系主任，此后任名誉系主任。1957年，兼任中国科学院海洋生物研究所研究员。1963年到1980年，兼任上海自然博物馆学术委员会主任、动物馆馆长。1978年，他的研究成果获全国科学大会重大科技成果奖；同年，被授予全国先进科技工作者称号。张作人是上海市第三、第四届政协委员，第五、第六届政协常委。1984年6月，已84岁高龄的张作人加入了中国共产党。

1934年，张作人曾作为发起人之一参与创建中国动物学会；1981年，与其他生物学家一起，创建中国原生动物学会，先后担任理事长、名誉理事长。他是中国原生动物细胞学、实验原生动物学的开拓者。代表著作有《生物哲学》。

1991年3月，张作人在上海病逝，终年91岁。

赵景深：
中国著名的戏曲研究家

在现存的上海大学文献资料中，有一件上海大学发出的聘书，这是由上海大学校长于右任签署、于民国十四年（即1925年）9月颁发给赵景深的，聘书中写"上海大学今敦聘赵景深先生为本大学文艺院中国文学系本学期童话教授此订"。这是存世不多的上海大学珍贵文献资料原件之一。

赵景深，曾名旭初，笔名邹啸，祖籍四川宜宾，1902年生于浙江丽水。中国戏曲研究家、文学史家、教育家、作家。少年时在安徽芜湖

赵景深

读书，后住天津姑母家，就读于天津南开中学。1920年，考入天津棉业专门学校，1922年秋毕业以后任天津《新民意报》文学副刊编辑并任文学团体绿波社社长，同焦菊隐、万曼等编《微波》《蚊纹》《绿波周报》等刊物，提倡新文学。他还向郑振铎编的《儿童世界》《文学旬刊》投稿。1923年，加入文学研究会。1924年秋，到长沙第一师范学院任国文教员，同田汉、叶鼎洛等编辑《潇湘绿波》杂志。1924年，翻译了安徒生的童话《皇帝的新衣》《火绒匣》《白鹄》等，在商务的《少年杂志》上发表，是较早把安徒生作品介绍给中国读者的翻译家。以后还翻译了俄国作家契诃夫、屠格涅夫等人的作品。1925年到上海，就在这一时期，接受了上海大学校长于右任的聘请，担任上海大学中国文学系的教授。赵景深在上海大学任教的情况留下的记载虽然很少，但是上海大学学生在回忆的文章

中还是有所提及。1924年秋进入上海大学读书的宋桂煌就在《上海大学琐忆》中提到中国文学系教授群,其中就有赵景深;另一位上海大学的学生周启新,在其《上海大学始末》中介绍了赵景深在上海大学中学部任教的情况,称上海大学中学部在"教员中知名学者有韩觉民、萧楚女、赵景深、唐鸣时、曹聚仁、汪馥泉等"①。还有一个叫毛一波的,在回忆文章中称赵景深讲过"文学概论"的课②。

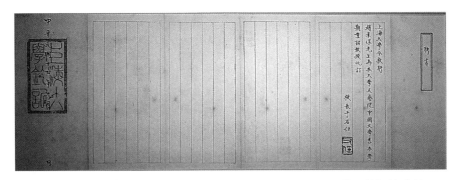

上海大学校长于右任于1925年9月发给赵景深担任中国文学系教授的聘书

1927年以后,赵景深任开明书店编辑并主编《文学周报》。1930年开始,任北新书局总编辑,同时到复旦大学中文系任教授。

作为学者,赵景深的成就是多方面的:

第一,在中国戏曲研究方面。从1933年开始,他致力于中国古代戏曲与小说的资料收集与研究,有《宋元戏曲本事》《元人杂剧辑选》《读曲随笔》《小说戏曲新考》《元人杂剧钩沉》《明清曲谈》《元明南戏考略》《读曲小记》《戏曲笔记》《曲论初探》《中国戏曲初考》等10余种、计数百万字的著作问世。又曾为研究生及报社讲习班开设"中国戏曲史""中国古代戏曲理论批评史"等课程。1942年,曾主编《戏曲》。他在元杂剧和宋元南戏的辑佚方面做了开创性工作,对昆剧等剧种的历史和声腔源流及上演剧目、表演艺术均有研究。他的研究成就得到戏曲界内外行的公认,曾被推举为中国古代戏曲研究会会长。他的《曲论初探》获1980

---

① 《20世纪20年代的上海大学(下卷)》,上海大学出版社2014年版,第1079页。
② 《20世纪20年代的上海大学(下卷)》,上海大学出版社2014年版,第1050页。

年文化部戏曲论著奖。作为戏曲的研究家,他深知单纯从戏曲文本与文献方面来研究和评论中国戏曲的局限性,因此,从20世纪40年代开始,就拜昆曲名旦尤彩云、张传芳为师,苦学8年;又与昆曲名家俞振飞、徐凌云以及昆曲"传"字辈的演员经常往来,按笛拍曲,切磋技艺。1956年11月,在上海主办的南北昆曲会演的活动中,他任艺术委员会成员兼剧本组召集人。又以名教授的身份不遗余力地为中国戏曲呐喊并亲施粉黛,登场表演,可以说扩大了中国戏曲在社会上的影响。

第二,在通俗文学方面。他深受鲁迅和郑振铎的影响,在通俗文学的研究上用力甚勤。他一生竭力搜求古代小说、民歌、鼓词及民间小曲等文学资料,所得有不少传世罕见之抄本及孤本。著有《中国小说丛考》《中国文学小史》《小说论丛》《民间文学丛谈》等,整理出版了《三侠五义》等旧小说,成为海内外闻名的元明清文学和通俗文学研究专家。

第三,在童话的翻译和研究方面。赵景深在1924年就翻译了安徒生的童话《皇帝的新衣》《火绒匣》等,在商务印书馆的《少年杂志》上发表,是较早把安徒生作品介绍给中国读者的翻译家。1927年,著有《童话概要》《童话论集》;1929年,发表《童话学ABC》;1932年,编有儿童故事集《小朋友趣事》;1933年,编有《儿童文学小论参考书编》;1934年,著有《童话评论》,是中国在现代童话界翻译和研究的前辈之一。正因为赵景深在童话研究方面卓有成就,上海大学才聘请他担任"童话学"的教授。

新中国成立后,赵景深除了继续在复旦大学任教授以外,还历任上海市戏曲评介人联谊会主席、中国通俗文学会会长、中国戏曲研究学会会长、中国民间文学研究会上海分会主席、上海市文学艺术联合会委员、上海市政协委员、中国农工民主党上海市委委员等职。1985年1月7日病逝于上海,终年83岁。

赵景深逝世以后,家属遵其遗愿,将所藏图书连同平生著作全部捐献给复旦大学图书馆,共计2万余册,其中线装书2 195种8 052册、中文平装书9 000余册、外文书200余册。文学、戏剧类占一半以上,并多新文学作品之初版本。复旦大学图书馆为之编有《赵景深先生赠书目录》2册,并辟出专架陈列。

赵君陶：
"如果干革命的都死了，
哪里有今天革命的胜利。"

赵君陶

2003年1月21日，《人民日报》发表了李鹏的文章《纪念我的母亲赵君陶》，这篇文章是李鹏为纪念赵君陶诞辰100周年而写的。文章深情地回忆了赵君陶革命的一生，其中披露了赵君陶在"文化大革命"中受迫害的一段往事。1969年，作为北京化工学院副院长的赵君陶被关进"牛棚"，李鹏的妻子朱琳冲破重重障碍，终于见到婆婆。婆婆对朱琳说了一段被审讯的经过：专案组问她："你丈夫都牺牲了，你为什么能活下来？"赵君陶回答："如果干革命的都死了，哪里有今天革命的胜利。"正义的声音驳得那帮人哑口无言。朱琳深为婆婆的浩然正气所鼓舞。专案组口中的"你丈夫"，即李鹏的父亲、革命烈士李硕勋。李硕勋和赵君陶，都是上海大学社会学系的学生。

赵君陶，土家族，原名赵世萱，又名赵郁仙。四川酉阳（今重庆酉阳土家族苗族自治县）人，生于1903年。她是中国共产党早期领导人赵世炎的妹妹，自幼和赵世炎在一起读书，在赵世炎的帮助下识文断句，背诵诗词。1919年，随家人迁到北京，考进北师大附中女子部学习，曾和钟复光同学。1925年4月底，钟复光在北京开完中国女界联合会成立大会准备回到上海时，对军阀统治下的北京沉闷局面早就不满的赵君陶，便跟着钟复光离开北师大附中，来到上海，并进了上海大学社会学系。现在上海市档案馆所藏《上海大学毕业生名册》（档号：D10-1-31）中在"上海大赵君陶："如果干革命的都死了，哪里有今天革命的胜利。"

学社会科学院社会学系十五年（即1926年）第二学期毕业生（乙组）"一栏中记载有："姓名：赵君陶；籍贯：四川酉阳。"赵君陶在北京读书时，由于受到哥哥赵世炎的影响，接触过马克思列宁主义和反帝反封建、求民主爱科学的新思想，也在赵世炎的带领下参加过爱国学生运动。她到了上海大学以后，虽然邓中夏、瞿秋白、张太雷等已不在上海大学任教，蔡和森也于赵君陶入校后不久赴苏联莫斯科中山大学学习，但是恽代英、萧楚女、施存统、蒋光慈等一批中国共产党早期领导人和理论家都在上海大学任教，上海大学依然充满着马克思列宁主义的学习和革命的氛围。赵君陶在学校认真攻读革命理论，接受了马克思列宁主义的系统教育，提高了思想理论修养。同时又积极参加学校的各项活动，是个品学兼优、思想进步的学生。1926年，被批准加入了中国共产党。在上海大学，赵君陶还收获了一份珍贵的爱情。1923年即进入上海大学社会学系学习的李硕勋，是上海和全国的学生领袖。赵君陶初到上海时，由钟复光带领到杭州，与正在杭州孤山补习功课的李硕勋相识。后来李硕勋和赵君陶在共同的学习和革命活动中萌生了爱情。1926年8月，赵君陶和李硕勋在上海正式结婚。

赵君陶和丈夫李硕勋

由于革命的需要，赵君陶婚后与李硕勋有分有合。1926年冬，根据党组织的安排，赵君陶到武汉任湖北妇女协会宣传部部长，动员妇女支援北伐军。大革命失败以后回到上海，从事党的地下工作，曾担任中共中央妇委秘书。后又奉党组织之命，回到四川重庆，在二哥赵世双家里隐蔽下来，以教书为生，曾先后在成都、金堂、简阳、五通桥、合川、雅安等地教书，宣传进步思想和党的主张，教育出一批又一批具有进步思想的学生，有的学生还加入了中国共产党。1935年，由于许多党的地下组织遭受破坏，赵君陶一度与党组织失去了联系。1937年，李一氓奉命到四川做统战工

作,她才重新与党接上了组织关系。

1939年初,中共中央南方局决定赵君陶到保育院工作。抗战时期的保育总会是在共产党和民主人士推动下,为收容抗战难童成立的组织,下设若干保育院。邓颖超同志推荐她到重庆第三保育院任院长。赵君陶在第三保育院工作长达六年零九个月之久,直到抗战胜利。她和她的同事共抚养了800多名因战争而流离失所、在死亡线上挣扎的、年岁不齐的儿童,使他们恢复了健康,受到良好的教育,完成了学业,走向了社会。孩子们都亲切地称她为赵妈妈。邓颖超是赵君陶的直接领导人,对她在第三保育院的工作给予高度的评价,亲笔写下:"在抗日烽火中以伟大慈母般的爱培育下一代。"由于赵君陶机智灵活,又有丰富的地下工作经验,第三保育院党组织始终没有被特务发现和破坏,还为党输送了一批新党员。她在第三保育院工作时,结合实际情况实行了德智体美劳全面发展的办学方法,提倡生活即教育、社会即学校。院里经费十分紧张,她就发动师生自己动手搞生产自救,克服种种困难,使孩子们得以生存下来并健康成长。在爱国进步人士眼里,第三保育院是"国统区的延安小学"。抗战胜利后,赵君陶先是到延安,后到东北,任哈尔滨第四中学校长,为党和国家培养出许多栋梁之材。

新中国成立后,赵君陶继续从事教育工作,在中南教育部工作期间,先后创办了中南实验工农速成中学、天津南开大学工农速成中学。后到北京参加了北京化工学院的创办工作,并先后担任化学工业部教育司副司长,北京化工学院党委成员、副院长等职。她是全国第四届、第五届政协委员。著有《赵君陶教育思想论文集》。1985年12月14日在北京逝世,终年82岁。

赵君陶是位坚强的女性,先后经历了几次亲人的离世,但她都挺了过来:1927年,当她得知五哥赵世炎牺牲的消息后,万分震惊与悲痛而昏厥过去,但她没有因为五哥牺牲而挫伤革命意志,她也没有被敌人的屠刀所屈服,反而更加坚定了她实现烈士理想的决心。1931年9月16日,她的丈夫李硕勋在海口从容就义,临刑前给她留下遗书,当时李鹏只有3岁,赵君陶肚里还怀有丈夫的骨肉,这种生离死别真是人间至痛,但赵君陶没有被击垮,她遵照丈夫的遗嘱,将对丈夫的无穷思念和对敌人的旧恨新仇赵君陶："如果干革命的都死了，哪里有今天革命的胜利。"

都埋藏在心底，一方面继续在党的领导下从事革命工作，另一方面悉心抚养教育孩子，体现了一个伟大的妻子和母亲的崇高形象。李硕勋留给她的遗书，她始终像爱护自己的生命一样珍藏着，直到她逝世以后，李鹏和朱琳才将遗书的原件送交中国人民革命军事博物馆保管陈列。在"文化大革命"中，与她相依为命的姐姐、中国妇女运动的先驱赵世兰被迫害致死，赵君陶忍住悲痛，决心竭尽全力在有生之年为赵世兰昭雪平反，在党的十一届三中全会之后，终于使赵世兰的冤屈得以昭雪，名誉和尊严得以恢复。

赵君陶是1926年入党的老党员，根据她的资历和能力，组织上原准备分配她在东北妇联或政府担任重要职务，但是赵君陶执意不肯，坚持要到中学教书，为革命、为新中国培养人才，她的这种高风亮节，固然体现了她对教育事业的热爱，更是让我们看到了一位老共产党员淡泊名利、不计较个人得失的无私胸怀。

郑振铎：
新中国第一任国家文物局局长

郑振铎

1949年5月27日，上海这座中国最大的工商业城市宣布解放，回到了人民的怀抱之中。6月14日，上海《大公报》刊登了作家孔另境的回忆文章《旧事新谈——怀念革命的摇篮上海大学》。孔另境是上海大学中文系的学生，在文章中他介绍了上海大学的教师，说："许多文化界的领导人物和革命政党的领导者都是该校的教师，著名的如瞿秋白、恽代英、施复亮、陈望道、茅盾、郑振铎、刘大白、沈泽民、杨贤江等。"[①]其中提到的郑振铎和孔另境的姐夫茅盾（沈雁冰），都是20世纪20年代文化界的著名人士。

郑振铎，笔名西谛、郭源新，祖籍福建长乐，1898年生于浙江永嘉（今属温州）。作家、文学史家。曾先后在广场路小学、温二中、温州中学就读。1917年，入北京铁路管理学校学习。课余，在基督教青年会的阅览室大量阅读社会科学和俄国文学著作，并认识了瞿秋白，成为挚友。1919年五四运动爆发以后，他作为学校的学生代表参加了这场运动。11月1日，和瞿秋白一起创办《新社会》旬刊，担任主编，撰写了"发刊词"，提出："我们是向着德莫克拉西（即英语"民主"的音译）一方面以改造中国的旧社会的。我们改造的目的就是想创造德莫克拉西的新社会——自由

[①] 孔另境著：《我的记忆——孔另境散文选》，上海文艺出版社1987年版，第232页。

平等，没有一切阶级一切战争的和平幸福的新社会。"这体现了经过五四运动洗礼的21岁的郑振铎所具有的进步思想。1921年，与沈雁冰、叶圣陶、王统照等组织文学研究会，同年到商务印书馆从事编辑工作。1923年后，主编《小说月报》。郑振铎到上海大学任教，就在这一个时期。

关于郑振铎在上海大学任教的详细情况，现在所能见到的材料不多，最直接的一条史料记载于1926年4月的《寰球中国学生会特刊》。这份特刊刊登了《上海著名大学调查录》，在介绍"上海大学"时，公布了"各科教授"的名单，郑振铎的名字排在中国文学系教授之中。1956年4月30日，有个署名尹若的在台湾一家报纸上发表题为《于右任与上海大学》的文章，其中称在上海大学的教师中，"中外文学系则有刘大白、陈望道、沈雁冰、郑振铎、胡愈之等"①。有个署名毛一波的，则在《也是有关上海大学的》文章中，称郑振铎在上海大学教过"文学概论"课程。而在上海大学的学生回忆中，至少有四名同学提到了郑振铎，如程永言在《回忆上海大学》中称：上海大学为了提高教学水平，将"所有缺课及不称职的教师均更调为社会名流、教授、专家、进步人士，如左翼作家茅盾、陈望道、郑振铎等先生"②；宋桂煌在《上海大学琐忆》中称上海大学中国文学系的"教授有陈望道、郑振铎、赵景深、茅盾、丰子恺等"③；姚天羽在《培养革命干部的烘炉——上海大学》中称上海大学"在非党教师中，其他系里则有陈望道、沈雁冰（茅盾）、郑振铎、田汉、丰子恺等"④；曾在上海大学读书的南京大学老校长匡亚明在回忆上海大学的读书生活时曾说："上大的师资力量很强，有陈望道、郑振铎、茅盾、刘大白、冯三昧、蒋光赤等誉满学坛作家、学者"⑤。可见郑振铎还是给上海大学的学生留下了比较深的印象。1925年爆发的五卅运动，上海大学的师生充当了这场运动的主力和先锋。为了真实地报道五卅运动，让世人了解五卅惨案的真相，6月4日，中

---

① 《20世纪20年代的上海大学（下卷）》，上海大学出版社2014年版，第1016页。
② 《党史资料丛刊》（第2辑），上海人民出版社1980年版，第83页。
③ 《20世纪20年代的上海大学（下卷）》，上海大学出版社2014年版，第1094页。
④ 《党史资料丛刊》（第2辑），上海人民出版社1980年版，第76页。
⑤ 国务院学位委员会办公室编：《中国社会科学家自述》，上海教育出版社1997年版，第32页。

共中央出版了第一张日报《热血日报》,由瞿秋白担任主编;而在《热血日报》出版的前一天,由郑振铎、叶圣陶、沈雁冰、胡愈之等人以上海学术团体对外联合会创办的《公理日报》于6月3日创刊,编辑部就设在宝山路宝兴里9号郑振铎的家中,并由郑振铎担负起这张报纸的主要编辑工作。《公理日报》在五卅运动中发挥了积极作用,揭露英、日帝国主义制造五卅惨案的真相,抗议帝国主义的暴行,积极声援上海工、商、学各阶层爱国群众的反帝斗争。由于受到租界当局威胁,加之经费上的原因,《公理日报》于6月24日被迫停刊,共出22期。这张报纸虽然存世的时间很短,但在中国的革命史和新闻报业史上,都留下了重要的一笔。其中,郑振铎起到的作用无疑是不能低估的。

1927年,郑振铎先后旅居英国、法国。1931年回国后,任燕京大学和清华大学教授。1935年到上海,任暨南大学文学院院长兼中文系主任,主编《文学季刊》《世界文库》等。后留居上海,坚持进步文化工作。1945年后,参与主编《文艺复兴》《民主》周刊等。1949年,曾参加世界和平大会;同年8月,参加中国人民政治协商会议第一届大会,被选为全国委员会委员。

上海福寿园人文纪念公园内的郑振铎铜像

新中国成立后,历任第一、第二届全国政协委员,中国科学院考古研究所所长、文学研究所所长,中国科学院学部委员,文化部副部长兼文物局局长等职。郑振铎是新中国第一任国家文物局局长,在任职期间,他以收购、征集和接受捐赠等方式为国家收集大量的文物。他本人也于1953年、1957年分两次将自己收藏的魏、隋、唐、两宋时期的陶俑等总计700多件珍贵文物捐献给国家。1958年10月17日,率领中国文化代表团出访途中因飞机失事遇难,终年60岁。他去世后,家属遵其遗愿,将他的近10万册珍贵藏书全部捐献给国家,并在北京图书馆设专藏。

郑振铎著有短篇小说集《取火者的逮捕》以及《插图本中国文学史》《中国俗文学史》等,编有《中国版画史图录》《中国古本戏曲丛刊》等。有《郑振铎文集》行世。

钟复光：
一位沿长江到各地说明
五卅惨案真相的上海大学女学生

钟复光

1925年6月7日，在全国学联总会的统一安排下，上海各个高校派出学生，分别从沪宁路线、沪杭甬路线、京汉路线、西北路线、闽广两省、京津路线、长江流域等八条线路，到全国各省去宣传五卅运动，一方面向全国同胞说明五卅惨案真相，唤起国人对帝国主义残杀中国同胞的同仇敌忾；另一方面向全国各界同胞募捐，来援助工人、学生及抚恤死伤者。负责长江流域这条线路的是上海大学的女学生钟复光以及南洋附中学生曾克家、群治大学的学生王友林三人。他们一行沿长江线一路到过近十个城市，历经两个多月，完成了这次艰苦的宣传演讲任务。

钟复光，四川江津（今属重庆市江津区）人，生于1903年。自小在父亲担任塾师的村塾读书，1919年，考入重庆四川省立第二女子师范学校。五四运动浪潮卷到西南后，钟复光冲出课堂，投身到这场反帝反封建的爱国运动中，并开始阅读《新青年》等进步报刊。在校期间，她被选为学生自治会会长和川东学生联合会副会长并办起了平民夜校，被推为校长。1921年暑期，少年中国学会的邓中夏等应川东教育界知名进步人士陈愚生等的邀请，到由他举办的"夏令讲学会"来讲课，钟复光参加了这次学习并认识了邓中夏。1923年，钟复光离开四川到达北京，正当她在人生道路的十字路口徘徊不定的时候，接到了邓中夏的来信，动员她到"在

钟复光：一位沿长江到各地说明五卅惨案真相的上海大学女学生

社会科学方面是独树一帜"的上海大学读书。在信中，邓中夏还附了一首小诗："光明在山顶上，可是山前山后，荆棘丛丛；山左山右，豺狼阻路。青年朋友们！去呢？不去？"在邓中夏的鼓励下，钟复光毅然南下，来到上海大学社会学系学习，其学费由邓中夏负担。

钟复光到上海大学后不久，邓中夏就找她谈话，鼓励她在学习专业知识的同时参加革命活动。上海大学教授恽代英，是钟复光在四川女子师范学校读书时就认识并敬仰的革命者。钟复光到了上海大学见到恽代英，恽代英问她："为什么要到上海大学来念书，念了干什么？"钟复光回答说："我8岁丧父，母亲带我，孤儿寡母受欺，为什么穷人总受气，社会不公平，男女不平等，我要改造社会。"钟复光的回答受到恽代英的赞许[①]。

在上海大学，钟复光表现最为突出的就是在向警予的领导下积极投身妇女解放运动。钟复光和向警予第一次见面是在上海大学总务长邓中夏的办公室。后来在向警予的领导下，钟复光经常到环龙路44号国民党上海执行部妇女运动委员会向向警予请示和汇报工作，还经常跟随向警予奔走于上海各大学女生团以及上海小沙渡、杨树浦各工人区、工人俱乐部、工人夜校等进行宣传联络工作。在向警予的教育和鼓励下，钟复光也深入到工厂女工群众中去。1924年11月，孙中山北上途经上海，钟复光是学校欢迎队伍的组织者之一，在列队前往码头的路上，受到法租界巡捕房的阻挠，钟复光和欢迎队伍一起高呼"打倒帝国主义"口号，冲破巡捕房阻挠，使欢迎孙中山的活动形成很大声势。孙中山在上海提出召开国民会议的主张，在中国共产党的领导下，全国各地成立国民会议促成会，积极开展活动。1924年12月21日，在向警予的领导下，上海女界国民会议促成会宁波同乡会宣告成立，向警予在会上说明该会的宗旨，钟复光作为上海大学女同学选出的代表，参加了大会，钟复光与向警予、杨之华、张琴秋、刘清扬等17人被推选为委员。28日，上海女界国民会议促成会召开委员会议，钟复光和向警予、刘清扬、杨之华、张琴秋5人被推为执行委员。除此以外，钟复光还积极参加上海大学组织的其他活动，如出版革命

[①] 陈绍康：《可敬的革命老人钟复光》，载陆米强编《陈绍康中共党史研究文集》，上海古籍出版社2007年版，第255页。

书刊、印刷革命传单、参加平民学校和工人夜校工作,还参加了上海大学四川同学会。通过这些工作和活动,钟复光无论在思想觉悟还是工作能力上,都得到显著提高。1924年冬天,在向警予和邓中夏的介绍下,钟复光加入了中国共产党。1925年元旦,女界国民会议促成会开展了轰轰烈烈的宣传活动,钟复光随上海大学女生团和大夏大学、南方大学的女生团共100多人,分成几个宣传队,手持小旗和宣传品,到上海的南市、闸北、虹口、提篮桥等地演讲,还到市民家里去宣传。对此,《民国日报》曾报道并评论说:"中国知识妇女有组织地向民众宣传,不能不以十四年(指民国十四年,即1925年)元旦为纪元。"1925年2月5日,上海女界国民会议促成会在上海大学召开代表大会,会议决定派代表到北京组织全国国民会议促成会联合会,并推定钟复光、刘清扬和李剑秋三人为赴京开会的代表。

1925年3月,钟复光等三人以上海女界国民会议促成会代表的身份,到北京参加国民会议促成会全国代表大会。3月12日,会议尚未结束,孙中山在北京逝世,钟复光与各地来的女界代表参加孙中山追悼大会的筹备工作。在北京期间,钟复光联系了当地的党组织,还结识了北京党组织的赵世炎和天津代表邓颖超。在苏联驻华大使馆举办的纪念"三八"节的招待会上,钟复光还见到了李大钊。3月中旬,根据向警予从上海发来的电报和详函的指示,钟复光和刘清扬联络和团结在京的全国各地妇女代表,积极筹备成立中国妇女联合会。经过二十多天的紧张筹备,中国妇女界联合会正式宣告成立。北京《晨报》在报道中说:"4月12日下午,全国妇女界各团体在女师大开联席会议,公推定上海代表钟复光为临时主席,决定名称为中国女界联合会。推定石道璠、钟复光等三十人为筹备员。4月22日招待北京新闻界,于4月29日开成立大会,由刘清扬任主席,钟复光报告筹备经过,中国女界联合会(全国各界妇女联合会)宣告成立。"① 回到上海后,钟复光又参与组建上海妇女界联合会。1925年6月5日,上海各界妇女联合会正式成立,向警予陪同宋庆龄参加了成立大

---

① 钟复光:《妇女运动的杰出领袖》,载中共湖南省委宣传部、中共湖南省委党史研究室、中共怀化市委编《向警予纪念文集》,湖南人民出版社2005年版,第266页。

钟复光:一位沿长江到各地说明五卅惨案真相的上海大学女学生

会,钟复光担任大会主席并致开会词。

五卅运动爆发以后,钟复光和上海大学的师生一起,从学校出发参加示威游行。当看到同学被捕后,她和大家一起来到老闸捕房,要求释放被捕的学生和工人、市民。5月31日,钟复光又到位于北河南路(今河南北路)天后宫旁的上海总商会,参加了要求上海总商会参加"三罢"中的"罢市"斗争。这一天她和同去的三位女同学还被巡捕房逮捕,后经过交涉当晚即被释放。

1925年6月7日,根据党的安排,由全国学联出面组织学生到全国去宣传五卅运动,说明五卅惨案的真相。钟复光以上海大学代表的身份到长江流域线路的城市中去演讲,先后到了南京、芜湖、安庆、九江、武汉、长沙、宜昌、沙市、重庆等大中城市。每到一个地方,她就组织当地的学生会和妇女界召开大会并在大会上进行演讲,由于演讲过多,过于激动,以至痰中带血。一直到8月,历经两个月的时间,才完成任务回到学校。这是钟复光在上海大学求学和从事革命活动的一段值得自豪的经历。钟复光回到上海以后,被中共上海区委指定担任妇女委员会书记,从事妇女运动的领导工作。

1926年的春天,钟复光和上海大学教授施存统结为夫妻。这一年,黄埔军校武汉分校成立,并开办了女生队。这是中国共产党决心在军校培训妇女骨干的重要尝试,这也是黄埔军校史上唯一的一期女生,被列入黄埔军校第六期。根据党组织的安排,施存统和钟复光一起来到武汉,施存统任黄埔军校武汉分校政治部主任,钟复光任女生队的政治指导员,负责女生队的训练管理工作。女生队有100多人,著名的英烈

1927年在武汉黄埔军校,钟复光任女生队指导员时与丈夫、教官、政治部主任施存统的合影

275

他们从 上海大學 走进新中国
（1922—1927）

钟复光与丈夫施存统、儿子施光南合影

赵一曼也是其中一员。1927年4月12日，蒋介石在上海发动了反革命政变。5月17日，夏斗寅在宜昌发动兵变，攻打武汉。叶挺率部迎击叛军，钟复光带领女生队直接参加了这场平叛战斗，经历了战场上血与火的淬砺。1940年初，钟复光与丈夫施存统来到重庆。8月22日，她生下第三个孩子，取名光南，即为后来成为新中国人民音乐家的施光南。

新中国成立后，钟复光历任北京经济学院图书馆主任，劳动学院副秘书长，北京经济学院院长办公室副主任，全国妇联第五届执委，民建第一、第二届中央委员和第三、第四届中央常委，是第三届全国人大代表，第五、第六届全国政协委员。1992年，钟复光在北京病逝，终年89岁。

周建人：
上海大学社会学系的生物哲学教授

1983年5月10日，国务院批准成立上海大学。这一年的7月，上海大学在给领导同志、老上海大学校友的一份题词征集函中说："新成立的上海大学将继承和发扬二十年代的上海大学的光荣传统，在办学形式、教学管理等方面进行一系列改革的尝试。"20世纪20年代曾在上海大学任教、已届95岁高龄的周建人，为上海大学的成立送来了"继承革命传统，发扬时代精神"的题词。周建人的题词，可以说表达了所有曾在20世纪20年代上海大学这所红色学府中工作和学习过的师生们的共同心愿。

周建人

周建人，字松涛，又名乔峰，浙江绍兴人，生于1888年。他最引人瞩目的身份是鲁迅先生的胞弟。早年因遭家庭变故，父亲早亡，两位兄长周树人（即鲁迅）、周作人在外求学，他不得不在家侍奉母亲而辍学。但他一心向学，刻苦自励，自学成才，先后任绍兴小学教师、校长。1909年以后，参加了鲁迅组织的各种进步活动，并加入文学团体"越社"。他自小对植物生物学有着浓厚兴趣，在业余时间努力钻研植物生物方面的知识。1912年，周建人在教学之余经常到塔山、府山、戢山、禹陵、兰亭、东湖等地采集标本，后来写成《会稽山采物记》和《镇塘前观潮记》，发表时合称《辛亥游录》，刊于1912年2月出版的《越社丛刊》第一辑上，署名"会稽周建人乔峰"。后先后任教于绍兴小学、绍兴明道女校、成章女校中学。

他们从 上海大学 走进新中国
（1922—1927）

1920年，入北京大学哲学系学习。然而其志不在哲学的学习与研究，还是钟情于自然科学的研究，就于课余旁听科学概论，进行自然科学的翻译和研究工作。次年即1921年10月离开北大，来到上海，进入商务印书馆，担任中小学动植物、博物教科书等编辑工作，后来还参加了自然科学小丛书的审校工作。在商务印书馆期间，他潜心研究生物学，并从事著译工作。他编辑《东方杂志》《妇女杂志》《自然科学杂志》等刊物之余，还在这些刊物上发表了一系列科学研究与普及的文章，在自然科学的普及领域颇有成就，具有相当的声誉。

当时的商务印书馆，不仅是人文荟萃的出版重镇，还聚集着沈雁冰、董亦湘、杨贤江等一批中国共产党的早期党员，在这样一个环境中，周建人也受到进步思想的影响。他在大力普及科学知识的同时，一直关注着妇女问题，提倡妇女解放，倡导妇女应有与男子同样的平等权利，发表了一系列有关妇女问题的文章，在社会上产生了很大影响，他和陈望道、沈雁冰、沈泽民等人一样，是我国现代妇女解放运动的先驱者。

1924年春，他应上海大学社会学系系主任瞿秋白的邀请，来到上海大学社会学系任教。关于到上海大学来的经过，他在1980年3月16日发表的《我所知道的瞿秋白同志》（载同日《解放军报》）一文中有过详细的回忆。那是在1923年的夏天，在沈雁冰的介绍下，瞿秋白来到商务印书馆拜访了周建人。当时瞿秋白已任上海大学社会学系系主任，正在物色教师。他早就知道周建人在植物学生物学方面的学术造诣和成就。见到周建人以后，瞿秋白没有任何客套，而是劈头就说："哎哟！你是英雄无用武之地呀！"接着就提出邀请周建人到上海大学讲达尔文的进化论。当时的商务印书馆，虽然对员工的出勤要求很严，但是对于他们到大学去兼课还是予以支持的，因为在老板看来，自己的员工到大学去任教，可以提高商务印书馆的声誉，再者对于推销教科书也不无好处。这样，周建人在瞿秋白的当面邀请下来到上海大学任教。

1924年4月编印的《上海大学一览》，在"教员之部"的"社会学系"一栏中有这样的记载："姓名：周建人；籍贯：浙江绍兴；经历：前绍兴师范学校、上海神州女学大学预科博物学生物学教授；入校年月：十三年（即1924年）春；教授学科：生物哲学；通讯处：闸北宝山路宝山里东四弄六十二号。"这表明,周建人是1924年春天到上海大学社会学系教授"生物哲学"这门课程的。社会学系学生学生物哲学课程,这也反映出瞿秋白独到的学科眼光。1924年的暑假,以上海大学为主、以上海学生联合会名义举办的夏令讲学会开班,8月,周建人在讲习会上作了"进化论"专题演讲。

周建人在上海大学兼课的时间不长,教了一个学期就离开了。主要原因是周建人工作的商务印书馆离上海大学实在太远。周建人到上海大学任教的时候,上海大学已从闸北的青云路迁到租界的西摩路(今陕西北路南阳路口),而周建人当时的居住地是闸北宝山路宝山里东四弄,到商务印书馆倒是近的,可是到上海大学确实是远了一些。再加之商务印书馆也没有因周建人在大学兼课而减少他的工作量。然而,在上海大学兼课的半年,却给周建人留下了深刻的印象,直到时隔59年以后,当重新成立的上海大学请他题词的时候,他欣然命笔,给新中国建立的上海大学给予祝贺和期望。

周建人除了在上海大学短期任教以外,还在神州大学、上海暨南大

前排左起为周建人、许广平、鲁迅,后排左起为孙福熙、林语堂、孙伏园

学、安徽大学等高校担任过教职。大革命失败以后,他经常为鲁迅与中国共产党的交往担任交通联络和掩护工作,并和宋庆龄、蔡元培、鲁迅等一起,支持中国共产党领导的革命事业,参加了中国共产党在上海领导成立的革命团体"中国济难会"和中国自由运动大同盟,营救被反动派逮捕的革命者,并筹款救济他们的家属。1930年,他所辑译的科普读物《进化和退化》一书出版,得到鲁迅先生的肯定。1932年,加入宋庆龄、蔡元培、杨杏佛等发起成立的中国民权保障同盟,反对蒋介石为首的国民党反动统治。瞿秋白被捕以后,周建人及时将瞿秋白狱中来信转交给瞿秋白妻子杨之华,并设法进行营救。抗日战争期间,拥护和宣传中国共产党抗日民族统一战线的主张,投身抗日救亡运动。与上海文化教育界爱国知识分子秘密组织"马列主义读书会",团结进步人士坚持民族解放斗争。抗日战争胜利后,任生活书店、新知书店编辑,积极投入爱国民主运动,揭露国民党政府的反动政策。1945年12月与马叙伦等在上海发起成立中国民主促进会,当选为第一届理事会理事。1948年4月,在国民党政府加紧对民主进步人士政治迫害之际,周建人毅然加入中国共产党,成为一名共产主义者。1949年9月出席全国政协第一次全体会议。

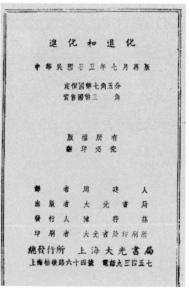

1936年由上海大光书局再版的科普读物《进化和退化》内封与版权页

新中国成立后,周建人历任国家出版总署副署长、高等教育部副部长、浙江省人民政府副主席、浙江省省长、全国人大常委会副委员长、全国政协副主席、民进中央主席、民盟中央常委,是中共第九至第十一届中央委员。作为鲁迅的胞弟,他撰写了大量有关鲁迅的文章,为研究鲁迅、弘扬鲁迅的战斗精神起了积极作用。1984年7月29日,周建人在北京逝世,终年96岁。

1989年,民进中央宣传部选编周建人在各个时期的代表作品93篇,出版了《周建人文选》。2018年11月12日,纪念周建人同志诞辰130周年座谈会在北京召开,全国人大常委会副委员长、民进中央主席蔡达峰出席会议并讲话。在讲话中,蔡达峰回顾了周建人光辉的人生历程。他说,周建人是中国民主促进会的创始人和杰出领导人之一,是著名的社会活动家、生物学家和共产主义的忠诚战士,他为中国民主促进会的创建和发展,为爱国统一战线的巩固和扩大,为中国的革命和建设事业,作出了卓越的贡献,留下了宝贵的财富。

周文在：
中国共产党常熟特别支部的创建者之一

周文在

1926年2月11日，在常熟琴川河畔的一座名为"亦爱庐"的民宅里，中国共产党常熟特别支部宣告成立，这是一个党团混合的党组织，也是常熟地区第一个党组织。其主要创建者是两位常熟籍共产党员：一位是在上海东华大学读书的李强（原名曾培洪，中国无线电专家，新中国成立后历任国家邮电部电信总局局长、新闻总署广播事业局局长、对外贸易部部长等职），另一位则是在上海大学读书的周文在。

周文在，江苏常熟人，生于1906年。小学就读于常熟第一高等小学。1920年，就读太仓县第四中学时，校方要求用文言体作文，周文在却以白话文交卷；老师出了《讨孙文檄》作文题，周文在则交上声讨段祺瑞的文章。1924年7月，从上海中华公学初中毕业，准备报考上海大同大学附中。升学考试后回到常熟，不料苏浙军阀"齐卢之战"爆发，不能到上海就读，只得停学在家半年。周文在有个小学同学叫顾治本，从上海江苏省立第一商业学校毕业以后考入上海邮务管理局。这位同学经常给周文在寄《向导》《新青年》《中国青年》等进步刊物。周文在还从这位同学那里了解到了上海大学的情况。于是，已经受过新思想熏陶和影响的周文在被上海大学的名声所吸引，毅然改考上海大学附中。

1925年2月，周文在进入上海大学中学部学习。2月28日《民国日报》刊登上海大学新生录取消息,明确记载周文在录取为中学部高级中学一年级正式生。由于周文在到学校报到时学校已经开学一段时间了,当中学部主任侯绍裘看到周文在时,很热情,好似盼望很久的一样。这给周文在留下了极为深刻的印象,他感到这么关心学生的老师是他从来没有遇到过的。在上课的老师方面,教国文的是汪馥泉,教英文的是朱复,教生物学的是张作人,教艺术的是丰子恺,而主讲社会学课的则是高尔柏。在老师当中,萧楚女、恽代英等给他留下了深刻印象。55年以后他在苏州接受采访的时候还清晰地回忆说:"萧楚女是国文老师,讲课的特点是鼓动性很强;恽代英讲课的特点是理论性、战斗性强,学生都喜欢听他们讲课。他们上课教室里鸦雀无声,学生思想都被他们吸引住了。"①

1984年10月,周文在在接受采访的时候曾说:"上大是一所新型的学校,无论教学内容和教学方法都和其他学校不一样,十分生动活泼,给人以新鲜感。我们既上中学的必修课,也可听大学的课,选课很自由,只要自己对这个科目感兴趣。"②当时上海大学的校舍在西摩路(今陕西北路),分第一院和第二院。校本部、中国文学系和英国文学系在第一院,中学部和社会学系在第二院。因此,周文在有机会听了社会学系不少课。另外,上海大学经常举办各种讲座,周文在听过邓演达、任弼时、戴季陶、杨杏佛、恽代英、萧楚女等在上海大学作过的讲座。那些在校外的讲座,他也去听。那年在徐家汇复旦中学礼堂举行五四运动集会,国家主义派的曾琦在发表演讲时大谈无政府主义,说30岁以上的人是不革命的,结果周文在亲眼看到在下面听讲的恽代英上台指出这句话的荒谬,批驳了曾琦的无政府主义观点。恽代英的即席演讲,受到学生的热烈欢迎,激起了阵阵掌声,这给周文在以很大的教育。周文在在上海大学读书期间,正因为有恽代英、萧楚女、任弼时、杨贤江等这样的共产党员、中国早期的马克思列宁主义者的教诲,使得他在政治信仰和思想理论修养方面都得到提高和进步。他在晚年回忆起在上海大学的这段读书经历时说:"上海大

---

① 王家贵、蔡锡瑶编著:《上海大学(1922—1927)》,上海社会科学院出版社1986年版,第99页。
② 张腾霄主编:《中国共产党干部教育研究资料丛书(第2辑)》,中国人民大学出版社1989年版。

学学习理论不同于其他学校,它不是关门读书,而是把所学的理论用于实践,这在当时可说是全国第一。由于学生有一定的政治觉悟,所以不图安逸,不懒惰,有政治运动积极参加,没有政治运动时认真读书。"①

上海大学是五卅运动的策源地。在五卅运动中,上海大学的学生担当了先锋和主力。周文在也和上海大学师生一起参加了五卅运动的全过程。在1925年5月30日上街游行那一天,周文在担任上海大学中学部一个小队的领队,带着传单、标语,打着"学生演讲队"的旗帜,来到浙江路永安公司北面向群众宣传,结果被英国巡捕抓到巡捕房关押了整整三天,才由学校出面保释出来。通过五卅运动的浪潮,让周文在经历了磨炼和考验。6月间,周文在回到家乡常熟,7、8月间,他同本地一些要求进步的青年组织了"改作社",创办暑期补习学校,以上海大学的社会科学教材为课本,讲解改造社会和社会革命的道理。暑假结束以后,周文在回到上海大学继续学习,参加了反帝同盟、济难会等革命团体。12月,周文在被批准正式加入中国共产党。1926年初,根据党组织的安排,周文在被调到中共引翔港部委任宣传委员,其中一个主要任务是办好工人夜校。在纪念五卅运动一周年的活动中,周文在组织带领引翔港的工人兵分数路进行游行活动。当晚,周文在在工人夜校遭到当局逮捕。由于周文在坚不吐实,敌人问不出什么结果,最后被判决关押两周。出狱以后,部委书记曾延生告诉周文在,由于他的身份已经暴露,不宜继续在引翔港工作,党组织决定让他回家乡常熟开展工作。这样,周文在就正式离开上海大学,来到常熟,和李强取得联系,于1926年2月11日共同创建成立了常熟第一个中国共产党的组织——中共常熟特别支部,由李强担任书记,归中共江浙区委书记罗亦农直接领导。中共常熟特别支部的建立,揭开了常熟人民革命斗争的新篇章。

北伐战争开始后,经过党组织批准,周文在于1926年夏考入黄埔军校,为第六期学员。曾任国民革命军第二方面军二十军学兵营连政治指导员。大革命失败以后,他参加了南昌起义。之后,奉党的指示,回到江

---

① 王家贵、蔡锡瑶编著:《上海大学(1921—1927)》,上海社会科学院出版社1986年版,第102页。

南开展党的秘密工作。抗日战争时期,任江南人民抗日义勇军第三支队副支队长,新四军挺进纵队第一团营政治教导员、副营长,苏北指挥部第一纵队军需处处长,新四军第一师一旅供给部政治委员,苏中军区第三军分区政治部组织科科长、政治部副主任兼组织科科长,苏中泰兴县独立团政治委员,泰兴县县委书记,苏中军区第二军分区政治部主任。解放战争时期,任苏中军区政治部组织部部长、华中野战军第七纵队政治部副主任兼组织部部长、华东野战军苏北兵团政治部组织部部长、第十兵团政治部组织部部长。参加了黄桥、淮海和渡江等战役。

新中国成立以后,周文在历任十兵团干部部部长、福州军区政治部副主任、福建省军区副政治委员。1955年,获少将军衔。1977年2月至1988年4月,任江苏省政协副主席。曾获三级八一勋章、二级独立自由勋章、一级解放勋章、一级红星功勋荣誉章。周文在于1975年离休,1994年4月10日在苏州病逝,终年88岁。

晚年时的周文在

周越然：
风行一时的《英语模范读本》编撰者

周越然

沈雁冰（茅盾）在他的回忆录中，曾讲过这样一件事："'上大'中国文学系主任是陈望道，英国文学系主任是何世桢。何是国民党右派，不久他就辞职，另办持志大学。系主任一职，邓中夏要我去请周越然担任，他居然允诺，但也是兼职，他仍在商务印书馆编译所。"[①] 沈雁冰回忆录中讲到的这件事，发生在1924年的年底，周越然正式取代何世桢担任上海大学英国文学系第二任系主任。

周越然，本名文彦，又名复盦，字越然，以字行，浙江吴兴（今属湖州）人，生于1885年。他6岁丧父，7岁由母亲开蒙，学《大学》，10岁时已读毕四书。清光绪三十年（1904）中秀才。自幼喜爱英语，在从母学习中华传统典籍之余，自学英语。1898年的年底，周越然入由美国南监理事会出资办的华英学堂学习，英语大有长进。1908年的春夏之交，由李登辉介绍，周越然到苏州英文专修馆教习英语。1910年，应聘到苏州江苏高等学堂任教。1913年，又应安徽高等学校之请，任英文教员兼教务主任，并在这时结识了陈独秀。1914年，到上海任中国公学、上海商船学校教员。由于精通英语，于1915年起到上海商务印书馆编译所英文部工作，和沈雁冰同事。1919年，又到南京国立高等师范

---

① 茅盾：《茅盾自传》，江苏文艺出版社1996年版，第132页。

任教。一年多以后又回到上海,继续在商务印书馆任编辑。

上海大学英国文学系主任何世桢,留学于美国,获密歇根大学法学博士学位。1923年回国后,应聘担任上海大学英国文学系主任。1924年底,与同为美国密歇根大学法学博士的胞弟何世枚,一起离开了上海大学,筹建了持志大学。这样,上海大学主持学校行政工作的邓中夏,就委托也在上海大学任教的沈雁冰出面,请在商务印书馆工作的周越然来接上海大学英国文学系主任这副担子。当时,周越然在英语造诣方面名声很大,他于1918年编撰出版的教材《英语模范读本》风行一时,一版再版,在读者中影响极大。老革命家曾志曾经在回忆文章中说,1929年,毛泽东得疟疾,到上杭养病。在休养期间自学英语,教材用的就是周越然编的这本《英语模范读本》。由周越然来任上海大学英国文学系主任,自然是众望所归。1924年12月23日,上海大学代理校长邵力子发表布告,称"自下学期起,已聘定周越然君为该校英国文学系主任"①。对于周越然到上海大学英国文学系担任系主任,社会舆论也给予了关注。12月31日,《民国日报》刊登题为《上海大学英国文学系得人》的报道,称周越然

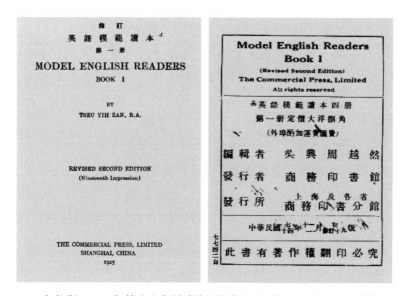

1918年初版、1925年第十九版的《英语模范读本(第一册)》内封与版权页

---

① 《民国日报》1924年12月24日。

"编撰有英文书籍三十余种,皆极风行一时,最得青年学子之敬仰,故该校自聘定周君后,学生异常欢忭,联袂往谒,表示欢迎"。远在北京公干的上海大学校长于右任,于30日致电周越然,对周越然出任上海大学英国文学系系主任表示欢迎和感谢。

周越然就任英国文学系主任以后,对教学和管理方面做了一定程度的改革,主要包括这几个方面:在教科方面,"采用欧美大学现所注重之世界文学而英国观的,从流以探英文学之渊源,并旁稽博考,选读世界各种文学名著,使学者对于文学既能贯通,复了解文学为文化之小传,而得文雅教育之价值";在教学设备方面,"筹备陈设该系的图书室,添购英文著名文学作品、杂志报章,备学子之参研,以助进其学业",并承诺"将其家藏西文书籍,为该校设置英文学系图书部";在教学方面,除课堂外,"拟举行师生课外学业谈话,俾教者、学者均有询问讨论解决之机会,而深切其观摩之益","拟组织英国文学研究会,请积学之士演讲,并使学者得以发抒心得练习演讲";在课程扩充方面,提出"英国语音学一科甚为重要,故社会方面之需要甚殷,拟于开学后成立,该学程由主任或专家担任演讲,以供社会一般之学习"[①]。

在上海大学,周越然还参加了学校的一些活动。1925年4月,他当选为上海大学新一届行政委员会委员,进入上海大学决策层;1926年3月21日,参加学校在四马路(今福州路)倚虹楼举行的教职员聚餐会,会议听取了学务主任陈望道的有关学校工作的报告,接着改选学校行政委员会,周越然再次当选。4月10日下午6时,上海大学中国文学系和英国文学系"丙寅级"("丙寅"即1926年)学生,因毕业在即,请教职员在一品香聚餐,周越然出席了这次聚餐会,并和陈望道、田汉、朱复、李季、韩觉民等教授相继发表即席演说。7月1日,他又出席了中国文学系和英国文学系"丙寅级"学生的毕业典礼。1926年4月,1926年4月出版的《寰球中国学生会特刊》,刊登上海著名大学调查录,在介绍上海大学时,提到英国文学系由周越然领衔的11名教授。周越然是继何世桢以后英国文学系的第二任系主任,直到1926年8月,他因身体原因辞去英国文学系

---

① 《民国日报》1925年2月5日。

系主任的职务。周越然虽然辞去了系主任职务,但他还是上海大学的一名英语教授。1927年,他和上海大学教师冯三昧、蔡慕晖以及复旦大学教授等一起,作为发起人,成立了"上海市教育协会大学教职会"。应该说,周越然为上海大学英国文学系的建设和学生培养,是作出自己的贡献的。上海大学的教师郑超麟和学生阳翰笙、宋桂煌后来在他们的回忆文章中都讲到了周越然。这里值得一说的是,周越然的哥哥周由廑,也是上海大学英国文学系的教授,在社会上同样享有很高的声望。周越然因病辞去系主任后,经上海大学行政委员会讨论,决定由周由廑代理系主任的职务。

周越然虽然自称"对于共产主义全然不感兴趣",但是并不等于说不是一个具有爱国心的教师。1925年的五卅惨案爆发以后,6月2日,由上海大学教职员发起,上海大学、上海法政大学、复旦大学、暨南大学、南洋大学、文治大学等35所学校,在西门江苏省教育会召开各校教职员联合会,讨论五卅惨案问题。会上上海大学代表韩觉民报告了会议召集的经过,提出组织上海各学校教职员联合会的建议。6月4日下午,周越然和沈雁冰、韩觉民、侯绍裘、杨贤江、董亦湘、刘熏宇等30余人,发起成立上海教职员救国同志会,并发表宣言。还决定联络全国教职员一致行动,与官厅交涉五卅善后事件。茅盾(即沈雁冰)在他的回忆录中讲到这件事时说:"这个会主要是上海大学、景贤女中、爱国女校、立达中学等学校的教职员组成,其成员许多是共产党员,也有无党派而当时赞成反帝的知名人士如叶圣陶、周越然等,立达中学的教职员则多是进步的知识分子。"[1]茅盾称周越然为"无党派而当时赞成反帝的知名人士",是很准确的。

1936年,《上海大学留沪同学会成立大会特刊》出版,周越然在特刊上发表短文《一件喜事》。他说:"上大同学,行将恢复学籍,成立同学会,此是一件可喜之事。但学籍是外表,不是内质。内质者何?科学与文学也,现代一切智识也。余希望上大众同学,本其旧有之精神,继续研究之而不绝不止。"[2]

---

[1] 茅盾著:《我走过的道路》,载《20世纪20年代的上海大学(下卷)》,上海大学出版社2014年版,第1116页。
[2]《20世纪20年代的上海大学(下卷)》,上海大学出版社2014年版,第783页。

周越然还是民国时期著名的藏书家,他的藏书楼名曰"言言斋"。他的藏书数量惊人,版本质量很高,周越然在《言言斋》和《购买西书的回忆》这两篇文章中,叙述了他自己购书、觅书、研究版本的经过。他还撰写了大量的"书话",先后出版了《书书书》《六十回忆》《版本与书籍》《书与回忆》《版本与书籍》《言言斋书话》《周越然书话》等著作。然而他的藏书以及藏书楼都不幸毁于1932年"一·二八"日军的炮火之中。但是,周越然依然藏书痴心不改,后又继续淘书觅书购书著书,"言言斋"又得到重生。1940年以后专事写作。

新中国成立以后,周越然经他在上海大学的同事陈望道介绍,到上海水产学院(今上海海洋大学)以周复龛之名任英语教授。他还通过上海市文物保管委员会,将他后期藏书中极有价值的精品元明刻本133册捐献给了国家。1962年8月22日病逝,终年77岁。

2019年6月,北方文艺出版社以"周越然作品集"的总题,出版了周越然作品8种。周越然嗣孙周炳辉,也先后编成周越然4本文集《言言斋古籍丛谈》《言言斋西书丛谈》《言言斋性学札记》《夹竹桃集——周越然集外文》。

参考文献

[1] 本书编委会编:《20世纪20年代的上海大学(上下卷)》,上海大学出版社2014年版。

[2] 黄美真、石源华、张云编:《上海大学史料》,复旦大学出版社1984年版。

[3] 王家贵、蔡锡瑶编著:《上海大学(1922—1927)》,上海社会科学院出版社1986年版。

[4] 张元隆著:《上海大学与现代名人(1922—1927)》,上海大学出版社2011年版。

[5] 胡华主编:《中共党史人物传(第八卷)》,陕西人民出版社1984年版。

[6] 胡华主编:《中共党史人物传(第十八卷)》,陕西人民出版社1984年版。

[7] 胡华主编:《中共党史人物传(第二十七卷)》,陕西人民出版社1984年版。

[8] 欧阳淞总主编:《中国共产党人的故事》第1辑"严守纪律卷",中国方正出版社2017年版。

[9] 中共中央党史资料征集委员会编:《中共党史资料(第16辑)》,中共党史资料出版社1985年版。

[10] 中共中央党史研究室编:《中共党史资料(第40辑)》,中共党史出版社1992年版。

[11] 中共上海市委党史资料征集委员会编:《中共上海党史大事记

（1919.5—1949.5）》，知识出版社1988年版。

［12］中共安徽省委党史工作委员会编：《中共安徽党史大事记（1919—1949）》，安徽人民出版社1992年版。

［13］中共安浙江省委党史资料征集委员会编：《中共浙江党史大事记（1919—1949）》，浙江人民出版社1990年版。

［14］中共江苏省委党史工作委员会、江苏省档案馆编：《中共江苏党史大事记（1919—1949）》，中共党史资料出版社1990年版。

［15］中共山东省委党史资料征集研究委员会编：《中共山东党史大事记（1921—1949）》，山东人民出版社1986年版。

［16］中共江西省委党史资料征集委员会编：《中国共产党江西历史大事记（1919—1998）》，新华出版社1999年版。

［17］中共陕西省委党校党史教研室、陕西省社会科学院党史研究室编：《新民主主义革命时期陕西大事记述》，陕西人民出版社1980年版。

［18］中共常熟市委党史工作办公室编著：《中共常熟地方史·第1卷（1919—1949）》，中共党史出版社2011年版。

［19］中共阜阳市委党史研究室编：《中国共产党阜阳地方党史大事记》，2011年版。

［20］中共温州市委党史研究室编：《中国共产党浙南历史大事记（1919年5月—1949年10月）》，中共党史出版社2000年版。

［21］王健英编：《中国共产党组织史资料汇编——领导机构沿革和成员名录》，红旗出版社1983年版。

［22］中国中共党史人物研究会编：《中共党史人物传（第五十二卷）》，中国人民大学出版社2017年版。

［23］欧阳淞、曲青山主编：《红色往事：党史人物忆党史》第1册"政治卷"，济南出版社2012年版。

［24］中共中央党史研究室、中共中央对外联络部、中国人民解放军总政治部编：《王稼祥》，中共党史出版社1996年版。

［25］徐则浩编著：《王稼祥年谱（1906—1974）》，中央文献出版社2001年版。

［26］张治中著：《张治中回忆录》，中国文史出版社1985年版。

［27］张治中著：《我与共产党》，文史资料出版社1980年版。

［28］叶子铭编：《茅盾自传》，江苏文艺出版社1996年版。

［29］许杨清、宗诚编：《丁玲自传》，江苏文艺出版社1996年版。

［30］李鹏著：《李鹏回忆录（1928—1983）》，中国电力出版社、中央文献出版社2014年版。

［31］陆米强编：《陈绍康中共党史研究文集》，上海古籍出版社2007年版。

［32］中共临海市委、临海市人民政府编：《临海揽要》，西泠印社出版社2014年版。

［33］王荣福主编：《新民主主义革命时期临海党史图志》，浙江大学出版社2011年版。

［34］孔海珠、孔乃茜、孔明珠编：《我的记忆——孔另境散文选》，上海文艺出版社1987年版。

［35］孙玉蓉编著：《俞平伯年谱（1900—1990）》，天津人民出版社2001年版。

［36］谢燕著：《张琴秋的一生》，浙江人民出版社2018年版。

［37］李蕾、杨雪燕著：《张琴秋传》，长征出版社2012年版。

［38］中共凤台县委党史办公室编：《凤台县革命回忆录》2016年版。

［39］何池著：《翁泽生传》，海风出版社2004年版。

［40］徐康著：《台湾同胞抗日丛书·人物集（第1集）》，台海出版社2013年版。

［41］张传仁著：《谢雪红与台湾民主自治同盟》，广东人民出版社2004年版。

［42］张克辉著：《啊！谢雪红》，台海出版社2006年版。

［43］谢雪红口述，杨克煌笔录：《我的半生记》，台北杨翠华出版1997年版。

［44］〔俄〕郭杰、白安娜：《台湾共产党和共产国际（1924—1032）研究档案》，台北"中央研究院"台湾史研究所2010年版。

［45］蓝博洲编著：《民族纯血的脉动——日据时期台湾学生运动（1913—1945）》，海峡学术出版社2006年版。

[46] 台湾总督府警务局编:《台湾社会运动史(1913年—1936年)·第三册·共产主义运动》,台湾创造出版社1989年版。

[47] 曹天风著:《水平集》,团结出版社1989年版。

[48] 郑鸣谦、张密珍著:《曹天风诗笺》,中国文联出版社2004年版。

[49] 天台县政协文史资料委员会编:《天台文史资料(第10辑)》,百通(香港)出版社2006年版。

[50] 罗尔纲著:《生涯再忆——罗尔纲自述》,山西人民出版社1997年版。

[51] 梅昌明整理:《梅龚彬回忆录》,团结出版社2002年版。

[52] 唐康著:《淡淡秋光霜叶红——忆林淡秋》,浙江文艺出版社1999年版。

[53] 钱文斌:《林淡秋研究专集》,浙江文艺出版社1991年版。

[54] 浙江省文学艺术界联合会编:《林淡秋百年纪念集》,浙江文艺出版社2006年版。

[55] 葛剑雄著:《悠悠长水:谭其骧传》,广东人民出版社2014年版。

[56] 孟超著:《昆剧〈李慧娘〉》,上海文艺出版社1980年版。

[57] 施蛰存著:《沙上的脚迹》,辽宁教育出版社1995年版。

[58] 唐文一、刘屏主编:《往事随想·施蛰存》,四川人民出版社2000年版。

[59] 晓松溪月著:《戴望舒传》,福建教育出版社2018年版。

[60] 王文彬著:《雨巷中走出的诗人——戴望舒传论》,商务印书馆2006年版。

[61] 马纯古、章蕴等著:《回忆杨之华》,安徽人民出版社1983年版。

[62] 中国人民政治协商会议全国委员会文史资料研究委员会办公室编:《和平老人邵力子》,文史资料出版社1985年版。

[63] 张耀杰著:《影剧之王田汉爱国唯美的浪漫人生》,山西教育出版社2004年版。

[64] 文辉抗、叶健君主编:《开国部长(上、下)》,东方出版社2009年版。

[65] 政协龙泉市委员会文史资料研究委员会编:《龙泉文史资料(第12辑)》,1992年版。

［66］邓明以著：《陈望道传》，复旦大学出版社2005年版。
［67］龙溪地区中共党史研究分会英烈传编审组、福建省龙溪地区民政局合编：《闽南英烈（第1卷）》，1985年版。
［68］周越然著：《六十回忆》，北方文艺出版社2019年版。
［69］胡允恭著：《金陵丛谈》，人民出版社1985年版。
［70］杨之华著：《回忆秋白》，人民出版社1984年版。
［71］宋帮强著：《日据时期台湾共产党研究》，中国社会科学出版社2012年版。
［72］上海人民出版社党史丛刊编辑部编：《党史资料丛刊》1980年第1辑、第2辑、第3辑、第4辑。
［73］上海人民出版社党史丛刊编辑部编：《党史资料丛刊》1981年第2辑。
［74］上海人民出版社党史丛刊编辑部编：《党史资料丛刊》1982年第1辑、第2辑。
［75］中国人民政治协商会议上海市委员会文史资料工作委员会编：《文史资料选辑》1978年第2辑。
［76］中国人民政治协商会议上海市委员会文史资料工作委员会编：《文史资料选辑》1981年第1辑。
［77］中国人民政治协商会议福建省泉州市鲤城区委员会文史资料委员会编：《泉州鲤城文史资料》第8辑。
［78］中国人民政治协商会议全国委员会文史资料研究委员会《文史资料选辑》编辑部编：《文史资料选辑》第18辑，中国文史出版社1989年版。
［79］中国人民政治协商会议上海市委员会文史资料工作委员会、中共上海市委统战部统战工作史料征集组编：《上海文史资料选辑——统战工作史料专辑（八）》，上海人民出版社1989年版。
［80］傅学文编：《邵力子文集（上、下册）》，中华书局1985年版。
［81］《忆秋白》编辑小组编：《忆秋白》，人民文学出版社1981年版。
［82］人民出版社编辑部编：《回忆张太雷》，人民出版社1984年版。
［83］吴云著：《无悔的奋斗——吴云回忆录》，大众文艺出版社2010

年版。

[84] 李鹏:《纪念我的母亲赵君陶》,《人民日报》2003年1月21日。

[85] 郑超麟著:《郑超麟回忆录》,东方出版社2004年版。

[86] 国务院学位委员会办公室编:《中国社会科学家自述》,上海教育出版社1997年版。

后 记

本书与《从上海大学(1922—1927)走出来的英雄烈士》同时拟题和收集材料,也同样以上海大学出版社2014年出版的《20世纪20年代的上海大学》为经纬,再广寻博搜其他相关材料写成。

在本书中通过注释和胪列参考文献的方式,刊登了所引用的文章和书籍。在此向所有著作者和出版单位表示诚挚感谢。

本书的责任编辑、上海大学出版社的编审傅玉芳女士,不仅为本书的出版悉心尽责,还花了大量精力为本书发掘提供史料和图片,尤其是为了弥补书中有些人物肖像缺失又难以寻找的缺憾,她千方百计地联系档案部门和所介绍人物的家属、后人,从而获得一些堪称珍贵的照片。她这种甘为他人做嫁裳而不计个人得失的职业精神和职业道德,是令人感动的。在这里我依然要对她重复表示自己的诚挚感谢之情。

本书的写作,在资料搜集方面费心费力,华东师范大学教育高等研究院的胡乐野、上海古籍出版社编审姜俊俊为此出力甚多;上海大学党委宣传部的谢瑾、孙蕊,上海大学校报的裘新世、甄杰等,也对本书的编著和出版给予各种支持和帮助,在此,一并表示感谢。

本书在史料的搜集引用以及行文方面都还有疏漏和不当之处,敬请读者不吝赐教。

胡申生
2021年3月

跋：奋进中的新上海大学

胡申生

在计算机的键盘上完成《他们从上海大学（1922—1927）走进新中国》这本书的最后一篇文稿，我不禁长长地舒了一口气。那本于2020年5月出版的《从上海大学（1922—1927）走出来的英雄烈士》和现在完稿的这本书，堪称"姊妹篇"，前者记录了从上海大学走出来的65位英雄烈士，后者则为68位从上海大学的教师队伍和学生行列中走进新中国的师生立传。这两本书从爬梳资料到形成文字，足足用了几年的时间。现在，终于先后付梓成书。这是我得以舒长气的原因。

然而，我又觉得意犹未尽，还有更多的话要在这里告诉读者。

上海大学在1927年5月，被国民党反动当局封闭，办学横遭停止。然而，上海大学的这条红色血脉却从未因之而中断。恢复上海大学，使上海大学重光，是上大人一直在追逐的梦想。新中国成立以后，人们一直没有忘却上海大学这段红色历史，没有忘却上海大学在中国共产党早期发展过程中所起到的作用和为革命所作的贡献。

1983年5月10日，国务院批准成立上海大学。继承上海大学革命传统，艰苦办学，发扬改革精神，既是各级领导对上海大学办学的要求和期望，也是老上海大学教师和学生的心愿。当时，学校收到了曾在老上海大学任教的教师周建人、俞平伯等人的题词，曾在老上海大学学习的学生阳翰笙、杨尚昆、匡亚明、谭其骧等人的贺电、题词，热情祝贺母校"复建""重光"。

1994年5月27日，上海工业大学、上海科学技术大学、上海大学和上海科技高等专科学校合并组建为新上海大学。时任中共中央总书记、国家主席、中央军委主席的江泽民为学校题写校名。老上海大学学生李硕勋烈士的儿子、时任国务院总理李鹏题词"发扬光荣传统,培养跨纪人才"。李鹏提出的"发扬光荣传统",就是要求新上海大学发扬老上海大学的办学和革命的光荣传统。李鹏这一题词,既是代表中央领导对新上海大学办学方向提出的要求,也可以说是代表着老上海大学校友、从老上海大学走出来的英雄烈士的后代,对新上海大学寄予的期望。老上海大学学生、原任国家主席杨尚昆则再一次为上海大学题词"百年大计 教育为本"。中央领导明确要求新上海大学要继承20世纪20年代上海大学的革命传统,为学校建设指明了方向。

1994年11月7日,上海大学党委常委会讨论决定将学校的建校时间确定为1922年。1997年5月,钱伟长校长在对上海大学学生的讲话中强调:"我们学校的历史上,1922—1927年期间里有过一个上海大学。这是我们党最早建立的一个大学,像李鹏同志的父亲就是那个时候的上海大学学生会主席,毕业以后在上海参加了共产党,从事党的地下工作,后来他被国民党杀害在海南岛。还有井冈山黄洋界保卫战的指挥员也是我们上海大学1923年毕业出去的,他牺牲在井冈山,现在的井冈山烈士纪念馆里第一个就是他。没有他们的牺牲,没有那么多革命志士的奉献,我们上海大学提不出那么响亮的名字,这是我们上海大学的光荣。"(《钱伟长文选·第五卷(1993—1997)》,上海大学出版社2012年版,第331页)钱伟长校长在讲话中所介绍的两位老上海大学的学生,分别是李硕勋、何挺颖烈士。

从1994年新上海大学组建至今,过去27年了。在这27年中,上海大学在历届校党委的精心擘画和强有力的领导下,踔厉奋发,风雨兼程,一头扎根于丰厚的红色历史土壤,另一头则瞄准上海乃至国家的发展需要,坚持在晨曦中赶路。每一位上大人都欣喜地看到,今天的上海大学在服务国家战略和上海经济社会发展方面正发挥着越来越重要的作用。仅以上海大学在"十三五"期间所取得的成绩来说,自然科学领域共获国家级科技奖励8项;2016—2020年,获立国家社科基金重大项目30项,位列全国高校第16位;2020年,获第八届教育部高校科研优秀成果奖一等奖2项。上海大学的国际影响也日益提高,截至2021年,QS、软科两大排行榜中上海大学均进入世界前400位,位居QS中国大陆高校排名第16位。2021年,上海大学首次参加2021年度泰晤士高等教育世界大学影响力排名,从全球1 115所大学中脱颖而出,在总排名中取得了第94名的好成绩,既是总排名中最高的中国大陆高校,也是总排名前100名中唯一的中国大陆高校。我校还在SDG6(清洁饮水和卫生设施)、SDG8(体面劳动和经济增长)、SDG9(产业、创新与基础设施)和SDG16(和平、正义与强大机构)的单项排名中位列世界前100名。

27年的砥砺奋进,新上海大学以赓续老上海大学红色血脉为己任,以青春与活力雄踞于全国高校之林。

作为上大人,回首上海大学的红色往事,虽然时光有近百年之遥,但如刃之发硎,历历在目,令人心潮澎湃;放眼今天的新上海大学,花团锦簇,桃李争艳,自豪之情油然而生。百年上大,不仅在中国革命史上留下的浓墨重彩的一笔,而且毫无疑问,她在当代的中国教育史、乃至在世界教育史上,不断书写着鲜明印记,在践行上海城市品格中彰显自己的特质。

2021年5月